辽宁大学法学文丛

本书系三亚学院人才引进项目“法律多元视角下社会（国家）法治治理现代化研究”（USYRC19—18）研究成果

中国近代
商会与产业协会章程汇纂

祖伟　王春子　编

ZHONGGUO JINDAI
SHANGHUI YU CHANYE XIEHUI
ZHANGCHENG HUIZUAN

法律出版社
LAW PRESS·CHINA

序　言

《中国近代商会与产业协会章程汇纂》是国家社科基金2014年度重点项目“中国近代民间规约资料汇纂”(批准文号:14AZD131)的阶段性成果。在此书出版之际,作为项目的主持人,有必要做些说明,是为序。

一

“中国近代民间规约资料汇纂”是一项对近代民间规约进行全面收集、分类整理、统一编纂出版的学术工程。原以1919年为近代下限,后经申请变更,取消原课题名称中的年份标识“(1848－1919)”,将时间下限由1919年延长至1949年。调整后的课题,扩大了容量,增加了难度。原计划6册240万字,经过努力,收集到的资料总字数已达到500万字。经过整理,最终形成11分册,480余万字。本书为其中之一。

民间规约种类繁多,分布面广,特别由于近代社会印刷技术的普及,出版物剧增,长达上百年时间里出版的图书、期刊数量巨大,形成的文献浩如烟海,有待收集的资料仍然数不胜数,工作极其繁重。所幸的是,数字化为我们的工作创造了有利条件。借助于网络与电子设备,我们查阅了现存的各种文献的电子文本,包括数以千计的民国图书与期刊,还有浩如烟海的族谱,以及形形色色的公私档案文卷。只需通过网络检索各种资料网站,不再风尘仆仆四处奔波,也避免了在故纸堆里的翻检之劳,通过剪贴照相等复制技术，避免了笔记抄写之苦。当然，这仍是一个沙里淘金的过程。目前我国各个相关网站的数字化大多还处于初级阶段，大多数资料还只有 PDF 版的电子文档，没有主题词检索功能，需要逐本逐页浏览，从头翻到尾的结果往往一无所得。查阅一本书后所得一二页也喜出望外了。况且利用电脑网络进行查阅资料远非易事，搜寻的目标从确定到不确定，学术环境由熟悉变得陌生，需要进行重新学习不断摸索。总之，千难万难，甘苦自知。我们深信所收集整理的这些资料能够为近代民间规约的研究提供一定的线索，对于从事该项研究工作的学者有所助益。

二

从 1840 年到 1949 年，中国历史发生了翻天覆地的变化。传统社会受到冲击，开始了向现代社会的转型。社会阶级阶层的分化，社会团体的急剧增加，社会革命与社会运动的展开，人民群众的觉醒，所有这一切，都使民间组织及其规约显示了与旧日的不同。与古代民间规约比较，有以下特点：

一是种类的增加。现代社团的兴起，社团章程取代了传统的民间规约。现代社团的增加，不仅导致了新的种类，例如近代工会及自由职业者协会、农民协会与农林牧渔组织、商会与同业公会以及近代学术团体章程等出现；而且传统的民间规约也得到了新成分的补充，例如传统的书院规约之外出现了私立学校章程；传统的寺观规约外出现了现代宗教团体（包括外来的宗教团体）章程。

二是名称的变化。“民间规约”一词为笔者近年所倡导，理由已经在《民间规约与中国古代法律秩序》一书中说明。不过，以规约（包括条规）为主要名称是古代的事情。近代以来，随着现代社团的出现，章程成为民间团体组织规范的常用名称。章程具有了与规约不完全相同的性质，主要表现是，在形式上具有了较为固定的格式，在内容上也增加了一些民主的因素。

三是国家规制的强化以及民间规约内容的趋同性。进入近代之后，随着现代政党的兴起，特别是国民党与共产党诞生以后，两党都把动员领导控制社会民众组织作为其重要的方面。特别是国民党，充分利用了手中掌握的国家权力，借助于法律手段，对于民间团体进行规制，把工会、农会、商会以及其他组织都作为其禁脔中物，不允许他人染指，更不允许独出心裁，自作主张。于是各种社团千人一面，组织章程千篇一律。表面上看，高度一致与统一，改变了基层民众一盘散沙的局面；实际上各个团体章程人云亦云，成了缺乏主动精神的掌中玩偶。

四是全国性组织逐步形成，成为国家联结社会组织的中介环节。古代的民间组织在乡村在底层在民间滋生长大,依靠血缘、地缘、学缘、业缘相联系,结构或接近,功能或相同,但都是自下而上,各自独立,逐步建立起来的。而到了近代,随着都市的涌现,交通的发达,通讯的便利,政治经济文化资源的集中,使得全国性组织容易产生,成为便捷的组织发展途径。加上全国性组织有利于国家将社团组织控制在国家限定的范围,遂使由一个中心自上而下组织起来的全国性组织成为主要形式。

尽管如此,近代民间规约仍然是古代民间规约的延续,两者是一个前后衔接的过程。历史上民间规约与国家法律有着密切的关系,随着传统社会向现代社会的转型,民间规约也经历了古今之变。研究这种变化的过程与意义,阐明近代社会民间规约与国家法律的相变互动关系及其长期趋势,可以增进人们对于法律本土资源的感性认识,对于探索法律文明的成长发展规律,利用民间资源,推进当前的社会主义法治建设,会起到积极的作用。

三

在近代,国民党当局最初的分类是把社团概称为人民团体。人民团体又分为职业团体与社会团体,职业团体包括了工会、农会、商会、同业公会等,社会团体则包括学生团体、妇女团体、宗教团体、文化团体、慈善团体等。后来,1930 年的《修正人民团体组织方案》中,国民党当局又进一步将人民团体分为地方自治团体,职业团体与社会团体。职业团体包括工会、农会、商会等,社会团体包括学生团体、妇女团体以及慈善团体、文化团体等。又将文化团体、宗教团体、公益团体、慈善团体、救国团体、自由职业团体列为特种团体。1932 年与 1933 年的《人民团体组织方案》则列举了农会、渔会、商会,工商同业公会、学生会、妇女会、文化团体、宗教团体、公益团体、自由职业团体及其他团体,反映了官方文件的规定莫衷一是。

近年来,学术界的观点又有新的变化。例如,《中国党派社团辞典》将社团条目分为政治类、文教卫体类、学术类、工商行业类、社会公益类、宗教类。(参见王进、杨江华主编,中共党史资料出版社 1989 年版);《中国社团概论》一书的作者则认为:社会团体按其功能来划分可以分为政治性社团、经济性社团、军事性社团、宗教社团、科学技术社团、文教卫生社团、社会公益社团等(参见郭建民、尹小满主编,华文出版社 2002 年版)。

作为一本资料汇编,分类问题不容编者独出心裁。需要根据文献形成时人们的认识,以及目前公认的分类口径,择善而从。本套书的结构就是上述观点的综合与折中。我们在大的框架结构方面,分为四大板块,即政治编、经济编、文化编、社会编。又在四个板块之下,分为十一个分册:政治编一册,即中国近代政党与政治社团章程汇纂。经济编三册，即中国近代行会规约汇纂、中国近代同业公会章程汇纂、中国近代商会与产业协会章程汇纂。文化编四册，即中国近代文化教育学术团体章程汇纂、中国近代书院规约与学校章程汇纂、中国近代宗族规约汇纂、中国近代寺观规约与宗教团体章程汇纂。社会编三册，即中国近代乡村自治组织章程汇纂、中国近代城市社团章程汇纂、中国近代慈善事业规章汇纂。是否恰当，有待斟酌。现将本分册先期出版，希望得到读者的批评建议，以便我们更好地完成全书的编纂出版工作。

刘笃才

2019 年 9 月 9 日

本册说明

《中国近代商会与产业协会章程汇纂》是《中国近代民间规约汇纂》(经济编)中的一本。经济编由行会规约汇纂、同业公会规约汇纂、商会与产业协会规约汇纂三个分册组成。行会、同业公会与商会是工商业组织的三种形式,各成一册。

1898年戊戌变法前出现的《大清商业总会章程》,是中国近代第一个官办的商会章程。1904年,上海商务总会应运而生,成为全国第一个民办商会组织。与传统行会不同,近代商会是一种商业联盟组织,商会超越了单一行业的局限,也打破了地域的阻隔,构建了一个商事群体的大联盟,打造了一个休戚相关的利益共同体,更有利于促进商事群体共同发展,维护全体商户商民的共同利益。商会在沟通调停政府与民间商户之间的关系方面,也起着积极作用。商会不仅是一个经济组织,而且在近代政治生活中发挥着独特的作用。当然,在特定形势下,商会也可能成为政府控制工商业以服从自己政治需要的工具。

这一分册除了商会章程外,还收录了产业协会章程。产业协会是商会之外的实业组织。商会名义上是工商业联合会,但是,因其简称商会,而使人误认为工业不在其内。后来国民党当局还将商会称为商人组织,更增加了人们对其理解的偏颇。由是在商业之外出现的产业(实业)协会组织,成为商会组织的补充。产业协会组织从一开始就是自上而下组织起来的。其地方分支机构缺乏独立性,显示了这类组织的特点。

本书文字一律采用简体。采用现代标点符号标点。原文中的错字与异体字径直改为正体字。文件中各条款前的序号字体照旧。不足之处,盼加指正。

另外要说明的是,研究生高丙雪、田琳、王阳、吴丹、金瀚明参与了前期的资料收集工作,贡献良多,特此志以为念。

目录

一　商会章程

二　产业协会章程

一　商会章程

大清商业总会章程

第一章　名　　称

一、本会为讲求中外商学商务，以振兴中国全国商业起见，定名曰大清商业总会。

二、商之事多资于工，原不能离工言商，本会所以不名曰工商总会者，因举商始足以兴工，凡工之事，必振作于商，商不举，则工亦必不振，故名之曰商业总会。

第二章　会　　旨

一、本会颛为考镜商业内应为事宜，会中除本会内应议之事外，凡他关系国是官方，概不容任意评论，致干有碍。

二、铁轨建置，事繁道远，为今日商务要工。本会欲讲求测量地面绘图及相度地势地质之方，炼钢铸铁、造轨形制，枕板安设之法，劈山凿洞，作坡填堑，驾水巨桥之工，汽车机器、客车等位、起筑车栈便用之式，车栈司账、车道作工、行车备险、载客照料、运货装卸一切课佣之则，车道禁例一切杂事要役，或行兵暂用之道，皆所撢肄讨究，以铁道车政，一切皆华人能自为为指向。

三、沿海沿江水道，轮舶之用綦多，若无华厂广行自建，虽中国多设一轮舶，适为西人增一售轮舶之利，彼之工技日精，工利日赢，即华轮修理，亦须假手彼匠，甚非长计。本会欲先行详究商轮舶造法，以新式精制为主，即筹自建厂宇，振兴船利，以船中凡有机具，一物不取办西人为初向界。

四、西国海军甲舰快艇鱼雷之属，日省月试，新法名工，各出智见争雄，斗巧实多，商厂承国家之乏，复以余力肆应邻国之求，以益淬砺其所造，假如本国不能自建兵舰，建而不坚不精，机料仍须购诸他国，是皆本国之物耻，而适长邻国之功能。本会习造商舶有得，即讲肄建造海军兵舰、电雷机艇之属，务遵极新而极稳固之法。坞澳为国家公地，商工咸自濯磨，以报效国家保护优视之益。

五、西国商工之业颇多，当属之兵政，炮械枪械其尤著者。本会蒙国家钦赐特许之利，亦当循渐考肄制造海陆兵械，以佐官厂之力。

六、一切工作必资机器，本会为此特约讲习重劲学、汽机学、热力学、工艺应用算学、绘图学、炼钢铸铁制造机器学、电机学，期于凡机皆能自仿造，复能创自简当精便之新机，宣发吾人从古以来之神智。

七、一切机器莫不资于钢铁，本会不惟肄习炼钢铸铁，尤讲求考察开采佳铁佳煤之矿，以资炼冶而备用。

八、矿用以煤铁为最宏，而矿利以金银为至厚，本会于矿学讲究辨别化分金银之品，及开采之法，溶炼之法，其所成之金银整块，纳繇皇家铸币局，案数铸成金银钱，然后案数领回以敷各用。其他铜铅非金类各矿质，亦并择其正要，遵守国家通行法令开采。

九、开采矿产之利，必须精讲制造成物以裕用，本会留意考访此等之事端倪，欲使有用之质，可以得其裨益人生功用之价。

十、农勤物生，本富为大，中国农人憔悴，农利日薄，农业恶乎不微？本会欲合一大公司，兴讲农事，土化之宜，种子之择，垦植畜牧之法，堤防沟洫之利，旱涝防灾，蟊螣去贼，惰网之害，勤获之益，明白晓畅，兼授凡厥农夫以口诀义，合公司之力之效，期于领种边塞膏腴之壤，开辟圹埌之荒以实边，不蹈历来屯垦之弊。即内地及东南农力不举之水滥新淤，山隅僻壤，公司亦可以承垦，整齐闲民，不笼公利为私擅。若葡萄及有益果树，一以商垦拓植务，商屯者，明之中叶，尝踵行而获效者也。本会冀因此振兴中国农业，农工商不同而互相为谋，大农当以商举之。

十一、农产所出，若需织造而为衣之用者，若需酿造聚敛而为食之用者，若为器具者。本会欲随事改良举法，鼓舞新机，若丝不惟纺缫，而当善其蚕种，茶不惟制焙，而当善其栽培。

十二、凡商之事，若银行，若保险，未能一一悉数，皆非公司不足以群其力，不群其力，其智亦不群。萎颓涣散而无一业之能举，无一艺之可名。凡工之事，若矿之属，农之属，以及制瓷陶墼伐石之为，疏河浚渠凿井之役，印书造纸图籍精良之作，皆系以工。虽有机器，非劳力不成，虽有格致学士，非资本不举。本会以商工不歧，因商训工为主，期风会之速起。

十三、西国商业之所以宏者，半恃海运任重致远之功。本总会欲于建造商轮船厂，即附设商轮管驶学堂，逐渐振兴推广，期于彼能来我亦自能往，我货我运，我水脚价我得；由南洋而太平洋，而大西洋、欧洲。联络我旅寓外国各州岛之工商人，共兴中国商务。

上立此会之宗旨一十三条。

原载光绪二十四年正月十一日《湘学报》第二十六册。

中华全国商会联合会章程

第一章　总　　则

第一条　本会定名曰中华全国商会联合会。

第二条　本会以联合国内外商人所设之商务总分会所，协谋全国商务之发达，辅助中央商政之进行为宗旨。

第三条　本会设总事务所，办理会中一切事宜，名曰中华全国商会联合会总事务所。分设事务所于各省、各侨埠。各省事务所由各该省总分会所组织之，名曰中华全国商会联合会某省事务所。各侨埠事务所由各侨埠商会组织之，名曰中华全国商会联合会某侨埠事务所。

第四条　本会应行之事务范围如下：

一、关于编查商务事项：

（甲）本会于各地产物商情有特需考察者，遴派专员前往调查，或委托各该地总分会所代行调查的期报告；

（乙）本会于各国商务应资考证事项，遴派专员前往调查；

（丙）本会编辑中国商务汇报，将国内外商务事件按月刊行；

（丁）各省事务所应将各该地、各商会按月所报告各处商务情形，并就各该地所产土货及他处输入之大宗物产，调查其现在市价情形，按月填表，报告总事务所。至各侨埠事务所，亦应将各该地物价情形，按月报告总事务所。以便登刊月报，分送各地事务所。

二、关于发展商业事项：

（甲）凡开矿、筑路、林渔、航业等项重要公司，应行组织而官商尚未规及者，本会设法劝集之；

（乙）本会对于国外贸易，随时设法扩张。

三、关于振兴商学事项：

（甲）资送游学外国商科；

（乙）筹设高等专科商业学校；

（丙）推广中等初等商业学校；

（丁）推广商业补习学校。

四、关于维持商务事项：

（甲）各埠金融恐慌致商务陷于危险时，本会设法维持之；

(乙)各地大宗产物因不能改良,或艰于转运,致有滞销失败之虞者,本会设法使其改良,筹其销路。

五、关于补助商政事项:

(甲)政府对于商务之行政,本会协力赞助,利其推行;

(乙)政府关于商务之行政,如于商业上实有未宜者,本会详具理由,条陈政府;

(丙)政府关于商政之咨询事件,本会详悉具复。

六、关于议定商律、商税及议结商约事项:

(甲)本会于国家议订商律、商税及议结商约时,编查商事习惯及商业状况等项,得依据各地事务所之多数同意,报告政府以资参考;

(乙)本会对于所议商律、商税、商约之意见,得依拟各地事务所之多数同意,将利害条陈政府。

七、关于裁判商事事项:

(甲)商人有业经各总分会所判定事件请求本会再判者,本会得按照将来司法部所颁商事公断处章程,酌核情节,为之审理;

(乙)凡商会间,或商会与他机关间有事理上之争执时,未赴司法官厅起诉者,本会向两方评断或和解之;

(丙)地方官厅、地方自治团体或其他机关有苛捐害商或凌虐商民等事,经商会或商人之被害者报告本会,本会调查详情,设法理处。

八、关于竞赛商品事项:

征集本国工商品物,陈列于繁盛各商埠之陈列所,并附设各国新式物品,以备参考。

九、其他商务范围以内事项。

第五条 凡会中各事,会长除照章执行外,其他事件须经评议会议决。至重大事件,则必须得各地事务所多数之同意,方可施行。

第六条 本会开大会时,预先备文呈报工商部,请总长或次长莅会宣布工商政见。

第二章 会 员

第七条 凡各地商会之职员、会员,经各该地事务所将姓名、籍贯、年龄、住所、职业等项列册报明本会者,均为本会会员。

第八条 常年大会期前,各省事务所应召集各该省各商会开大会一次,由总分会所各就会员中公举代表一人至三人与会。本会常年大会议员即可于各省开大会时公举代表每省五人至十五人。与会各侨埠商会亦得于常年大会期前开会,公举代表每处一人至三人与会。

第九条 凡年龄未满十八岁,及曾受破产宣告,或处有期徒以上之刑者,不得为本会会员。

第三章 职 员

第十条 本会设会长一员,主持会中一切事务。副会长二员协助之。均于大会由会员中选举,以二年为任期。

第十一条 本会设评议员若干员,由各地事务所各于会员中推定代表一人或二人,常川到会,评议应办各事,亦以二年为任期。

第十二条 本会设干事长一员,分设文牍、庶务二科。文牍科设文牍员若干员,翻译若干员。庶务科设庶务员若干员,会计员若干员。均由会长遴用,不以会员为限。

第十三条 本会有特别应办事件,由会长随时遴派专员办理,不以会员为限,但须经评议会之认可。

第十四条 本会会长未举定前,暂设总干事三员,常川到总事务所办事。俟第一次开大会后,即行解职。

第十五条 各省总分会所总、协理,即为各该省事务所评议员。由评议员中公推二人,为各该省事务所干事。

第四章 会 期

第十六条 本会每年开常年大会一次,先期二月应通告各地事务所,会期以四十日为限。但有重要事件尚未议决时,得酌量展会。

第十七条 本会遇有紧要事务,得由会长通告,或各省事务所之请求,或各侨埠事务所二处以上之请求,召集临时会议。

第十八条 评议会每星期一次。但有临时应议事件,仍须随时开会。

第五章 会 所

第十九条 本会设于北京,设总事务所于上海,分设事务所于各省、各侨埠。各省事务所就各该省商务最盛、交通最便之处之商务总会内附设之。各侨埠事务所就各该侨埠商会内附设之。至常年开会地点,由前一年大会决定之。

第六章 经 费

第二十条 本会经费自各地事务所征集之,如何分配,俟开第一次大会决定。各地事务所经费自各该地各商会征集之,其分配方法由各该地自行酌定。

第二十一条 总事务所经费暂由上海总商会筹垫,俟第一次开大会时开具账略报告，由会中核准拨还。

第二十二条 本会经费每年应编制预算、决算各表，提出常年大会报告之。

第二十三条 本会会长、副会长、评议员但支公费，干事长以下及遴派各员均给薪水。

第七章 附 则

第二十四条 本章程规定后，各地事务所即照此章程进行，不必另订，以免分歧。

第二十五条 本章程未尽未妥之处，于大会增订或修改之。

资料来源：《上海总商会组织史资料汇编》，上海古籍出版社2004年版，第213～216页。

各省商会联合会总事务所组织大纲

（1928年）

第一章 总 则

第一条 依各省商会联合会代表大会之决议，设总事务所于上海，设事务所于各省政府所在地，藉资联合并执行大会议决案。

第二条 总事务所由各省商会联合会组织之，事务所由各省总商会、商会组织之。

第二章 会 员

第三条 各省商会代表均为会员，如各省商会更换代表时，须将姓名、籍贯、年龄、职业等项用正式公函通知总事务所或事务所。

第三章 组 织

第四条 总事务所由各省商会联合会代表大会议决组织下列机关：

（一）执行委员会；

（二）监察委员会。

第五条 执行委员会设执行委员二十七人，候补执行委员九人，监察委员会设监察委员十三人，候补监察委员五人，均由各省商会联合会代表会议投票选举，每一代表有一选举权，用连举方法。

第六条 执行委员会由执行委员互选常务委员三人驻所办事。

第七条 总事务所得设各种专门委员会,其委员由执行委员会聘任之,各种专门委员会细则由专门委员会自定之。

第八条 总事务所得设干事若干人,由执行委员会聘请,分股细则由执行委员会定之。

第四章 职 权

第九条 执行委员会之职权如下:

(一)执行各省商会联合会代表会议议决之各案并督促各省商会一体实行;

(二)通信于各省总商会商会并接受各省总商会商会之函件;

(三)遇有紧要事件得召集执监会议或各省商会联合会代表大会;

(四)执监委员会议事细则由执监委员会自定之,但执监会议委员人数非过半数不能开会。

第十条 监察委员认为执行委员会有违法时,有弹劾之权,如遇严重弹劾时得函请执行委员会在一月内必须召集代表大会,但须过半数以上之连署。

第五章 任 期

第十一条 执监委员任期均为两年,得连举连任之。

第六章 会 期

第十二条 各省商会联合会为商人团体最高机关,每二年于四月间开会一次,但遇紧要事件得临时召集之,商会得推代表两人至四人,其召集时日由执行委员会定之,如有三省连署,请由三省事务所向执行委员会请求召集临时代表大会时,执行委员应召集之。

第十三条 执监联合会每年三月间开常会一次,如遇紧要事件,得临时召集之,时日由常务委员定之。

第七章 附 则

第十四条 各省事务所组织方法得依照本大纲办理。

第十五条 本大纲自议决之日施行。

第十六条 本大纲如有未妥之处,由各省商会联合会代表大会修正之。

资料来源:马敏、肖芃主编:《苏州商会档案丛编(第四辑)》(1928 年—1937 年),华中师范大学出版社 2009 年版,第 331~333 页。

中华民国全国商会联合会组织大纲

（1928 年）

第一章　总　　则

第一条　中华民国全国商会为发展工商业谋共同利益、除共同痛苦起见，依全国商会临时代表大会决议组织中华民国全国商会联合会。（以下简称全国商联会）

第二条　本会设于首都，为办事便利起见，设办事处于上海。

第三条　各省区得依各该省区商会代表大会之决议，组织省区商会联合会。（以下简称省或区商联会）

华侨各商会得依其侨商区域组织该区商会联合会。

第四条　各省区商联会由省或区政府所在地总商会发起召集该省区商会代表大会组织之，各省区商联会应设于省或区政府所在地。

前项省区商联会如省或区政府所在地之总商会不发起召集时，其他总商会或有商会十处以上之连署，亦得发起召集之。

第二章　会　　员

第五条　本会以各省区商会为会员，开会时各商会得推代表与会，每一总商会得推代表一人至五人，每一县商会得推代表一人至三人，每一镇商会得推代表一人至二人，代表与会时须由该商会将其姓名、籍贯、年龄、职业用印函报告本会。

第六条　会员有缴纳会费及出席大会或答复联会咨询之义务。

第七条　会员有选举、被选举、提案、发言、表决之权利。

第八条　会员出席代表须中华民国国籍年在廿五岁以上而无商会法消极限制者。

第三章　委　　员

第九条　全国或省区商联会分设下列委员会：

（一）执行委员会（常务委员会）；

（二）监察委员会。

第十条 执行委员会委员名额依下列规定：

(一)全国商联会六十一人,候补二十一人；

(二)省区商联会三十一人至四十九人,候补十一人至十五人。

第十一条 监察委员会委员名额依下列规定：

(一)全国商联会廿一人,候补七人；

(二)省区商联会十一人至十五人,候补三人至五人。

第十二条 常务委员会委员名额依下列规定：

(一)全国商联会七人；

(二)省区商联会三人至五人。

第十三条 全国或者区商联会因事务之必要得设各种专门委员会。

第十四条 全国或省区商联会视事务之繁简,得设秘书、总务、会计、调查、统计等处处理会务。

第四章 选 举

第十五条 执监委员、候补执监委员均由会员分次用双记名连举法选举之。

第十六条 连举应满额定委员全数三分之一。

第十七条 每一会员有一选举权,与会代表均有被选举权,但每一商会之代表以一人当选为限。

第十八条 常务委员由执行委员投票互选之,再由常务委员互选一人为主席。

第十九条 委员以得票多数为当选,票数相同时以抽签定之。

第二十条 投票开票管理委员、监察委员由主席于代表中指派之。

第二十一条 各种专门委员会委员由常务委员会聘任之。

第二十二条 第十四条所定各职员由主席提出、常务委员会通过聘任,并将各处最高级职员提出执行委员会追认之。

第五章 职 权

第二十三条 全国或省区商联会最高权力在代表大会,代表大会闭会后由执委会执行,执委会闭幕后由常委会执行,但于代表大会或执委会开会时应分别提出追认。

第二十四条 执行委员会职权依下列规定：

(一)执行代表大会决议各案;

(二)接受各商会函件,为之处理核转;

(三)召集定期会、临时会;

(四)执行其他临时发生之事件,但遇有重要事件须经代表大会决议者,应召集临时代表大会决议执行之。

第二十五条 监察委员会职权依下列规定:

(一)监委认执委或执委会违法时得提出监委会决议弹劾之,如案情严重得函请执委会于二个月内或一个月内召集代表大会议决之,但须有三分之一以上之连署;

(二)审核每年度预算、决算案。

第六章 任 期

第二十六条 执监委任期均为二年,连举得连任之。

第二十七条 执监委因故缺席,由候补执监委递补足原委员之任期为止。

第二十八条 常务委员因故缺席,由执委会选补之;主席因故缺席,由常务委员选补之。

第七章 会 议

第二十九条 全国商联会代表大会每二年于十月十日开会一次,如有特别事件发生,经执委或监委三分之一以上或省区商联会五处以上之要求,得临时召集之。

第三十条 省区商联会代表大会每年于九月以前开会一次,由各该省区商联会常委会定期召集之,如有特别事件发生,经执委或监委三分之一以上或该省区商会五处以上之要求,得临时召集之。

第三十一条 全国或省区商联会执委会每六个月开会一次,日期由常委会定之,并通知监委出席,如有特别事件发生,经常委或执委三分之一以上之要求,得临时召集之。

第三十二条 常委会每二星期开会一次,于第一星期一日行之,如有特别事件发生,得临时召集之。

第三十三条 监委会每于执委会开会,由常委会同时召集之;

监委会如遇有重大事件发生,经监委三分之一连署通知秘书处临时召集之;

监委会开会时公推主席一人,以本会期为限,主席有事缺席时,由监委另推一人代理之。

第三十四条 执委会开会时监委应出席,有发言权,无表决权。

第三十五条 候补执监委员于执监会开会时均应出席,有发言权,无表决权,遇有执监委员缺席时,即以候补委员递补足额,惟以该次会议为限。

第三十六条 本会代表大会须有省区过半数及会员五分之一以上之出席,各委员会须有委员二分之一以上之出席方得开会,各有出席过半数之同意方得决议可否,同数则取决于主席。

第八章 会　计

第三十七条 本会会计年度以每年七月一日起至次年六月三十日止。

第三十八条 常委会于每年度开始应将编制预算草案及上年度决算案提出执委会通过,送监委会审核后,俟代表大会开会时提出追认之。

第三十九条 会员应依代表大会之决议缴纳会费。

第四十条 预算草案未经执监会之决议而亟应实施收支时,得依上年度预算数额收支之。

第九章 附　则

第四十一条 各省区商联会组织大纲得参照本大纲之规定,由各该省区商联会自定之。

第四十二条 各项办事细则另订之。

第四十三条 本大纲俟呈请政府备案后施行之。

第四十四条 本大纲施行后,从前各省商会联合会事务所组织大纲即行废止。

第四十五条 本大纲如有应行更改之处,由全国商联会代表大会决议修正,呈请备案。

资料来源:马敏、肖芃主编:《苏州商会档案丛编(第四辑)》(1928 年—1937 年),华中师范大学出版社 2009 年版,第 372～377 页。

江苏苏商总会试办章程

光绪三十一年九月[①](1905年)

第一章　定　　名

第一条　本会设立苏州省城,有维系所属分会之责,谨遵商部札批,名宜"苏州商务总会",仍与上海商务总会联络一气,以免分歧。

第二条　本会举董订章后,应禀请商部颁给关防一颗,随时钤用,以昭郑重,而资信守。

第二章　宗　　旨

第三条　本会以保护营业、启发智识、维持公益、调息纷争为宗旨。将下列各项实力施行,择要汇报商部查核。(甲)调查各业盛衰;(乙)研究商学,发明新理;(丙)改良物品,推广销场;(丁)联络同业,和协商情。

第三章　名　　位

第四条　本会领袖议事各员:总理一员;协理一员;议董十六员,内会计二员、接待六员、庶务八员;会员约自二十员以至五十员为率;名誉会员无定额;特别会员无定额。

第五条　本会干事各员:理事一员;书记二员;司账一员;庶务一员;翻译一员;西律顾问官临时酌请。

第四章　选　　举

第六条　本会在会各员,皆由投票选充。先期选举会员,次期选举议董,三期选举总理、协理。

总理、协理:于议董内选充,须由有选举权者选举之。以得多数者为总理,次为协理。

附:总理、协理格(一)品行方正,事理通达;(二)热心公益,谙习公犊;(三)在苏有实业;(四)年在三十以外。

议董:于会员内选举。须由有选举权者选举之,以十八员为率,内议董十六员,备举总理、协理二员。

附:议董格(一)品行方正;(二)明白事理,谙习公犊;(三)在苏有实业;

---

① 原件无日期,今据《王同愈等再致商部是稿》(光绪三十一年九月四日)而定。该呈稿称拟定试办章程八十条,缮册呈核云云。

(四)年在三十岁以外。

会员:(甲)于会友内选充。须由有选举权者选举之(依格选举,宁缺毋滥,格式附后)。各就同业中公举,人或二人,多至三人为限。经会众认可者,得为本会会员。

(乙)一行、帮每年公捐会费三百元以上,得举会员一人,依次递加,至得举三人为限。经会众认可者,得为本会会员。

(丙)公司、工厂照各行、帮岁捐例。

部章,会员多至五十员为率,加入议董十六员,总理、协理二员,至多选举会员六十八员。

附:会员资格:(一)行止规矩;(二)事理明白;(三)在苏经商;(四)年在二十四岁以外(年至六、七十岁,精神才力足以任事而又合格者,一例选举)。

名誉会员:本城绅董之明白公理、关心公益者,经众推许,得为本会名誉会员。

特别会员:独捐巨款,赞成本会,或每年担任会费三百元以上,皆关心公益者,经众推许,均得为特别会员。

理事由本会公议聘请品学兼优、明白事理、谙习文牍之员,常川驻会。书记以下各席,亦由会中延订。

第七条 选举法

(甲)遵照部章第六款,及本会所定会员、议董、总理、协理格,与选举票及备选名单,同交有选举权者,依律选举,每年于年会时举行。

(乙)会员应由会友选举,议董、总理、协理应皆由会员选举。

(丙)凡选举用机密投筒法,以得数多者当选。得数相同,则将同数之人再行投举。

(丁)先期二十一日,由各行同业先于会友中选举会员,其选举可依本会选举议董之法。

(戊)先期十四日,理事将选举议董之票,填写号数及限期,背面即印议董格。又另备各帮行会员名单,分送有选举议董之权者,每人十八纸,理事又另立底薄,注明某号数分送某人,分发既讫即将此簿严密封固,不得预泄。各人得票,依限照格举定,填注封固,送交本会,投入筒内,届期集众开筒宣布,登录薄册。投票者不得自举(有号数底簿可以核对),亦不得写出某人所举,是谓机密投筒法。

(己)先期七日,由理事将选举总理、协理之票格,及新举议董名单,分送有选举总理、协理之权者,每人二纸,编号一切如前办理。

附:选举票式

右票式第三行，上填写所欲举之姓名，下填会员或议董或总理、协理字样（此三项字样或刊木戳，由理事按选期盖檄）。

第八条 选举已毕，应将选定之总理、协理，呈报商部，加札委用。一年为任满，届时照章另行选举。议董、会员周以一年为期。

第九条 总理、协理办事允洽，期满后应由会众公同的议留任，如历届办事实惬众心，亦只连任三次为限。以后须阅任续举，庶于择贤之中仍寓限止（制），以防积重。

第十条 议董应由总理、协理酌派任事。

第十一条 自总理以至会员，经众举定，不得推委辞让。

第十二条 总理、协理、议董凡遇议事，须按期到会。如遇重大之事，在会各员皆须到会。倘有疾病事故，须先期声明，如无故三次不到者，应如何议罚，临时公议。

第十三条 凡下开各项不得有选举权：

（甲）会友未满二十岁者；

（乙）入会未满三月者；

（丙）捐款未曾交清者；

（丁）屡次会议不到者。

第五章 入会出会

第十四条 岁捐会费十二元者。经众认可，得为本会会友。

第十五条 各行、帮每岁公捐会费三百元以上，准其自行开列会友名单送会，依此递加，经众认可，得为本会会友。

第十六条 既经会众公允入会，须自具信约书（附：信约式）。

附：信约式

具信约　　字　　省　　府　　县人年

岁现在苏州　　帮　　号　执事住居

愿入

苏州商务总会为会友。兹将允认之约条列如下。

一、愿守会章　二、允从众议　三、允认所举者为代表、意见人　四、愿担会务。此约。

光绪　　年　　月　　日，　　号某某押

第十七条　凡下开各项不得入会：

（甲）营业卑贱者；

（乙）欠债倒闭未清偿者；

(丙)与人涉讼未结案者;

(丁)或患有疯癫疾者。

第十八条 凡会员、会友自愿出会者,须具函声明本会,作为本人出会之证。

第十九条 凡有犯下开各项,经人举发查有实据者,经会中议决即令出会。

(甲)干犯刑宪;

(乙)不守会章;

(丙)违背本会宗旨;

(丁)败坏本会名誉;

(戊)损害公益,侵侮同类;

(己)行止有亏,同人不齿。

凡出会者,原捐之款皆不给还。

第六章 经 费

第二十条 本会经费依第十四条、第十五条、第六条乙、丙两节办理。系暂照上海总会试办章程。

第二十一条 各业原有公所、会馆,如将原有经费提成岁捐入会,应由各该业自行会筹,酌量办理。

第二十二条 凡应交本会之款,随时掣给收条,总理、协理、会计、议董及理事均应签字。

第二十三条 本会动支经费,除额支照预算表随时支出外,其活支款项,百两以内由总理、协理、议董公议,签字照支,百两以外,须全班会员决议施行。

第二十四条 每月收支结清,由会计议董交总理、协理、各议董稽核签字。年会时将全年收支结清签字后,再由会员另行公举查账二人,覆核签名,交总理、协理当众宣告榜示,并刊册报部及分送会友,以昭大信。

第二十五条 本会收存及公积等款,或发庄生息,或置办产业,应由全班会员公议定夺。

第二十六条 查商部奏定商会章程第二十一款、二十二款收费给奖各节,应俟日后揆度地方情形会议办法。

第七章 开会议事

第二十七条 本会开会议事,分常会、年会、特会。

常会:按照部章第九款,每星期开常会一次,总理、协理议董将应办事件集议施行。若商家有紧要事,则应立赴商会酌议,本日不能议毕或接议一日皆可,不拘常期。

年终年会:每年十二月,总理、协理酌定日期(约在二十以前),集在会各员，宣告一年期满，停止常会。

(一)调取各项账目；

(二)预定下届各选举期(为明年正月年会之期)；

(三)预备选举各事；

(四)本会常行章程，经特会议决更改者，由理事提出声叙入章，交会中各员复核，报告商部，并附刊，以备明年开会时发表实行；

(五)调取一年所办要件，可觇各商能力进退者，摘由汇册，报告商部。

正月年会：每年正月依选举期开会三次。

第一次

(一)清查去年账目，开列四柱清册，报告商部；

(二)公议本年预算表，一并付刊；

(三)启筒发表新选会员名数。

第二次

(一)按照部章第八款，调查去年各业盛衰。有无新出商品，有无出口货物，列表报告商部，以备考核；

(二)发表新举议董。

第三次

(一)发表新举总理、协理；

(二)宣布改良新章；

(三)散派收支四柱册预算表。

特会：

(甲)凡遇紧要事件关系商务大局者，按照部章第九款，由总理、协理预发传单，齐集在会各员及各商理事人开特会议决。

(乙)凡有会员、会友十人以上欲开特会者，先将事由签名函告总理、协理，于数日内定期齐集，在会议决。

(丙)凡议事须由全班在会各员决议者，皆开特会。

(丁)商务重要事件关涉商政者，虽经会众决议，非禀奉商部允准，不得擅行。

(戊)各处商会所议重大事件关乎全体者，本会应开特会以联合之，如本会为发起人，亦应与各处商会联合。

第二十八条　议事时遵照部章第十款办理，到会者须有过半之数方可开议。

第二十九条　议事时可否，从多数决议。倘可否之数相同，则由总理、协理秉公决定。可者,签名议簿;否者,不必签名。倘有不便明言者,则用机密投筒法。

附:议事机密投筒法

本会内室备有黑白子两盒,与议各员鱼贯入内,取一子至总理前投入筒内。可者,取白子,否者,取黑子,投毕总理当众倾筒数明宣示。

第三十条 开特会、年会时,由接待议董于前厅设立签名簿,凡应入议厅者,令其自行签名,书到字样,以便稽查。会外之人,非经特邀者,不得阑入。

第三十一条 遇有重要事件不能决择者,或有真知灼见、确于商务有益、而为众议所阻者,可由全班会员特请会外学识才望兼优之人,入会讨论,定有方针,再行议决。

第三十二条 会外之人有愿入旁听席者,有会员二人介绍,可给予入席凭据。

第三十三条 意见不同,各持一议或多至三四议不易断者,总理、协理立时公举四人专议此事,从中选取二议,择日再开特会议决。

第三十四条 议事时书记员将各人言论随时记录议簿,决议后宣告大众。

第三十五条 会中要事未经宣布以前,在事各员不得预泄。

第三十六条 关系重要之条陈函件,未经定议以前,总理、协理可将本人之名暂不宣泄。

第三十七条 本会章程议定后,非有会员、会友十人以上联名请改,经全班会员三分之二定议者,不得遽议遽改。

第三十八条 章程虽经会众公议允改,但未经宣布以前仍照旧章办理,以免分歧。

第三十九条 章程虽经公议允改,如非急迫违碍者,应留俟年终汇齐、修改,以免纷更。

第四十条 各员议事,可者可,否者否,不得依违两可。

第四十一条 意见各执,尽可彼此辩论,不得忿争,至于怨詈。

第四十二条 一人其辞未毕,不得搀越夺议。

第四十三条 不得牵涉未许提议之事。

第四十四条 议事时之规制:

(甲)遇议事之期,由总理、协理订定时刻,知照在会各员,届时宣议,不得差至五分钟,迟到者不能入议厅,即作为临期不到论。

(乙)议事之日,先由总理、协理酌派庶务议董二员任监会之职,届时监会摇铃入座,接待议董将签名簿收起,坐定后再摇铃,监会将议厅前栅关闭,总理、协理起立宣告本日所议各事件,由众依次议决后,再摇铃散会。

(丙)如有人欲提议一事,须先期叙述事由,有会员或会友二人赞成者,一同签名,函送总理、协理阅后,至期开议。倘临时欲陈己见者,经总理、协理许可,即离坐至提议处,陈说毕即归坐。

(丁)欲辩驳者,当时告知总理、协理,如经许可,即离坐至辩驳处,陈说毕即归坐。或提议之件,经众辩驳欲再申己意者,亦如之。

第四十五条 议事时之禁约:

(甲)不得紊乱坐次;

(乙)不得无故出席行走;

(丙)不得短衣入坐;

(丁)不得喧哗谈论;

(戊)不得随意涕唾;

(己)不得吸水旱烟、纸烟、息加烟(雪茄);

(庚)不得醉酒入会。

第八章 权 利

第四十六条 凡各商情愿入会者,均须将执业、牌号、行规(或议单)、坐落、资本、号东(合资股东)、管理人、伙友姓名、籍贯、开设年月并信约书,开具送交本会,逐项照注簿册,始得沾本会各项权利。

第四十七条 凡既经入会注册之商号,由本会开单备文送至地方官衙门存案。嗣后,该号应事被控牵涉,应请地方官先行知照本会,分别办理如下:

一、该商号因号中商务被控必须传讯者,本会公同据实查复,俾良懦者得尽其词,狡黠者无可饰辩;

二、各商因钱债细故被控者,由本会随时酌觅担保,以免羁押之累;

三、各商如所犯案情重大、不关商务者,当立派会员查察,属实,本会即不任保护之责,并公议出会与否。

第四十八条 在会之人因商业纠葛(如买卖亏倒财产、钱货等),本会当为之秉公调处,以免涉讼。但须各将前后实在情形及账目等和盘托出,不得稍事欺饰。经本会核明确实,其理直者,虽为之联名电部,本会亦所担任。

第四十九条 事经本会调处,众议佥同,其理曲者,梗顽不服或避匿不到,非本会权力所及,当酌量代诉有司。

第五十条 本会调处事件以和平为主,秉公判断。如两造相持不下,听其赴诉有司。如迁延不结,两造仍愿会中调息者,本会亦不推辞。

第五十一条 甲商在会,乙商未入会者,乙商另请公正人到会调处。

第五十二条　入会各商既已循理守法，如有土棍吏役讹诈凌压、借端滋扰商业者，本会当代为伸诉。

第五十三条　凡有不便于商，损害商务，或奉行习惯，而实为病商之政，亟应整顿改革者，本会当实力办理。

第五十四条　如遇很冒牌号，混淆市面，诬坏名誉，扰害营业，本商因此而致有吃亏之处者，告知本会查明，确系被累被诬，应公同议罚议赔，以保商业。

第五十五条　凡遇本会权力所不能及者，或代诉有司核办，或遵照部章第七款办理。

第五十六条　在会各商有因商务要事，欲自行具呈商部者，总理、协理标明年月后，径将原呈代寄商部，以期迅速。

第五十七条　华、洋商遇有交涉，本会酌量事理，可作代表，并遵照部章第十六款办理。

第五十八条　不论会内会外，各业中如有罔利病商，自相践踏、不顾公益、妨害民生者，遵照部章第二十四款办理。

第五十九条　各商有能独出心裁制造新货，或将中外原有品物改制精良者，遵照部章第二十六款办理。

第六十条　依前条如商力不逮，会中经费充裕，准由会员联名出结公保到会，经众议可者，本会当筹款赞成其事，酌取官息，限期归本。或由本会认作股本，届时另开特会议决。

第六十一条　兴办大宗贸易，需本过巨，商力不逮，如查系确有把握，有裨商务者，准如前条办理。

第六十二条　会中经费充裕，如遇在会各商，存货压本，需资周转，并无别项情节，准该业会员、会友联名出结公保，经众议可者，本会筹款贷给，酌取官息，货物销行，即令归还，不得饰词拖宕。

第六十三条　按照部章第十九款，凡商家定货之合同、房地出入之文契以及抵押称贷之券据，凡可执以为凭之件，欲赴本会注册，将凭单上盖明图记，以昭信实，而杜诳诈欺伪等弊者，本会当照办。

第六十四条　会友如欲考查关涉商务之中外章程、法律等等，本会置有各项书籍可备查询。

第六十五条　会友欲赴他处考察有益商务之事，本会可为介绍者，当为之介绍。

第九章　责　　任

第六十六条　本会第二章宗旨后所列各项，为本会应尽之责任。

第六十七条 各商既已遵章入会,担赞成本会之义务,本会即有保护该商之责任。

第六十八条 本章所载应办各事及未尽事宜,既经会众决议者,本会有随时施行之责任。

第六十九条 本会在事各员,各有专责,分列于下:

(一)总理、协理 有总理会务,协理会务,筹定经费,裁定会章,密议判断各事之责任。

(二)议董 有稽核收支,接待宾朋,筹办庶务,监察会务,筹议经费,讨论会章,密议协议,判断各事之责任。

(三)会员 有选举总理、协理、议董,筹议经费,决定会章,裁定会务,决断各事之责任。

(四)会友 有选举会员,赞助会费,指陈利弊,条陈意见,以备会中咨询采择之责任。

(五)名誉会员、特别会员 有提议专议,勗勤会务之责任。

(六)理事 由本会公议聘请品学兼优之员,常川驻会,有管理选举、文犊、印钥及会中一应日行事件之责任。

(七)书记、司账、庶务 亦由会中延订,常川驻会,有随同理事办理各事之责任。

(八)翻译 有办理华、洋商交涉事件,详译洋文书札、券据、合同之责任。

以上八项,各有权限,不得推诿,亦不得侵越。

第七十条 总理以下各员,如有徇私偏袒、不协众情者,经会中员、友举发,须有五人联名,方可宣告会众,定期公议。派员查有确据者,会众议决撤退另举。如商部加札之员,应由本会呈诉商部,若未经决议者,不得率用本会之名呈诉,余仍遵照部章第十一、十二款办理。

第七十一条 在会各员务宜烙守会章,秉公办事,互相勉励,毋有歧视。

第十章 要 义

第七十二条 本会经费充裕,应先筹设商业学堂,以造就商界人才。

第七十三条 本会经费未裕,应先筹设商学研究讲习所,以开商智而涤旧染,俾年长者亦获祛除成见(另订专章)。

第七十四条 有人发起欲设立商业学堂或别项实业学堂者,本会当实力为之提倡扶助。

第七十五条 比较品物,推广贸易,应设陈列所,由熟悉中外商品及商情者,择地布置(另订专章)。

按：时至今日，所谓商战世界，实即学战世界。泰西商人皆从学堂绩学而出，不独通文义、算术、历史、舆地、制造见长也，且能周知各国之情势，故所见者广，不屑以招徕接待为能，鸡虫得失自私也，实能保护己国之权利，故所争者大。我华之商，力薄资微，知短虑浅，既无学问，而又坚僻拘墟，以无学识之人与有学识者遇，其胜负可立决矣。夫事无近功，种宜早下，急起直追，犹恐不及，失今不图，后悔已迟。学堂也、讲习所也、陈列所也，皆为商界下新种子也。使不此之务，再阅十年，而我商界之面目仍旧，恐华商无立足之地，至时而思以教育救其弊，不已晚乎。凡我商会同人，毋再以自误者误后生，致不能争存于世也，同人勉乎哉！

第七十六条 一应善举，无关大局、无关要义者（如布施、周济、养而不教之类），本会经费虽裕，概不担任，亦不得于会中提议。

第七十七条 一切迷信祈报之费，本会概不担任。

第七十八条 干脩、抽丰、一切无谓酬应之费，本会概不担任。

第十一章 附　属

第七十九条 上等有学识之工人，如有会中人员为之介绍，应准一体入会，毋有歧视。

按：农、工、商三者实相表里，今商界风气渐开，农、工尚少讲求，顾工与商尤有直接之关系，工以商为尾间，商以工为源头也。现虽无力专设工业会，然工界中亦不乏读书知大义、讲公益、识团体之人，及时提倡，商界之责。如有前项工人，应准一体入会，以开风气，进良善以树之坊，化梗顽而勉于学，他日工会之成立，或基于此。工固不可不重，故公拟暂为本会之附属焉。

附：工员格

（一）行止规矩；（二）读书明理；（三）留心公益；（四）年在二十四以外。

第八十条 本会暂假城内七襄公所先行开办，俟建造落成再行迁驻。

上草拟试办章程十一章八十条经各商公同定议，已缮册呈报商部核准，应行刊印分送在会各人。

资料来源：章开沅、刘望龄、叶万忠、马敏、肖芃主编：《苏州商会档案丛编（第一辑）》（1905 年—1911 年），华中师范大学出版社 2012 年版，第 17～31 页。

江苏苏商总会附设商事公断处办事细则

(1913 年)

第一章 总 则

第一条 本处遵照司法、工商部会订章程组织开办，附设于苏州商务总会，定名曰：苏州商务总会商事公断处。

第二条 本处遇有案件，依据商习惯为断，以息讼和解为宗旨。

第二章 公断处之规定

第三条 公断处受理商事争议案件，均以苏州商务总会范围以内之商事为限。争议事件如有一造不在本会范围内者，应征该造意见办理，或将声请案情调查明确，交由本商会转移各该商会之公断处核办(未设公断地方，即咨行所属管辖法院，或应行受理之地方官衙门核办)。

第四条 凡声请公断事件属于下列各项者不理：

一、争议事件与商事无关系者；

二、两造全无证物证人者；

三、因非正当之营业纠葛而致生争议者。

法院委托之案如有属于前列各条之争议，应将原案咨回，仍请法院核办。

第五条 已经起诉之案，除由法院委托调处外，凡两造自愿声请移转本处公断，该两造应赴法院呈请批准，仍应将原呈、诉辩、批词全文抄粘到处，方准核理。理结后，遵部章第三十五条办理。

第六条 公断未结之案或在外调停和息，应由两造将和息情形各具愿书声请注销。如系已经起诉者，并备愿书两份，依据部章第十六条办理。

第七条 公断理结得征费用，遵照部章第二十一条、第二十二条办理。当事人曾在商会注册，担负常年会费之义务者，得照部定之率减半征收。

第三章 公断处之员额及选任

第八条 公断处遵照部章应设职员额定如下：

一、处长一人；

二、评议员、调查员二十六人。

第九条 公断处处长于被选之评议员中，用记名单记法投票互选。

评议员、调查员于商务总会会员中，用记名速记法投票互选，并照原额预选三分之一之候补人。

第十条 选举前项职员，均以得票满总数三分之一者为当选。若得票不满数者如法再选，以足额为止。

票数同者以年长之人列前，年同者抽签定之。

第十一条 凡选举公断处职员，由商会总、协理预定日期招集举行。

第十二条 每届选举确定，由商会备具证书，分送当选人收受、任事，并将得票数目报部备案。

第十三条 本处职员均以二年为任期，任满改选。得连举连任，依部章第十三条之规定。

第十四条 处长因事出缺，应即补选。评议员、调查员因事出缺，以候补人依次递补。补缺各员任期，均以补足前任满期为止。

第十五条 本处暂设书记员四人，由处长会同商会总、协理酌定任用，别以规则定之。

第四章 公断程序

第十六条 公断商事，以声请先后为序。

第十七条 凡向本处声请公断者，两造所具陈诉书或辩诉书，应将争议事实简明直叙，不得罗织牵连，并照下列各项详细开列：

一、当事人姓名及住址；

二、当事人之职业；

三、店铺牌号及地点；

四、关于争议之证人；

五、粘送各项账据。

第十八条 前项声请事件应否受理，由处长核定揭明公告。

第十九条 两造诉书核准受理，由处长签定评议员三人或五人，函请到处，先将案由原委公同审查研究。

如对于此案原委有需调查之处，应由处长委托调查员查明各项事实，报到再行核理。

第二十条 当事人对于签定评议员，援据部章第三十三条陈请拒却者，于公断日期之前陈明拒却之理由，不得临场托故陈请。

第二十一条 签定评议员如遇应行拒却或回避、引避时，由处长另行签定。

第二十二条 调查员如有应行回避、引避及拒却各情，援照部章第三十一至三十四条办理。

第二十三条 本处排定公断日期，应于三日以内具出通知，令两造及证人或参加人按照定期到场;其由法院委任者亦同。

第二十四条 本处定期公断,两造如确有事故,得先期声请酌予展期,但展期不得逾两次,所展之时日每次不得逾两星期。

公断定期展至三次不到者,原告将案撤销。如系被告,应由原告自赴法院起诉。本处即分别调查案情录送受诉之法院核办。

第二十五条 公断事件有须证人、鉴定人时。应得签定本案评议员之同意,由处长临时约请。

第二十六条 本处公断,两造当事人均须亲自到场陈述。如遇不得已事故时,应由当事人声请核办。惟不用律师制度。

第二十七条 当事人对于本处之公断如有异议不服时,应由不服者自赴法院起诉。并得由本处依据商习惯、公断原委,叙录全案送请受诉之法院核办。

第二十八条 理结争议事件,得两造同意亲自签字后,依部章第三十五条作成公断书交付当事人,即应发生效力。无论何造,如再翻异,应将公断全案情由录送管辖之法院,并呈请宣告强制执行。

第二十九条 公断案内有关于赔偿、缴纳各事宜,应由当事人觅具殷实信用之保人担负责任。如无人担保,呈请管辖法院为之宣告强制执行。

其财产货物如有关系行政范围者,应即据情分别送请各官厅查核施行。

第五章　职员之职务及权限

第三十条 处长督理本处内外一切事务,仍得与商会总、协理会同洽议。

第三十一条 公断处对外函牍,由处长署名负责,借用商会钤记。

第三十二条 评议员遇有公断事件,经处长签定,不得无故谢绝。

第三十三条 调查员受处长之委托,依照该案开列各节查明直告。如另有意见者,得附记于后,同时报告之。

对于该案事件,如须会同该商事业董调查之处,得陈明处长,知会商会,函请会查。

第三十四条 调查员履行职务本处应给予证书,如遇不服调查及障碍各节,得据情声请,分别核办。

第三十五条 书记员掌拟叙稿牍、收发文件、保存案卷、临场记录及本处会计庶务事宜。

第三十六条 处长、评议员、调查员均为名誉职,依照部章第八条酌赠酬金,应由商会公同议决之。

调查员舟车日用,得酌给相当之公费。

书记员薪金由处长量事之繁简，分别核给。

第三十七条 公断案内如有银钱、折据及缴纳赔偿财产各款，应由处长送交商会执管保存，以昭郑重。

第三十八条 本处经费收支不敷，遵照部章第四条由商会担任。每届决算册送商会核明刊布，并分别呈报备案。

第六章 评议场规则

第三十九条 公断商事争议时，评议场公开之。但非商业人及案外无关系者，非经特许，谢绝旁听。

第四十条 处理商事争议时，由签定评议员临时公推一人为评议长。

第四十一条 评议场以处长及评议长为主席，左为评议员席，右为原、被两造及证人等席。其余旁听各人概无发言之权。调查该案之调查员，得列席陈述意见，但理结时不列判决之数。

第四十二条 评议员询问理由，原、被告及各证人须依次直告，不得搀越。两造辩论须和平谈判。各待词毕然后发言，违者评议长得禁止之。

第四十三条 公断判决以投票决之，可否同数，取决于评议长，其公断记录仍连署负责。

第四十四条 公断未定，当事人均不得先自离席。

第四十五条 评议未终结，须继续开议公断者，由处长定期当场宣告。

第七章 附　　则

第四十六条 本细则由本商会议定，请县知事咨行地方审判厅会核，核定后呈由本省民政长转报司法部、农商部会核施行。

第四十七条 本细则如有未尽事宜应行修改之处，得由商会公同议定，随时呈报施行。

资料来源：马敏、祖苏主编：《苏州商会档案丛编（第二辑）》（1912 年—1919 年），华中师范大学出版社 2004 年版，第 83 ~ 88 页。

江苏苏商总会理案章程

凡钱债纠葛商会允予理处者，由原告开具节略，到会，送交理事员面询原委，转送总、协理公阅。至常会期邀同原被两造，并中证人到会提议，总协理、谈判员、议董入座研究情节，秉公判断，将问答语由书记员逐一登记，两造有申辩处及谈判议董驳诘之词，一并载明，书名签字。决议后，由书记员详细登录断语，谈判议董亦书名签字，以示不再更动。

一、两造既请商会理处，即作为允认本会公断，订期后无故不到，即作情虚论。倘实有事故，应准预先知照改期。

二、两造中证须询问者，必得邀集。如中证人不到，不能提议。又两造代表及各该业董事，有应询问者，亦须到会。

三、两造有欲入会听议者，由代表人介绍入旁听座，然不得过四、五人。凡局外人与案情不干涉者，即有介绍人亦不得入听。

四、旁听者各有坐次，不得环列立听，及从旁插议助原被告申辩。

五、会议时由总理于议董中酌派一人纠仪，凡入座、散座，皆以摇铃为准。

六、既入议座，当守议规。有违规则搀议及高声哗争者，纠仪员鸣警铃止之。若警之不止，由纠仪员告令出座。

七、入座、散座均由纠仪员摇铃。如议方及半率行出座，或议毕时不待摇铃遽起出座，均以违规论。

八、每日如有提议数案者，理事员排次甲乙标示，如甲案未毕，乙案之人别处等候；甲案毕，乙案之人始准入座。判议员分班轮坐，总协理亦轮次听断。

九、决议后或未允协，两造互有翻异，或尚多疑窦，当再详细研究，可于下期再集两造提议一次。如仍不协，即罢议，任其涉讼有司。

十、每次分班听议，谈判员、议董至少须有两员入座，由总协理主派，不得推诿。

十一、到会签名，除议董、会员外，凡案内人及案外旁听人，均书明介绍姓名。

谈判员之权限：

一、谈判以调息纷争为宗旨。

二、商家出有轇轕，无论已讼未讼，愿请本会秉公调处者，由谈判员详查两造原委，分别曲直，和平劝解。由书记员将理由简要摘叙，谈判员签字，总协理复核执行。

三、谈判员至少须两人入座，两造口述，谈判员得据理准驳。

四、谈判员与两造商业上有牵涉者，得自请避嫌。

五、谈判员有谈判两造事理之权，以调息纠纷为宗旨。

六、两造须承认并尊重谈判权，两造愿请本会调处，即为承认谈判权之证据。

七、据理谈判后，有不承认者，或复加判决，或作为无效，须辨其不承认之当理与否，请总协理分别理否。

八、谈判无效本会不再理处。

资料来源：马敏、祖苏主编：《苏州商会档案丛编（第二辑）》（1912 年—1919 年），华中师范大学出版社 2004 年版，第 91 ~ 93 页。

江苏梅里商务分会试办章程

光绪三十二年（1906 年）

第一条 本会设立常昭城东梅里镇，谨遵商部札批，名曰“梅里商务分会”与苏州商务总会联络一气，妥为办理。

第二条 本会举董定章后，应禀请商部颁发图记式样，由苏州总会照刊给用①，以资信守。

第三条 本会系虞东一十八镇各商业合力设立，务在联合众情，坚结团体，以兴各镇商务。

第四条 本会公举总理一员，议董十员，约每镇一二员。会员无定额，仍遵部章以三十员为率，其干事员设理事、书记、庶务、司账各员，或由本会中人选充，或另行延聘，临时酌定。惟总理举定后应由总会转请商部加札委用。

第五条 在会各员自总理以下须按期到会，如有重要事件尤须集议，或因疾病事故不能到者，须先期知照。无故三次不到退为会友，一年内无选举权。其离镇较远者，除特会不能不到外，余可从便。

第六条 替镇士绅有以学识裨益本会者，有会员二人介绍，经多数议董认可，即推为名誉会员。

第七条 有独立捐助巨资，赞成本会经费，有会员二人介绍，经多数议董认可，即推为特别会员。

第八条 各商号愿入本会注册，由会中二人以上查明并非营业卑贱，实无欠债倒闭情事，出为介绍，经多数议董认可，准具信约书注册，一体保护。

第九条 本会注册费分为五等，一等每年缴费十二元，二等十元，三等自八元至六元，四等四元，五等二元。注册后由会给予牌照，以为保护之证。其

---

① 此句商部批饬违章，后更改为“由本会自行遵照刊用”。

纳有行贴代客买卖者一律照此办理①。凡入本会之商号、愿捐本会办公经费者皆为会友,每年每家多至十二元为限,少至二元,悉从其便。一其不愿至会者遵照部章第十八款不得勉强,转失保商本旨。

第十条 会中有临时应办事件,经公众议决后,或由总理派人承办,或由会众公举人承办,谓之临时员,既经派定,即有应尽之责任,不得推诿。

第十一条 总理以下各员如有徇私偏袒,或遇事推诿,不协众情者,经会中员友举发,须有五人联名,方可宣告会众,定期公议。派员查有确据者,会众议决,撤退另举。如商部加札之员,应由本会移知总会,呈诉商部。若未经决议,不得率用本会之名呈诉。

第十二条 会中各员不得借用本会名目自办私事,会所不得无故借坐宴会。

第十三条 会议时由总理于议董中酌派一人纠仪,入座散会皆以摇铃为准。

第十四条 本会即以各号各友岁捐之费为通年出入之需,按季清结,造册汇报总会,年终转报商部。

第十五条 本会暂租梅里镇北街邓氏民房为会所,俟力能建置房屋,再行迁驻。

第十六条 除以上各条外,其余悉遵苏州商务总会章程,以归一律。

资料来源:章开沅、刘望龄、叶万忠、马敏、肖芃主编:《苏州商会档案丛编(第一辑)》(1905 年—1911 年),华中师范大学出版社 2012 年版,第 77～79 页。

江苏平望商务分会试办章程

光绪三十二年闰四月二十四日呈(1906 年 6 月 15 日)

第一条 本会设立江震城东南平望镇,名曰平望商务分会。与苏州商务总会互相联络,以全公益。

第二条 本会拟定章程举定会董后,应禀请商部颁发图记式样,由本会照

① 此条遭到商部批驳后将"本会注册费……照此办理"一段,全部删节。

刊应用，以资信守。

第三条 本会公举总理一员，议董八员，会员无定额，仍遵部章以三十员为限。惟总理举定后，应由总会转请商部加札委用。

第四条 会期照总会章程第七章办理。惟常会改为每月朔、望二次。

第五条 各镇士绅有以学识裨益本会者，有会员二人介绍，经多数议董认可，即推为名誉会员。

第六条 有独立捐助巨资，赞成本会经费，有会员二人介绍，经多数议董认可，即推为特别会员。

第七条 各商家入会，得沾本会应有权利。其愿捐本会经费，每年酌量输助，得为本会会友，不愿捐者听。

第八条 凡商界应办事件，或事关重大，或非本会能力所及者，当集众会议，移请总会核办。其寻常事件，由本会自行办理。

第九条 总理以下各员，如有徇私偏袒，或遇事推委，不协众情者，经会中员友举发，须有五人联名，方可宣告会众，定期公议，派员查有确据者，会众议决撤退另举。如商部加札之员，应由本会移知总会，呈诉商部。若未经决议，不得率用本会之名呈诉。

第十条 本会所收各商家愿捐经费，除开支外，按季清结。谨遵部章第二十三款，将余款解交总会汇存。

第十一条 本会暂借平望镇城隍庙为会所，俟经费有余，再议建筑迁驻。

第十二条 除以上各条外，其余悉遵苏州商务总会章程，以归一律。

资料来源：章开沅、刘望龄、叶万忠、马敏、肖芃主编：《苏州商会档案丛编（第一辑）》（1905 年—1911 年），华中师范大学出版社 2012 年版，第 90 ~ 91 页。

江苏江震商务分会试办章程

光绪三十二年九月十二日（1906 年 10 月 29 日）

一、定名　本会设立江震城中，名曰江震商务分会，禀请商部颁发图记式样刊刻应用。联络苏总会，交通上海及各处商会，仍与平望、盛泽和衷办理。

二、宗旨　遵照部章，以通商情、保商利，有联络而无倾轧，有信义而无诈虞为宗旨。

三、会所　本会暂设城内城隍庙，并于各镇各立分事务所，为分合（会）办事之地。

四、名位　本会公举总理一人，由总会转请商部加扎委用。议董十二人，会员无定额，仍遵章以三十人为率。总理不论城镇。议董、会员城镇分举，以镇之大小，及入会之多寡为衡。其选举法悉依苏总会办理。此外，尚有名誉会员，特别会员，例无定额。

五、职任　除总理、议董、会员分任一切外，其本会会所公请理事一员，书记一员，司账兼庶务一员，各分事务所各酌请书记兼司账一员，以专责成。

六、会期　年会、季会、年终会及特别大会，均集城内本会所，以资联络。其每月朔、望常会议事，城镇各就地举行。

七、经费　凡商家赞成入会者，即为本会会友。其愿捐本会经费，酌量输助。不入会者听便。所有捐费，按季清结造册，汇报总会，年终转报商部。

八、办事　凡遇商家应办事件，其但关于一镇者，即由本镇就地解决。其关于全体特别事故，及此镇对于彼镇之交涉，悉于城中集议。其尤重要者，联合苏总会办理。

九、权利　本会商会应得权利悉照部章及苏总会章程。

十、附属除以上各条外，其余悉遵苏总会章程，以归一律。

资料来源：章开沅、刘望龄、叶万忠、马敏、肖芃主编：《苏州商会档案丛编（第一辑）》（1905 年—1911 年），华中师范大学出版社 2012 年版，第 102 ~ 103 页。

江苏昆新分会试办章程[①]

光绪三十二年十一月（1906 年）

第一条　本会设立昆山、新阳两县城内，名曰“昆新商务分会”，与苏州商务总会联络一气，妥为办理。

第二条　同梅里本会举董定章云云。

---

① 此件为录底稿。凡文中“同梅里”等条，均在括号内一一注出。

（本会举董定章后，应察请商部颁发图记式样，由本会自行遵照刊用，以资信守。）

第三条 同梅里第四本会公举总理一员云云。

（本会公举总理一员，议董十员，约每镇一、二员；会员无定额，仍遵部章以三十员为率，其干事员设理事、书记、庶务、司账各员，或由本会中人选充，或另行延聘，临时酌定。惟总理举定后应由总会转请商部加札委用。）

第四条 同梅里第五条。

（在会各员自总理以下须按期到会，如有重要事件尤须集议，或因疾病事故不能到者，须先期知照。无故三次不到退为会友，一年内无选举权。其离镇较远者，除特会不能不甜外，余可从便。）

第五条 同梅里第六条。

（各镇士绅有以学识裨益本会者，有会员二人介绍，经多数议董认可，即推为名誉会员。）

第六条 同梅里第七条。

（有独立捐助巨资，赞成本会经费，有会员二人介绍，经多数议董认可，即推为特别会员。）

第七条 同梅里第八条。

（各商号愿入本会注册，由会中二人以上查明并非营业卑贱，实无欠债倒闭情事，出为介绍，经多数议董认可，准具信约书注册，一体保护。）

第八条 本年会费暂由发起人担任代垫，俟将来归还。

第九条 凡入本会之商号愿捐本会办公经费者皆为会友。

第十条 同梅里十二条。

（会中各员不得借用本会名目自办私事，会所不得无故借坐宴会。）

第十一条 同梅里十四条。

（本会即以各号各友税捐之费为通年出入之需，按季清结，造册汇报总会，年终转报商部。）

第十二条 同梅里十六条。

（除以上各条外，其余悉遵苏州商务总会章程，以归一律。）

资料来源：章开沅、刘望龄、叶万忠、马敏、肖芃主编：《苏州商会档案丛编（第一辑）》（1905年—1911年），华中师范大学出版社2012年版，第140～141页。

江苏蒹葭浜分所简章十条

光绪三十三年(1907 年)

(甲)本镇坐落昆邑,谨遵部饬,定名曰"昆山县蒹葭浜镇商会分所",隶于昆新商会。

(乙)本分所公举董事一员,各业代表八员,另设书记兼司账一员,由董订定。

(丙)在所各员遇有应议事件、由董预发传单,届期齐集分所,公同会议。

(丁)各商号愿赴本所注册,由董查明并非营业卑贱,亦无欠债倒闭等情,准其注册,一体保护。

(戊)本所办公经费暂由董事代垫,俟将来归还。

(己)各商号有自愿捐本所办公经费者,不论多少,皆为会友。

(庚)会友中有自愿告退者,捐款概不给还。

(辛)会中各员不得借用本所名目自办私事,会所亦不准无故宴会。

(壬)本分所即以各号、各友岁捐之费为通年出入之需,按季清结,造册报销。

(癸)除以上各条外,其余关系公益之事,仍与昆新商会联络统办,以归一律。

资料来源:章开沅、刘望龄、叶万忠、马敏、肖芃主编:《苏州商会档案丛编(第一辑)》(1905 年—1911 年),华中师范大学出版社 2012 年版,第 160 ~ 161 页。

江苏昆新东乡商务分所试办章程

宣统三年四月(1911 年)

第一章 定 名

第一条 本所系连(联)合昆新东乡安亭、蓬阆、蒹葭浜、夏家桥四乡各商号组织而成。谨遵农工商部札文，名曰“昆新东乡商务分所”，与城中分会、省城总会联络办理。

第二章　宗　　旨

第二条　本所谨遵部章，以联络商情、启迪商智、保护商民、厘订行规为宗旨。

第三章　职　　员

第三条　本所设董事一人，须具备下列资格，由议董公举：

（甲）品行端方，年在二十五岁以上者；（乙）在本地设有行号为一方之巨擘者；（丙）明白事理为各商所推重者。

第四条　本所设议董八人，每乡二人，须具备下列资格由会员公举：（甲）品行端方年在二十五岁以上者；（乙）本地有行号或经理人而不失财产信用者；（丙）明白事理而于商务上有经验者。

第五条　本所会员无定额，于各帮商业中推举，其资格如下：（甲）品行端方确在本地经商者；（乙）明白事理熟悉商情者。

第六条　本所设书记兼会计一人，由董事与议董商定聘任，为有给职。

第四章　职务权限

第七条　本所董事之职务权限如下：（甲）有主持全所事务完全之权；（乙）有以事由开议董会及临时大会与闭会期之权；（丙）有急要事件不及开临时大会或议董会者，得先裁决施行，俟开会日报告。

第八条　议董之职务权限如下：（甲）厘订各业行规，统一办法，及评议各商轇轕，以定曲直之权；（乙）有研究各业利弊，并总核本所经济之权。

第九条　会员之职务权限如下：（甲）有提议整顿各业行规，报告本境商务情形及在会场决事之权；（乙）有保守本所名誉及维持本所公益事件之义务。

第十条　书记兼会计一人，其职务权限如下：（甲）有保存本所中往来公牍、记录、开会议案及管理选举之责；（乙）经理所中出入款项，并报告一年内所用经费，定每年预算表之责。

第十一条　招待员暂不另设，由议董或会员中临时推举，其职务权限如下：（甲）有接待各业会员，担任本所庶务之责；（乙）开会时介绍来宾入座，接待一切。

第五章　选　　举

第十二条　凡会员有选举职员、被选举为职员之权。

第十三条　凡选举职员须遵照本所所定各项职员资格选举。

第十四条 董事、议董均一年一举,连举连任。但董事以三次为限。

第十五条 每届选举,各会员须亲到所中投票,不得请人代理。

第十六条 选举董事,用记名单记投票法;选举议董,用制限记名连记投票法。均以得票多数者为定。

第六章 入会及出会

第十七条 各商号愿入本所者,经调查合格即行注册。

第十八条 凡入所注册者,给予执照一纸以为证据,每年开大会时掉换一次。

第十九条 凡会员出会,其别如下:(甲)自愿出会经本所之承认者;(乙)于犯列法被控监禁者;(丙)品行悖谬有坏本所名誉者;(丁)宣告破产或有心倒骗者;(戊)不缴会费已满二年者。

第七章 会 计

第二十条 本所入款以各商注册费及月捐为经常款,视各业之大小,分上、中、下三等缴纳,如愿助特别捐者听,不得有苛派等事。

前项注册费于入所注册时即缴,月捐于每月初预缴,出入相抵,倘有余款,由董事付存殷实行号生息。

第二十一条 本所出款,以事务所办公额支之款为经常费;以其他一切活支之款为特别费,均须撙节开支。

第二十二条 每月出入清结,由会计员交董事及议董查核,至年终将收支清数刊册,报告各会员,以昭信实。并造四柱清册,呈报地方官及总分会备案。

第八章 会 议

第二十三条 每年正月开常会一次,先十日发通告书,会员须全体到会,报告上年办事情形,改选董事、议董。每月十五日为议董常会期,议决下月全所事务。如有急要事件,随时开特别会。

第二十四条 凡会议事件,遵照商律会议通例办理,另订议事规则。

第九章 权 利

第二十五条 各商号在本所注册者,须将执业牌号、行规议单及股东、经理人姓名、籍贯、开设年月,送交本所逐项注填,以便得享本所权利。

第二十六条 凡注册之会员有纠葛之事,本所当代为和平调息,以免讼累。倘两造争持不允,自诉地方官长,本所不再过问。如地方官长发交本所理处,当据实查复。

第十章　惩　　戒

第二十七条　董事或议董如有舞弊徇私偏袒等情,遵照部章第十一款办理。

第二十八条　各商号无论已、未入会,如有罔利病商、自相倾轧、不顾公益、妨害民生者,遵照部章第二十四款办理。

第十一章　地　　址

第二十九条　本所公议暂借蓬阆乡北街自治公所为事务所。

第十二章　附　　则

第三十条　凡本章程所未载者,均查照部章施行。如有增订及修改之处,于常会时公决之。

资料来源:章开沅、刘望龄、叶万忠、马敏、肖芃主编:《苏州商会档案丛编(第一辑)》(1905 年—1911 年),华中师范大学出版社 2012 年版,第 176 ~ 180 页。

江苏陈墓镇商业公会试办章程

宣统三年闰六月(1911 年)

一、吾镇界隶元、昆,今联合各商组织商业公会,名曰陈墓镇商业公会,附属于苏城商务总会,在会各商均入苏总会为会友,一应事宜悉遵苏总会章程办理。

二、本会以联络商情、和协同业、严戒侵轧,互相维系为宗旨。

三、本会举定总代表二人,由入会各商全体公举。即为各商全体代表,上承苏总会定章,下联各业商情,会期集议,裁判各事。

四、凡属一业,公推代表一人,即为一业之领袖,每逢会期务须到会集议。

五、由各业代表之中,选举明白事理者四人,襄助总代表随同办事。

六、经众举定书记一人,经理会中来往函件及出入账目,随同办理各事。

七、在会任事诸君,均以一年一选举,于正月年会期经众举定。

八、各商既经入会,当经总代表开具各商牌号执业、号东执事、资本,逐项列表,并各商所具信约书,呈请苏总会照注簿册,填给凭照,一律保护。而各商应沾权利,悉照部章及苏总会定章。

九、在会各商,遇有事故,如同业倾轧、损害商业,或钱债欠户有意抗延者,经会友就近告知总代表,调查属实,秉公理断。若两造争执不听及顽梗不服者,或事体重大而本地不能解决者,应由总代表据实告知苏总会集议施行。惟个人私事不涉商界者,及未入会以前远年纠葛,或已经涉讼者,本会一概不理。

十、会期分常会、年会、特会。每月举行常会一次,正月及年终举行年会各一次。如遇重大事件须开特别大会,临时订期。每逢会期,如年会、特会务须全体到会。其每月常会之期,而会友或有他事不克到会者,悉听其便。

十一、入会各商,应捐会费。苏总会本有定章,惟吾镇弹丸僻壤,向无大宗商业,其会费一项不得不量为变通。今酌定三等:十二元、六元、三元,以资本之大小为衡,会费之外分文不取。

十二、各商岁捐之款,除以缴苏总会常年经费外,余款留作本地办公之用。

十三、会中如有存积之款,数至五十元,经众议定存于殷实商号,立折计息。如不满五十元,留备随时支用。

十四、会中公款,除照预算表例支外,非经全体许可,不得动用分文,以杜浮滥。

十五、通年收支数目,于年终会期,经众稽查核实,列表宣布,并刊送各会友,以昭大信。

十六、本会任事诸君,除书记酌提薪水外,其总代表以下均尽义务,概不开支薪水。惟遇有事须经总代表接洽苏总会者,其往来舟盘之费,自应酌备。如事关全体,应由会中公款拨用,如为一业或一家之事,应由一业一家备用。

十七、本会暂借道院东厢房为事务所,以后经费充裕,当另择相当房屋为会所。

资料来源:章开沅、刘望龄、叶万忠、马敏、肖芃主编:《苏州商会档案丛编(第一辑)》(1905年—1911年),华中师范大学出版社2012年,第185~187页。

江苏苏商总会研究商习惯问题简章

宣统元年四月(1909年)

一、宗旨　研究关于苏地各业之习惯,分类条答,以备法部修律之采择,而保商人之权利。

二、办法

（甲）法律馆所颁习惯问题，当按期逐条研究。

（乙）问题以外之习惯，可由本会会员随时调查明确，来会各抒意见，以收集思广益之效。

（丙）商法所包者广，凡属商人，无论营业之大小，于法律范围皆有关系。不问何项商人曾入商会与否，苟有利害切己应行保护者，其营业之习惯与旧有之规条可作成意见书，投交本会或邮寄本会共同研究。

（丁）凡入会各商号，均可到会研究。其未入会之各商号，须有入会之各商号介绍（具介绍书盖有入会商号戳记）方能认可。

（戊）此研究商习惯问题，法律馆限于六月一律呈报。本会拟至迟于八星期中竣事。

三、时间　本会于四月十一日为研究第一期，以后每星期六下午二时至五时为研究时间。事关公益，幸勿过时。

四、地所　设在刘家浜商务总会。

资料来源：章开沅、刘望龄、叶万忠、马敏、肖芃主编：《苏州商会档案丛编（第一辑）》（1905 年—1911 年），华中师范大学出版社 2012 年版，第 255～256 页。

江苏新阳巴城镇商务分会试办章程

第一章　宗　　旨

以联络商情，发达实业，维持公益，调息纷难为主要（旨）。

第二章　定　　名

本镇商号营业不一，今概不区分，统名曰新阳巴城镇商务分会。

第三章　地　　址

暂借乐善局为办公之地，俟有的款，择地建设会所。

第四章　职　　员

投票公举总理一人，议董八人，由每年开年会时选定，其书记、会计等职，或零（另）行延请，或会友担任，随时酌定。

第五章　资　　格

品端行正，心细才长，年逾二十五岁，确有实业者，始有选举被举权。

第六章　权　　限

总理综举大纲,名誉员资以赞助,会计员畀以经济,议董评决提议之事,会员专司同业之规,会友有公众议决之权,各司其职,不得放弃,亦不得搀越。

第七章　入　　会

凡愿入本会者,须有会友二人联名推荐,本会会董议定,得多数者允其入会,其营业卑贱,及欠债倒闭未清偿者,不得入会。

第八章　出　　会

会友自愿出会,具函声明,即令出会,捐助之款概不给还。其有不遵会规,败坏本会名誉者,经公众议斥,即行斥退,捐款亦不给还。

第九章　经　　费

各商号愿捐本会经费者,皆为会友,数之多少,概由会友自酌,本会即以此项捐款作为常年经费,按季清结造册,年终报告总会,转达商部。现在试办之初,所有经费概由发起人垫应。

第十章　会　　期

每年年会一次,每月月会三次,准于初六、十六、二十六日下午二句钟开会,是谓常会。倘事关紧要,不能拘定常会之期,可由总理发单传知会友,开会集议,是谓特别会。

第十一章　规　　则

开会时,由总理派人纠仪入座,散会皆以摇铃为率。

第十二章　办　　公

凡奸胥蠹役、土豪恶霸扰累商民,经本会查明情节,即代为禀官究办。其会内与会外商务往来,遇有屈抑不平之事,可请本会代向官长伸诉。其会内与会内钱债细故遇有轇轕不清之事,可请本会提议公平理处,或理处后未能甘心悦服意欲兴讼者,听其自行控告,本会概不与闻。其开商学、设商团、整顿行规、振兴市面、凡有益于商民者,容当逐渐举行,以臻完善。

以上十二章除随时增减外,其余未尽事宜,悉遵苏州总会章程办理,以归一律。

附呈各职员名单公举职员:总理黄公槐;议董唐晋基、潘祖仁、施大柏、盛雩龙、陈允武、唐耀基、许钟霖、赵元桢。

资料来源:章开沅、刘望龄、叶万忠、马敏、肖芃主编:《苏州商会档案丛编(第一辑)》(1905年—1911年),华中师范大学出版社2012年版,第182~184页。

江苏苏州商会暂行章程

（1913年5月）

第一章　名　　称

第一条　本会依苏州商埠名义定名为苏州商会。

第二章　职　　务

第二条　本会以联络商情保护营业为职务，并执行下开之事项：

（一）调查各业盛衰；

（二）研究促进工商业之方法；

（三）调处商业上之争议。

第三章　职　　员

第三条　本会职员名额暂定如下：

（一）会长一员；

（二）副会长一员；

（三）会董三十员；

（四）特别会董无定额。

第四条　前项所列各职员外酌设书记、会计、庶务等办事员，由本会遴选，分别延订。

办事员名额及俸给，量事之繁简，由会董公同议定。

第四章　会　　员

第五条　凡在苏州商埠范围内经营商业，开设商店，民国商法视为有能力者，经众认可，均得为本会会员。

第六条　凡入会会员须年纳六元以上之会费。

第七条　凡各帮各行每年公捐会费三百元以上者，得自行推举代表二人以上，经众认可，为本会会员。

第八条　凡公司工厂年纳会费三百元以上者，亦得推二人以上之代表，经众认可，为本会会员。

第九条　依据民国法律设立之内国法人，在苏州商埠范围内有事务所或营业所者，亦得照第六条、第七条、第八条之规定入会，为本会会员。

第十条　凡入会会员均须遵守本会会章。

第五章　选　　举

第十一条　本会在会各会员除下列各项外，年满三十岁以上者得被选举为会董，其年满二十一岁以上者均有选举会董之权。

（一）褫夺公权尚未复权者；

（二）受破产之宣告确定后尚未撤销者；

（三）有精神病者。

第十二条　会董由选举人公选，会长、副会长由会董互选。

第十三条　选举用记名投票法，由选举人躬自行之。

第十四条　选举会董以得票多数为当选，互选会长、副会长于选举时公订细则执行。

第十五条　凡于商工业之学术技艺富有经验者，经本会会员公众推举，延请为特别会董。

第十六条　会长、副会长、会董、特别会董举定后，由本会呈报工商部及本省行政公署存核。

第六章　任　　期

第十七条　会长、副会长、会董、特别会董均以一年为任期。

第十八条　会长因事解职，以副会长推补；副会长因事出缺，即行互选；会董缺额至三分之一，应即补选。

第十九条　补额各员其任期均以补足前任未满之期为限。

第二十条　会长、副会长任期满后，若再被选，均得以连任，但以一期为限。

第二十一条　会董任期满后连举得连任，特别会董经本会之推举亦得连任。

第七章　责　　任

第二十二条　商店、行号、公司、工厂遵章入会，一律平等，本会均应尽保护之责。

第二十三条　凡有关于商业之兴利除弊，经众议决，随时呈请各行政公署核准施行。

第二十四条　关于商业上法律、命令及发生重要事件，经众议决确认为有利害关系者，得条陈意见，呈请工商部及本省行政长官核夺。

第二十五条　凡与各埠商业有连带关系者，随时随事与各商会互相接洽办理。

第八章　会　　议

第二十六条　本会年会每年一次,由会长定期举行。

第二十七条　本会议事每星期一次,有特别事由得开临时会。

第二十八条　临时会经会董三分之一以上之提议,由会长召集之。

第二十九条　议事时以会长为主席,会长有事故,以副会长为主席,副会长有事故,于会董内公推临时主席。

第三十条　议事取决多数,可否同数,取决于主席。

第三十一条　会议时议事细则由会董公同另订,分别执行。

第九章　会　　计

第三十二条　本会经费之收入、支出,按年清结,由会董内公举查账员复核署名,当众宣布,刊册昭信。

第十章　会　　所

第三十三条　本会就苏州商埠区域内交通便利地点设置事务所,暂在间门内刘家浜租赁民房办事。

第十一章　附　　则

第三十四条　本章程呈报工商部核准施行。

第三十五条　本章程如有应行修改之处,须经会董三分之二以上议决修正。报部核准施行。

资料来源:马敏、祖苏主编:《苏州商会档案丛编(第二辑)》(1912 年—1919 年),华中师范大学出版社 2004 年版,第 12～15 页。

江苏苏州总商会章程

(1916 年 3 月)

第一章　名　　称

第一条　苏州为工商业总汇大埠,以原有商务总会依法改组,仍定名为苏州总商会。

第二章　职　　务

第二条　本总会应任职务如下:

(一)筹议工商业改良事项;

(二)关于工商业事项,答复中央行政长官或地方行政长官之调查或咨询;

(三)调查工商业之状况及统计;

(四)受工商业者之委托,调查工商业事项,或证明其商品之产地及价格;

(五)因赛会得征集工商物品;

(六)因关系人之请求,调处工商业者之争议。

第三章 职 员

第三条 本总会职员名额规定如下:

(一)会长一员;

(二)副会长一员;

(三)会董五十员;

(四)特别会董无定额,以会董全数十分之二为限。

第四条 前项所列各职员外酌设办事员,由本总会遴选,分别延订。办事员额及俸给,量事之繁简,由会董公同议定。

第四章 会 员

第五条 凡在苏州商埠范围内本国国籍之男子,具有下列资格之一,经众认可,得为本总会会员:

(一)公司本店或支店之职员,为公司之经理人者;

(二)各业所举之董事,为各业之经理人者;

(三)自己独立经营工商业,或为工商业之经理人者。

第六条 凡入会会员须年纳会费。

第七条 凡入会会员均须遵守本总会会章。

第五章 选 举

第八条 本总会在会各会员除下列各项外,年满三十岁以上者得被选举为会董,其年满二十一岁以上者,均有选举会董之权:

(一)褫夺公权尚未复权者;

(二)受破产之宣告确定后尚未撤销者;

(三)有精神病者。

第九条 会董由会员公选。会长、副会长由会董互选,特别会董无被选举权。

第十条 选举用记名投票法,由选举人躬自行之。

第十一条 选举以得票多数为当选。

第十二条 每选举时,一选举人有一选举权。

第十三条 凡于工商业之学术技艺富有经验者,经本总会会员公众推举,延请为特别会董。

第十四条 会长、副会长、会董、特别会董举定后，由本总会列册集请最高行政长官转报农商部查核备案。

第六章 任 期

第十五条 会长、副会长、会董、特别会董均以二年为任期。

第十六条 会长因事解职，以副会长推补；副会长因事出缺，即行互选；会董缺额至三分之一，应即补选。

第十七条 补选各员其任期，均以补足前任未满之期为限。

第十八条 会长、副会长任期满后，若再被选，均得连任，但以一期为限。

第十九条 会董任期满后，连举得连任；特别会董经本总会之推举，亦得连任。

第七章 责 任

第二十条 商店、行号、公司、工厂遵章入会，一律平等，本总会均应尽保护之责。

第二十一条 关于工商业之兴利除弊，经众议决，随时执行。

第二十二条 关于工商业之法规之制定、修改、废止及与工商业有利害关系事项，得陈述其意见于中央行政长官或地方行政长官。

第二十三条 凡与各埠商业有连带关系者，随时随事与全国商会联合会或各总商会、商会互相接洽办理。

第八章 会 议

第二十四条 本总会年会每年一次，由会长定期举行。

第二十五条 本总会议事每星期一次。

第二十六条 特别会经会董三分之一以上之提议，由会长召集之。

第二十七条 议事时以会长为主席，会长有事故以副会长为主席，副会长有事故于会董内公推临时主席。

第二十八条 议事取决多数可否，同数取决于主席。

第二十九条 会议时议事细则由会董公同另订，分别执行。

第九章 会 计

第三十条 本总会经费之收入、支出，按年清结，由会董内公举查账员复核署名，当众宣布，并编辑报告刊布之。

第十章 会 所

第三十一条 本总会价买苏州阊门内西百花巷民房为事务所。

第十一章　附　　则

第三十二条　本章程奉农商部核准施行。

第三十三条　本章程如有应行修改之处,须经会董三分之二以上议决修正,禀请核准施行。

资料来源:马敏、祖苏主编:《苏州商会档案丛编(第二辑)》(1912 年—1919 年),华中师范大学出版社 2004 年版,第 17 ~20 页。

江苏重行修正角直分会暂行简章

一、宗旨:以振兴商业,联络商情,调和纷争,挽回利权为宗旨。

二、会所:设在角直地方之中心点南街下塘。

三、名称:吴昆角直商务分会盖因角直地跨吴昆,并皆隶属于苏。

四、职员:先由各业各举代表,再由各代表共同投票选举议董六人,至会员及干事员等无定额。

五、经费:本分会常年经费,悉由本地方各商家共同筹集,其入会费以商业之大小,定会费之多寡,其常年捐约分三等。上等每年洋六元,中等四元,次等二元,至特别费捐不在此限。

六、章程:悉行依据苏总会之范围,其余办事规约另行公定。

七、会期:常会期每季一次,遇有特别事故开临时会不在此限。

八、义务:分别认定捐税,共同组织商团,各商家均有应尽之义务。

九、权利:权利与义务,对待既在会内克尽义务,则所有商会应享之权利,亦如通例一体均沾。

十、余例:如有未尽事宜,得有议董三分之一提议,当即随时开会,共同修正,以期完备。

资料来源:马敏、祖苏主编:《苏州商会档案丛编(第二辑)》(1912 年—1919 年),华中师范大学出版社 2004 年版,第 63 ~64 页。

江苏甪直分会暂行细章

一、宗旨　以振兴商业，联络商情，调和纷争，挽回利权为宗旨。

二、会所　设在甪直地方中心点南街下塘，系暂借云霞公所为商界集议办事之所。

三、名称　吴昆甪直商务分会，盖因甪直地跨吴、昆，并皆隶属于苏。

四、职员　先由各业各举代表，再由各代表共同投票选举正副议董二人，评议员十二人，至会员及干事员无定额。（一）议董有裁定会务、判断各事之责；（二）干事有辅佐议董执行事务之责；（三）会员有选举议董，赞助会费，指陈利弊，条陈意见，请议事件之责；（四）会计员专司预算决算，筹议经费，垫应收支，综理出人之责；（五）书记员有专司函件文牍之责；（六）庶务员常川驻会，有办理会中各事之责。

五、经费　本分会常年经费，悉由本地方各商家公同筹集，其入会费以商业之大小定会费之多寡，其常年捐约分三等：上等每年洋六元，中等四元，次等二元，至特别捐不在此限。（一）本会会员因事要求开特别会公断，既经议董许可召集开会，又须向要求开会人征收使用费两元，以资会费。（二）本会会员除常年捐外，或有特别慨捐经费者，本会当认为名誉会员，注册存记。（三）公推会计员经理，以专责成，当年会时，将全年收支结清，另奉查账人复核，签名榜示本会，以昭大信。

六、会期　常会期每季一次，召集在会各员将应办事宜公同集议施行，年终开大会一次，调取各项账目并一年所得成绩，由书记员逐一开具清折，以备考核。（一）临时特别会须经议董三分之一赞同，方可召集开会。（二）权限：凡入会商号之各号东及经理人逐项具报，由本会照注册簿填给凭照，一律保护。（三）既经入会注册之各商号，由本会开单备文存案。（四）入会各商，凡有不便于商，损害商务或奉行习惯而实为罔利病商之政，及假冒牌号、混淆市面、诬坏名誉、自相践踏因而吃亏者，告知本会，查明属实，应共同议改、议罚，以保商业。（五）在会之人因商业纠葛告知本会，本会当为之秉公调处，以免涉讼。（六）不论会内会外，各业中如有事故，甲商在会，乙商未入会者，亦准乙商另请公正人到会，互商调处。（七）本会调处事件以和平为主，秉公评断，若两造或有不服，听其起诉，如迁延不结仍愿会中调息者，本会亦不得推辞。（八）入会各商号欲将行规议单及合同契据可执为凭者,遇开常会时可送交本会加盖图记,以昭信实而杜诳诈,本会当照办。

七、义务　本会附设认捐公所,并同组织商团,各商家均有应尽之义务。

资料来源:马敏、祖苏主编:《苏州商会档案丛编(第二辑)》(1912年—1919年),华中师范大学出版社2004年版,第65~67页。

江苏甪直分会规约

一、本会为法定机关,除附设商团及认捐分公所外,其余各种党会,无论政党、民党概不得附设本会,以符定章。

二、入会各商号或遇有土棍吏役讹诈凌压、借端滋扰商业者,本会当代为申诉。

三、入会会员或有违犯法律重大事情,本会不任保护之责。

四、本会会员或因钱债细故纠葛既经涉讼,或遇有卖买被控牵涉事属细微者,本会可担保调处,以免羁押之累。

五、与商界不涉之事或远年未入会之交涉及两造均已告官者,本会一概不理。

六、入会商号或有无力闭歇,自应照章出会,惟须具函声明缘由报告本会,作为该业出会之证、所给证券凭照应行缴还。

七、常会期及特别会,无论会员、议董均须按期到会,如无故不到三次以上者,共同议罚。

八、本会办事职员如书记、会计、庶务等员,均须择事理明白、关心公益、品端操洁、谙习文牍者任之,如有嗜好、品行卑污者不得拘情任用。

九、遇开会日期,须由会中庶务员顶日分送传单,报告开会缘由,以便届时到会集议。

十、议事时总以到会人数之多数决议为准,若可否同数,则取决于资望较深之议董。

十一、会议要事未经议决宣布以前,议董会员均不得预泄。

十二、当正式会议时,发言者须起立陈言,其辞未毕,他人不得搀越,务须依次发言。

十三、会议时既经摇铃入座,不得随意行走,喧哗谈论,致乱会场秩序。

十四、如有未尽事宜,得有会员或议董三分之一提议,当即随时开会,共同修正,以期完备。

资料来源:马敏、祖苏主编:《苏州商会档案丛编(第二辑)》(1912 年—1919 年),华中师范大学出版社 2004 年版,第 67 ~ 68 页。

江苏全省商会联合会组织大纲

第一章　总　　则

第一条　本会根据各省商会联合会代表大会议决组织大纲及本省各商会代表大会议决设事务所于省政府所在地之南京,藉资联合并执行大会议决各案。

第二章　会　　员

第二条　本省各商会代表均为本会会员,但各商会更换代表时须将姓名、年岁、籍贯、职业等项用正式公函通知本事务所。

第三章　组　　织

第三条　本会根据各省商会联合会事务所组织大纲之规定,由全省商会联合议决组织下列各委员会:

(一)执行委员会;

(二)监察委员会。

第四条　执行委员会设执行委员十九人、候补执行委员七人,监察委员会设监察委员九人、候补监察委员五人,均由本省商会联合会代表大会投票选举,每一代表有一选举权。其选举用记名连记法。

第五条　执行委员会由执行委员互选常务委员三人驻所办事。

第六条　本会因改进商业之必要或建议政府修正商业法规之必要,得设各种专门委员会,其委员由执行委员聘任之;

各种专门会细则由专门委员会自定之。

第七条　本会得设干事若干人,由执行委员聘请,分股办事,其办事细则由执行委员会另定之。

第四章　职　　权

第八条　本会按照各省商会联合会组织大纲第九条之规定,本省各商会代表大会之议决执行委员会之职权如下：

（一）执行全省商会联合会代表会议议决各案，并监督各商会一体实行；

（二）通信于本省各商会，并接受各商会之函件；

（三）遇有紧要事件得召集执监委员会议或全省代表大会；

（四）执监委员会议事细则由执监委员会自定之，但会议人数非遇半数不得开议。

第九条 监察委员会认为执行委员会有违法时，得提出弹劾，如遇严重弹劾时，得函请执行委员会于一月内必须召集全省代表大会，但须遇半数以上之连署。

第五章 任 期

第十条 执监委员任期均为一年，连举得连任之。

第六章 会 期

第十一条 本会为本省商人团体最高机关，每年于三月间开会一次，但遇紧要事件得临时召集之，每商会得推代表一人至三人，其召集时日由执行委员会定之，如遇必要，经五商会以上向执行委员会请求召集临时代表大会时，执行委员会应召集之。

第十二条 执监联席会每年三月间开常会一次，如遇紧要事件得临时召集之，其召集时日由常务委员定之。

第七章 经 费

第十三条 本会经费由各商会分任，定总商会年八十元，商会四十元，分事务所二十元，一次缴纳，遇必要时得增加临时费。

第八章 附 则

第十四条 本大纲自议决之日施行，并呈请省政府及函由各省商会联合会总事务所备案。

第十五条 本组织大纲如有需增改处，得于全省代表大会时提出修正之。

资料来源：马敏、肖芃主编：《苏州商会档案丛编（第四辑）》（1928年—1937年），华中师范大学出版社2009年版，第404~406页。

江苏吴县县商会分事务所组织章程(修正)

第一条 本会援照《商会法》第八条之规定,认为有必要时,如商业繁盛之市镇及距离较远等情形,经会员会议议决得设置分事务所。

第二条 分事务所之设置由本会会员住居或营业该区域内者组织之。

第三条 本会各分事务所即以所在地之名称为名称,如吴县县商会木渎分事务所。

第四条 分事务所得设委员至多不得过五人,由所在区域内之本会会员推选之,并于委员中互推一人为常务委员。

第五条 分事务所委员之职权:

(一)执行该事务所一切事件;

(二)接受本会委托办理所在区域内商业事项;

(三)办理所在区域内本会会员之请求事项;

(四)各该分事务所委员每月至少应开会二次。遇有必要时得开临时会,均由常务委员召集之。

第六条 分事务所区域内遇有商事发生不仅于区域或关系重大者,应报明本会察核办理之。

第七条 分事务所之日常工作情形须于每月终了后编具报告,并将收发文件摘由列表送交本会考核。

第八条 分事务所之经费由该区域内之会员筹集补助之,其筹集方法及预决算应先行送由本会考核。

第九条 本会对于分事务所之因公费用,得向各该分事务所就征收全部会费十分之二缴纳本会,其数额得酌照本会会章第三十二条甲项所列等级减半征收之。

第十条 ①

第十一条 分事务所之办事细则由本会执行委员会规定之。

第十二条 本章程由本会执行委员会通过并呈请主管官署核准备案施行。

资料来源:马敏、肖芃主编:《苏州商会档案丛编(第四辑)》(1928年—1937年),华中师范大学出版社2009年版,第319~320页。

---

① 该条原文缺漏,仅列"第十条云"四字,且系增补于文件空余处。

江苏吴县县商会木渎分事务所规程(修正)

1934 年 9 月 20 日

(1932 年 9 月 20 日第一次会员年会通过
1934 年 9 月 20 日第三次会员年会修正)

一、本分事务所(以下简称本分所)由木渎镇联合善人桥商店组织成立,仍定名曰吴县县商会木渎分事务所。

二、本分所设事务所于木渎镇郝巷弄。

三、本分所为发展辖境内商业上之公共利益及矫正弊害起见,特组织分所并厘定办事规程,以资遵守。

四、凡在辖境范围以内之商店有下列资格之一者,均得加入为本分所会员:

(一)已经依法加入全县整个各本业同业公会之商店;

(二)已经依法加入县商会之公司商厂;

(三)别无整个同业公会足以加入之零星商店。

五、会员入会时须填具入会书,经会员两个以上之书面介绍并负担本分所之事务费,经委员会之通过方得加入,并由本分所填给凭证送请县商会加钤证明。

六、本分所设执行委员九人、候补执行委员四人,监察委员五人、候补监察委员二人,由全体会员用无记名连选法选任之,其任期依照《商会法》第十九条之规定;

前项执行委员得互选一人为常务委员。

七、常务委员处理本分所日常事务并行使执行委员会之决议事项,对外为本分所之代表人。

八、本分所会议分下列三种:

(一)会员年会　每年开会一次,由执行委员会定期召集之,如执行委员会认为必要或经全体会员十分之一以上之请求,得召集临时会;

(二)执行委员会　每月开会二次,由常务委员召集之,必要时得开临时会;

(三)监察委员会　每月开会一次,由监察委员三分之一以上联名召集之,开会时并由出席委员中互推一人为主席。

九、本分所会员事务费之分等规定如下:(甲)每年二十四元,(乙)每年十二元,(丙)每年六元,(丁)每年三元;

上项事务费分作经常、补助两项并同缴纳。

十、本分所应依会计年度由执行委员会编制预算书,经监察委员会之审核于每年会员大会时提出通过后送请县商会核准施行。

十一、本分所区域内遇有商事发生不仅于所辖区域内或关系重大者,应报明县商会察核办理之。

十二、本分所之日常工作情形须于每月终了后编具报告,并将收发文件摘由列表送交县商会考核。

十三、县商会章程第八条至十四条、第廿四条至廿七条、第卅条于本分所准用之,未经规定各事概以法令为准。

十四、本分所各委员就任后十五日内须造具会员、委员各项名册呈报县商会备案。

十五、本规程经会员大会通过送请县商会核准转呈主管官厅备案施行,改时亦同。

资料来源:马敏、肖芃主编:《苏州商会档案丛编(第四辑)》(1928 年—1937 年),华中师范大学出版社 2009 年版,第 325 ~ 327 页。

江苏吴县县商会章程(修正本)

1941 年(原文无时间,推测时间为 1941 年)

第一章 总 则

第一条 本章程依据商会法及同法施行细则订定之。

第二条 本会定名为吴县县商会。

第三条 本会以图谋工商业及对外贸易之发展,增进工商业公共福利为宗旨。

第四条 本会以吴县行政区域为区域,事务所设于苏州西百花巷十七号。

第五条 本会直接受社会运动指导委员会江苏省分会指导监督。

第二章 任 务

第六条 本会之职务如下:

(一)筹议工商业之改良发展事项；

(二)关于工商业之征询及通报事项；

(三)关于国际贸易之介绍及指导事项；

(四)关于工商业之调处及公断事项；

(五)关于工商业之证明及鉴定事项；

(六)关于工商业之统计调查编纂事项；

(七)得设办商品陈列所、商业学校或其他关于工商业之公共事业，但须经主管官署之核准；

(八)遇有市面恐慌等情，有维持及请求地方政府维持之责任；

(九)办理合于第三条所揭宗旨之其他事项。

第七条 本会得就有关工商业之事项，建议于中央或地方行政官署。

第八条 本会应答复政府及自治机关之咨询并接受其委托。

第三章 会 员

第九条 本会会员分下列二种：

(一)公会会员：凡本区域内各业同业公会依法加入本会为会员者属之；

(二)商店会员：凡本区域内商业的法人或商店，别无同业或虽有同业而无同业公会之组织，依法加入本会为会员者属之。

前项所称虽有同业而无同业公会之组织者，系指在本会区域内之商店同业不满七家者而言，已满七家时不得以商店资格加入本会。

第十条 公会会员及商店会员均得举派代表出席本会，称为会员代表。会员代表以在本区域内之本国商人、年在二十五岁以上者为限。

第十一条 凡曾经依法注册之商店愿依照第九条入会者应备具入会声(申)请书，先向本会登记，送由常务理事交付审查，合格后给予证书。

第十二条 会员须遵守本会章程，服从本会决议案，并按时缴纳各种会费。

第十三条 会员不得无故出会。设因公会解散或商店迁移于本区域外营业及停闭等情，必须出会者，须声叙(述)理由，填具出会书，送交本会审查认可。

第十四条 会员不遵守本会章程及决议案或有其他破坏本会之行为及欠缴会费者，得由会员大会决议，予以警告或除名等处分。

第十五条 同业公会会员代表每公会举派一人，但其最近一年间，所属商店使用人平均原合计算超过十五人者，就其超过人数，每满十五人得增加代表一人，惟其代表人数不得逾二十一人。

第十六条 商店会员每店举出代表一人,但其最近一年间其平均使用人数超过十五人者,就其超过之人数,每满十五人增加代表一人,惟其代表人数至多不得逾三人。

第十七条 有下列各款情事之一者,不得充任本会会员代表:

(一)褫夺公权者;

(二)有违反和平反共建国国策之言论或行为者;

(三)受破产之宣告尚未复权者;

(四)无行为能力者。

第十八条 会员代表经会员选派后,应给以委托书并附具履历,送经本会审查合格后始得出席。出席代表有发言权、表决权、选举权及被选举权。

第十九条 会员代表得由原举派之公会会员或商店会员随时撤换之,并应书面通知本会。但已当选本会职员者,非有依法应解任之事由,不得将其撤换。

第二十条 会员代表丧失国籍或发生第十七条所列各款情事之一者,原举派之会员应撤换之。

第二十一条 会员代表有不正当行为致妨害本会之名誉信用者,得以会员大会之决议将其除名,并应通知原举派之会员改派之。

受除名处分之会员代表自除名之日三年以内,不得充任会员代表。

第四章 组织及职权

第二十二条 本会设理事十五人、监事七人,由会员大会就会员代表中用无记名连举法选任之,以得票最多者为当选,并以得票次多数之理事五人、监事三人为候补理监事。

第二十三条 本会设常务理事五人,由理事会就理事中,用无记名单举法选任之,以得票满投票人之半数者为当选。若一次不能选出,应就得票最多数之二人决选之。

第二十四条 本会设主席一人,由理事会就当选之常务理事中用无记名单举法选任之,以得票满投票人之半数者为当选,若一次不能选出,应就得票最多数之二人决选之。

第二十五条 本会除设理监事会外,视事实之需要,得设立各种专门委员会。

第二十六条 理事及监事均为名誉职。

第二十七条 理事及监事之任期均为四年,每两年改选半数,不得连任。

前项第一次之改选,以抽签定之。但理事人数为奇数时,留任者之人数得较改选者多一人。

第二十八条 主席及常务理事遇有缺额时，由理事会补选之，其任期以补足前任期为限。

第二十九条 理监事遇有缺额时由候补理事、候补监事分别依次递补，其任期以补足前任期为限。

第三十条 候补理监事未递补前，不得列席会议。

第三十一条 本会理监事有下列各款情事之一者，应即解任：

（一）因不得已事故经会员大会决议准其退职者；

（二）旷废职务经会员大会决议令其退职者；

（三）于职务上违背法令营私舞弊或有其他重大不正当行为者，经会员大会决议令其退职或由主管官署令其退职者；

（四）发生第十七条各款情事之一者。

第三十二条 本会事务所得酌设办事员。

第三十三条 理事会依本章程之规定及会员大会之决议，行使职权。

第三十四条 常务理事依本章程之规定及理事会之决议，行使职权。

第三十五条 主席对外代表本会。

第三十六条 监事会之职权如下：

（一）监察理事会执行会员大会决议案；

（二）审查理事会处理之会务；

（三）审查稽核本会预算决算案件；

（四）决议理事会提出之处分会员案。

第五章　会　议

第三十七条 会员大会分定期会议和临时会议二种，均由理事会召集之。定期会议每年至少开会一次；临时会议于理事会认为有必要或经会员代表十分之一以上之请求或监事会函请召集时，召集之。

第三十八条 召集会员大会应于十五日前通知之，但因紧急事项召集临时会议不在此限。

前项会议应呈请主管官署派员出席指导。

第三十九条 会员大会之决议以会员代表过半数之出席，出席代表过半数之同意行之；出席代表不满过半数者得行假决议，将其结果通告各代表，于一星期后二星期内重行召集会员大会，以出席代表过半数之同意对假决议行其决议。

第四十条 下列各款事项之决议，以会员代表三分之二以上出席，出席代表三分之二以上同意行之。出席代表逾半数而不满三分之二者,得以出席代表三分之二以上同意行假决议,将其结果通告各代表,于一星期后二星期内重行召集会员大会,以出席代表三分之二以上之同意对假决议行其决议:

(一)变更章程;

(二)会员或会员代表之除名;

(三)职员之退职;

(四)清算人之选任及关于清算事项之决议。

第四十一条 理事会每月至少开会二次,监事会每月至少开会一次。

第四十二条 理事会开会时,须有理事过半数之出席,出席理事过半数之同意方能议决可否,同数取决于主席。

第四十三条 监事会开会时,须有监事过半数之出席,出席监事过半数之同意决议一切事项。

会员大会开会时,由常务理事组织主席团轮流主席。理事会开会时,如主席因故缺席,公推常务理事一人担任主席,监事会开会时,临时互推一人为主席。

第六章 经费及会计

第四十四条 本会经费分下列两种:

一、事务费:由会员比例于其所派代表之人数及资本额负担之等级如下:

甲、公会会员分一、二、三、四、五、六等。

(一)每年三百六十元。

(二)每年三百元。

(三)每年二百四十元。

(四)每年一百八十元。

(五)每年一百二十元。

(六)每年六十元。

乙、商店会员分一、二、三、四、五、六等。

(一)每年一百二十元。

(二)每年九十元。

(三)每年六十元。

(四)每年四十元。

(五)每年三十元。

(六)每年十五元。

上项会费每增派代表一人,应增纳代表费二十元,以此类推。

二、事业费，由会员大会议决筹集之，并呈请主管官署核准施行。

第四十五条 本会会计年度自七月一日起至翌年六月三十日止。

第四十六条 本会经费之预算、决算应送请监事会审核后提交会员大会决议公布之，并呈报社会运动指导委员会江苏省分会备案。

第七章 附 则

第四十七条 本会理监事就任后十五日内，须呈报社会运动指导委员会江苏省分会转报备案。

第四十八条 本会各项办事细则另定之。

第四十九条 本章程未规定事项悉依商会法及同法施行细则之规定办理之。

第五十条 本章程如有未尽事宜，经会员大会之决议呈准社会运动指导委员会江苏省分会修正之。

第五十一条 本章程奉社会运动指导委员会江苏省分会核准施行，并转报社会运动指导委员会备案。

附：1942年1月吴县县商会章程修正条文

奉令修正本会章程。

第三十五条原文："本会除调理监事会外，视事实之需要，得设立各种专门委员会。"

修正："本会除设常务理事监事会外，视事实之需要得设立各种专门委员会。"

第四十一条原文："理事会每月至少开会二次，监事会每月至少开会一次。"

修正："常务理事会及理事会每月至少开会二次，监事会每月至少开会一次。"

第四十五条原文："本会会计年度自七月一日起至翌年六月二十日止。"

修正："本会会计年度为每年一月一日起至十二月三十一日止。"

第二十四条下段加"监事会设常务监事一人，由监事无记名法选任之"。

资料来源：马敏、肖芃主编：《苏州商会档案丛编（第五辑）》（上册），华中师范大学出版社2010年版，第15～22页。

江苏吴县县商会章程

（1947年）

第一章　总　　则

第一条　本章程依据非常时期人民团体组织法、商会法及商会法施行细则订定之。

第二条　本会以图谋本县工商业及对外贸易之发展，增进工商业公共之福利为宗旨。

第三条　本会之职务如下：

一、筹议工商业之改良及发展事项；

二、关于工商业之征询及通报事项；

三、关于国际贸易之介绍及指导事项；

四、关于工商业之调处及公断事项；

五、关于工商业之证明及鉴定事项；

六、关于工商业之调查统计及编纂事项；

七、本会得设商品陈列所、商业补习学校或其他关于工商业之公共事业，但须经主管官署之核准；

八、遇有市而恐慌等事有维持及请求地方政府军警机关维持之责任；

九、本会得办理合于第二条所揭示宗旨之其他事项。

第四条　本会得就有关工商业之事项建议于中央或地方行政官署。

第二章　设　　立

第五条　本会之设立须由本县工商业同业公会三分之二以上之发起或由商业的法人商店五十家以上发起之。

第六条　本会以吴县县政府为主管官署，依吴县行政区域为区域，设立会所于苏州城内西百花巷十七号；如有特殊情形，认为必要时，经会员大会之议决，得设分事务所，但分事务所之事务须由本会职员中住居或营业于分事务所区域内者执行之。

第三章　会　　员

第七条　本会会员分下列二种：

一、公会会员；

二、商店会员（即非公会会员）。

前项会员均须依法举派代表出席本会,为会员代表。

第八条 会员代表以在本县境内经营工商业之中华民国人民,年在二十岁以上者为限。

第九条 公会会员之代表山工商业同业公会举派之。前项代表由该业公会举派,就理监事中举派之,至多不得逾五人。

第十条 商店会员凡公司行号、工厂,无同业公会或虽有同业而无同业公会之组织者,得为本会之商店会员;每一单位举派代表一人。由主体人或经理人充任,为本会商店会员。

第十一条 有下列各款情事之一者,不得充任本会会员代表:

一、背叛国民政府,经判决确定或在通缉中者;

二、曾服公务而有贪行为,经判决确定或在通缉中者;

三、褫夺公权者;

四、受破产之宣告尚未复权者;

五、无行为能力者;

六、吸食鸦片或其他代用品者。

第十二条 会员代表与单位权数,按照工商业团体之组织管制第六节之规定办理。

第十三条 会员代表得由原举派之公会或商店随时撤换之。但已当选为本会职员者,非有依法应解任之事由,不得将其撤换。

第十四条 会员代表丧失国籍或发生第十一条所列各款情事之一者,原举派之会员应撤换之。

第十五条 会员代表有不正当行为,致有妨害本会名誉信用者,得以会员大会之议决将其除名,并应通知原举派之会员撤换之。

第四章 职 员

第十六条 本会之理监事由会员大会就会员代表中选任之。其人数:理事十五人(候补七人),监事五人(候补监事二人)。

前项理事得互选常务理事五人,并就常务理事中选任一人为理事长,并就监事中互选常务监事一人。

第十七条 理监事之任期均为四年,每二年改选半数,不得连任。前项第一次之改选以抽签定之,但理监事人数为奇数时,留任者之人数得较改选者多一人。

第十八条 理监事就任后,应于十五日内呈报县政府转呈省部备案。

第十九条 理监事均为名誉职,但得酌支夫马费,其数额另定之。

第二十条 理监事有下列各款情事之一者,应即解任:

一、因不得已事故,经会员大会议决准其退职者;

二、旷废职务,经会员大会议决准其退职者;

三、于职务上违背法令营私舞弊或有其他重大之不正当行为,经会员大会议决令其退职或由社会部或地方最高行政官署令其退职者;

四、发生第十一条各款情事之一者。

第二十一条 商会事务所及分事务所得酌设办事员。

第五章 会 议

第二十二条 会员大会分定期会议及临时会议两种。均由理事会召集之。

第二十三条 前条之定期会议,每年至少开会一次;临时会议于理事会认为必要或经会员代表十分之一以上之请求或监事会函请召集时召集之。

第二十四条 召集会员大会应于十五以前通知之。但有二十四、二十五两条之情形或因紧急事项召集临时会议时,不在此限。

第二十五条 会员大会之决议,以会员代表表决权过半数之出席,出席权数过半数之同意行之;出席权数不满半数者,得行假决议,在三日内将其结果通知各代表,于一星期后两星期内重新召集会员大会,以出席权数过半数之同意对假决议行其决议。

第二十六条 下列事项之决议,以会员代表表决权数三分之二以上出席,出席权数三分之二以上之同意行之;出席权数不满三分之二者,得以出席权数三分之二以上之同意行假决议,在三日内将其结果通知各代表,于一星期内重新召集会员大会,以出席权数三分之二以上之同意对假决议行其决议:一、变更章程;二、会员或会员代表之处分;三、理监事之解职;四、清算人之选任及关于清算事项之决议。

第二十七条 理事会每月至少开会二次,监事会每月至少开会一次。

第六章 经费及会计

第二十八条 本会经费分下列两种:一、事务费。本会经常等类由各公会及行号按月份照章程规定担任之。二、事业费。由会员大会议决,经地方主管官署核准筹集之。

第二十九条 本会应依会计年度分别编制预算、决算,提交理事会通过,移交监事会审查完竣,仍由理事会提付会员大会议决后,呈由主管官署转呈省政府核转经济部备案。

第三十条 本会会计年度自一月一日起至十二月三十一日止。

第三十一条 会计年度届满后,新预算尚未成立时,理事会得照上年度预算施行。

第三十二条 本会之解散及清算,应依照商会法第七章第三十二条至三十五条之规定办理。

第七章 附 则

第三十三条 本会每年事业之成绩,应随同预决算呈报地方主管官署呈省部备案。

第三十四条 本章程未经规定之事项,概依商会法及施行细则办理。

第三十五条 本章程自呈奉经济部核准之日施行。

资料来源:马敏、肖芃主编:《苏州商会档案丛编(第六辑)》(1945 年—1949 年),华中师范大学出版社 2011 年版,第 3 ~7 页。

江苏吴县县商会办事细则

(1947 年)

一、本会为谋发展会务,补充会章,特厘订办事规则,以资遵守。

二、本会理事会于每月一日、十五日各开会一次,本会监事会于每月二十一日开例会一次,均先期通告知照,如遇例假,顺延一日。

三、本会分设总务、财务、交际、调查、设计五股,每股各设主任一人,副主任二人,以全体理事推任之,其股员由本会办事员允任之。

(甲)总务股职掌事项:1. 关于处理日常重要事项;2. 关于文稿之核阅、编订暨收发、书缮及管理事项;3. 关于各项审核事项;4. 关于不属各股之其他事项。

(乙)经济股职掌事项:1. 关于经济之调剂事项;2. 关于会计稽核事项;3. 关于各项收支事项;4. 关于财产管理事项;5. 关于预决算拟定事项;6. 关于按月报告出纳事项。

(丙)交际股职掌事项:1. 关于一切社交事项;2. 关于各地工商团体之招待及联络事项。

(丁)调查股职掌事项:1. 关于各项委托调查事项;2. 关于编制调查统计事项;3. 关于调查会员之申请等一切事项。

(戊)设计股职掌事项:1.关于推进会务之设计事项;2.关于计划出版刊物等宣传事项;3.关于其他一切设计事项。

四、本会依据会员大会之决议组织各种专门委员会:1.税则研究委员会;2.商务考察委员会;3.业规审核委员会;4.商业调解委员会;5.国货生产委员会。

五、各专门委员之人选,由理事会就各会员代表中延聘之。各该会之组织及其办事规程由各该委员会提交理事会通过施行。

六、本会办事员设秘书、干事、会计、书记、庶务、收发等员,分别办理文稿、外勤、出纳、缮校及管理档案、记录、收发暨庶务等事项。

七、本会发出文稿由理事长签阅施行,如因事请假,得于常务理事中指定一人代理之。

八、理事会例会如理事长因事不克出席时,于常务理事中推定一人为临时主席代理之。

九、监事会会例会如常务监因事不克出席时,于监事中推定一人为临时主席代理之。

十、本会每年度顶决算应函请监事会审核之。

十一、本规则未尽事宜得随时提会修正。

十二、本规则由理监事联席会议通过施行之。

资料来源:马敏、肖芃主编:《苏州商会档案丛编(第六辑)》(1945 年—1949 年),华中师范大学出版社 2011 年版,第 7 ~9 页。

江苏吴县县商会业规审核委员会组织规程

(1947 年)

(一)本委员会根据会员代表大会决议,由理事会议聘委员十一人组织之。

(二)本委员会就个体委员中聘定一人为主任委员,负责召集会议。

(三)本委员会受县商会会员之请求审核业规事项。

(四)本委员会得考查本县各业商情与习惯,于审议决定时,将意见签注说明,函送县商会理事会核议办理。

(五)理事会于接到审议意见朽提会复议后,得将所有业规转请主管官署备案执行之。

(六)本委员会办理文件由县商会酌派办事员办理之。

(七)本委员会不设定期例会,遇有事务随时召集之。

(八)本委员会规程如有未尽事宜随时公决修正。

(九)本规程经由理事会通过施行。

资料来源:马敏、肖芃主编:《苏州商会档案丛编(第六辑)》(1945 年—1949 年),华中师范大学出版社 2011 年版,第 11 ~ 12 页。

江苏吴县县商会商业调解委员会组织规程

(1947 年)

(一)本委员会根据会员代表大会决议,由理事会议聘十一人组织之。

(二)本委员会就全体委员中聘定一人为主任委员,于开会时任主席并负责召集开会。

(三)本委员会受县商会会员之请求调解业务上之争议事项。

(四)本委员会应将调解及处理结果报告理事会备查。

(五)本委员会不设定期例会,有事随时召集之。

(六)本规程如有未尽事宜,随时公决修正。

(七)本规程送请县商会理事会通过施行。

资料来源:马敏、肖芃主编:《苏州商会档案丛编(第六辑)》(1945 年—1949 年),华中师范大学出版社 2011 年版,第 12 页。

江苏全省商联会筹备会组织简则

(1946 年 7 月)

第一条 本会依据非常时期人民团体组织程序及商会联合会法,由江苏各市、县(镇)商会发起筹备,定名为江苏全省商会联合会筹备会(以下简称本会)。

第二条 本会会址暂设江苏省会镇江商会内。

第三条 本会设筹备员十七人,就筹备员中推定五人为常务筹备员,由常务筹备员互推一人为筹备主任,执行一切事务。

第四条 本会设秘书一人,承筹备主任之命处理会内事务;设总务、工商两组,各设干事一人,分掌各该组事务;秘书室及各组得设书记、办事员若干人,办理各部门事务。

第五条 本会常务会议每周开会一次,遇有临时事务得随时召集之。

第六条 本会发起与筹备期间所需经费由各会员分垫并造具预决算,于成立大会公决追认之。

第七条 本会于大会成立后结束。

第八条 本简则经筹备会议通过施行,并呈报江苏省社会处备案。

资料来源:马敏、肖芃主编:《苏州商会档案丛编(第六辑)》(1945 年—1949 年),华中师范大学出版社 2011 年版,第 286 页。

苏州总商会拟订苏州商团章程

第一章 名 称

第一条 本团由苏州总商会遵照民国六年_部颁商团组织大纲依地方情形就苏州商埠原有商团改组之,定名曰苏州商团。

第二章 宗 旨

第二条 本团以辅助军警、自保治安、养成军国民资格、维持商场秩序为宗旨。

第三章 编 制

第三条 本团附设团本部于总商会,以团本部操生为基本队,城厢内外各区得依次分组支部添设支队即称为苏州商团某区第几支部。

第四条 本团各队操生仿照陆军步兵编制暂定名额每排二十四人至四十二人,以三排为一队,每队七十二人至一百二十六人。

第四章 职 员

第五条 本团依照_部颁大纲应设职员如下:

商团团长一员;

商团团副一员；

商团教练长一员，教练员每队各一员；

商团总稽查一员，稽查员无定额；

商团支部各设部长一员，副部长一员；

（依各该支部原有情形得设副部长二员或三员）

商团书记员一员；

商团庶务员一员；

商团基本队及支队各设队长一员，司务长一员；

每排各设排长一员。

以上各员除书记、庶务外均为名誉职，不支薪水，惟教练长、教练员得酌酬相当之公费。

第五章　选举及任期

第六条　本团团长、团副由总商会会董分次投票选举之，总稽查由总商会会董中投票互选之。

第七条　本团稽查员由总商会会长于现任商会会董中推举之。

第八条　本团各区支部之部长、副部长由各该支部职员中投票选举之，举定后报明团长转由商会会长汇呈备案。

第九条　本团教练长及书记员、庶务员由团长商承商会会长遴选合格及相当人员分别聘请任用之；教练员由团长遴选合格人员经教练长之同意，会同商会会长聘任之。

第十条　本团各队队长、司务长由各该队操生中自行选举，惟须经教练长详加考语请由团长会同商会会长任用之；排长由在队各排之操生中自行推举经教练员及队长考验任用之。

第十一条　本团团长、团副、总稽查、稽查员及各支部部长、副部长均以二年为任期。任满改选再被选者得连任，但以一次为限（各支部副部长连任得不限以次数）。

第六章　职务及权限

第十二条　团长代表本团总理全团事务，商承商会会长有指挥督率之权，团副辅佐团长协理全团事务，遇团长有事故时得代行其职权。

第十三条　教练长总掌全团，司令督率教练员训练操防商承，团长有征调校阅之权。

第十四条　各支部部长总理支部全队团务，有指挥、监督之权，副部长辅佐部长协理支部全队团务，遇部长有事故时得代行其职权。

第十五条 本团对于地方军警长官遇有咨议或协商时,由总商会会长会同团长应尽献替及辅助之义务。

第十六条 总商会会长对于本团有指挥监督之权,商会会董均有监察本团之权。

第七章 经 费

第十七条 本团团本部经费由总商会会董分任筹集,如遇预算不敷得由总商会酌量补助之。

第十八条 本团经费由总商会会董中互选四人轮流管理之。

第十九条 本团各支部经费由各支部部长就各该区域内之商店自行劝募筹集,遇有紧要出防时其经费不敷之支部,得请由团长会同商会会长会董公同筹募之。

第八章 操 生

第二十条 本团各队操生以年满十六岁以上三十五岁以下、品行纯正、确有商店职业者为限,入团时须亲填志愿书,由殷实商店盖章保证。

第九章 操术学期

第廿一条 本团各队操生之操防勤务学术课程由团长、教练长会同教练员按照陆军操术编订之。

第廿二条 本团各队橾生以三学期为毕业,经教练长考验后由总商会会长会同团长及各该支部部长按名给予文凭,造册呈报备案。

第十章 附 则

第廿三条 本章程未尽事宜悉遵__部令现行大纲办理,其办事细则另订之。

第廿四条 吴县境内市乡繁盛之镇区,得依地方情形由各该市乡董事组设商团,应照大纲第三条报经总商会会长汇核转呈备案。

第廿五条 苏州商埠各商工厂得照大纲第十六条由各该厂设立工商团报经总商会会长核转呈请备案。

第廿六条 本章程由总商会呈省咨部核准备案之日施行。

原载《上海总商会月报》1923年第3卷第9号,第1~3页。

上海商务总会章程

中国商务总会设在上海,系奉前署两江总督部堂张、商约大臣盛于光绪二十八年九月会奏,光绪二十八年九月二十一日奉旨允准。窃照上海自开埠为洋商市场以来,华商人数与华商贸易及利益之在本埠者已大加增。现是处有多数之商人在商务经营之总枢中办事,虽历有年所,各帮商均于上海设立会馆,为考察、保护各该帮商之权利,并厘定各该帮画一之规则,然向未设有社会为中国商务之代表。且华洋商人先时时起龃龉,半由华商不谙西人规律意思,半由洋商同一不谙中国规律意思。今欲为中国商人兴利,凡从前龃龉等情,应令竭力远迁,并应设社会仿照洋商商务总会,能合中国商人为一团质。兴起诸善,订定会友办法程度,传达华商与官场、洋商、商务总会、各领事及工部局往还信息。是以光绪廿八年九月,前署两江总督部堂张、商约大臣盛会奏在上海设立中国商务总会,奉旨允准,现已设立。兹某等在下签名者,系上海为首华商会馆之董事,已拟有下开节略章程,揭出总会宗旨,为该总会事务规条俾该会会友人等得所遵守。

一、题其名曰中国上海商务总会。

二、该总会之宗旨,应观察保护商务大概利益,并萃集思虑,议论商家大宗利益之事,并力设法杜除弊端、伸雪冤枉、增长善事、通达上下声气、厘定实行规则。务令会友与会友及与洋商人等贸易等类简易可行,收受为人调停之事。遇有洋务交涉,倘洋商、商务总会倩是总会公同裁判,或延公正人裁判,是项判词应悉记载,为将来之证佐,并设挂号册珍藏案卷。

三、中国各商家并商务其所用人员,或有关商务或中国装船行家者,概可选充会友。如以下所开办理。

四、每岁捐款至少十二两,分四季预付。惟会友有自由能多助捐款于会中,数之多寡听其自夺;欲更动每年捐款之总数,须视每岁大会时会友承认人数之多寡为从违。凡会友每年捐款过银壹百两者,得选充副董事,过银三百两者,得充举董事。见第十节。

五、候选入会人员,一会友为正荐,一会友为副荐,一面再由董事投票,投票多者为合选。

六、凡常会选举之事，不准倩人代行莅会。会友欠少捐项者，不得干预选举。凡一行号内之人仅许一人，不许二人同时同举。

七、倘一行号内之伙友全不在本埠，其受权之代表准得选举。

八、会友可由董事辞退出位，惟须知会各会友，并于常会聚议时，到者有三分之二以上以为可行，即令出位。

九、十二会友以上可开常会或特会，均按总会章程办理。

十、总会中事权：银钱归每岁会友大会时公举董事一班经理，此等董事应由每帮商务会馆派一代表任充。如数不足，可由会友中选补，其额至少八人至多十二人为度。各董事一经举定，从中再举一人为总会正总董，一人为副总董。如正、副总董均不在会，应由董事中另举总董、董事聚议，有四人者作为合例。倘会议时所被举之人数两造相等，则可由总董另自加举一次以作定断。倘常会时忘举新董，则旧董仍须在会办事。

十一、各董事聚议，按月必定一最便作事之日。余听正、副总董随时邀传。

十二、或有一董出缺，应派他董暂行兼代。董事有权可于各董事中选举一副董办理各事，并可于会中选举会友在副董处襄理。

十三、董事应设公事房一所，用文案一人。公事房房租及文案薪水，应悉在总会款项内开支。

十四、每岁大会定于每年正月。如可举行，或正月后顺便时候。特会须有五会友公请总董邀订；倘总董他出，由副总董邀订。开议日期当在会友所请之十日以内。

十五、董事有权可以定律。是律一经刊行，并传知各会友立即照办，惟于第二次常会时必呈请定实。既定实后，各会友均宜一律遵守。

十六、每岁所行各事须预备册报，俟常会公允后，刊行传知各会友；或须登报广告，由董事主政。

十七、凡有用项，须经正董签押为凭。其账于每岁大会时呈各会友阅看，并应派总会中一会友为查察。

十八、以上规条如欲增减，全凭会友于常会时所到大众主政。所有增减处，应十日前宣示。

十九、商务总会凡有请托，应即承接，出为排解。商务中之纷争，由总会预备状式，于状式上签字，愿请某会友一人或多人为公正人，听候裁处。倘二公正人彼此意见不合,即由总董或副总董核夺。其应缴费,即遵董事随时所定章专。

二十、每次常会时及董事所办各事,应详细记录,存入总会公事房中,由董事择定顺便时候,任从各会友阅看。

二十一、各会友及各会友行内伙友姓名住址,均须刊一行名簿,每半年一删改重印。印成之后,以一册贮总会公事房,洋商商务总会、工部局、会审公堂及县令处各送一册。

二十二、总会内之会友,如有钱债被人照律具禀控告,公堂传人,总会可帮同官长查觅该会友,并招保人,务使欲审即到。

二十三、以上各规条并各增葺规条及新章、新律,倘经议定通行,均宜刊印成书,于各会友入会时各给一册。总会公事房留存一册。洋商商务总会及工部局各送一册。

光绪三十年四月　日

资料来源:《上海总商会组织史资料汇编》,上海古籍出版社2004年版,第65~67页。

上海商务总会第二次暂行试办详细章程

第一章　定　　名

第一条　本会系上海原有之商业会议公所,今遵商部奏定章程,改为上海商务总会。

第二章　宗　　旨

第二条　联络同业,启发知识,以开通商智。

第三条　调查商业,研究商学,备商部咨询,会众讨论,以发达商业。

第四条　维持公益,改正行规,调息纷难,代诉冤抑,以和协商情。

第三章　名　　位

第五条　本会领袖议事各员:

总理一员;

协理一员；

会计议董二员；

书记议董二员

接待议董六员；

庶务议董六员，分察公断调查中证各事。

临时添派议董无定额。（原注：遇有紧要事件须办者，可由全班会员中选举数人专办。此等议董，或由公举，或由总理协理委任均可。倘有事属疑难，非议员中人所能决，必须延请会外人相助，而给以相当之酬谢者，可有临时议董开议，交议会决其可否。）

第六条 本会在会各员：

会员无定额。（原注：会员宜有定额，此时各帮各行入会与否尚难预定，故暂未定额。须俟各帮各行皆已入会，届时再行酌定员额。计不逾部章五十员之数。）

第七条 本会办事各员：

坐办一员；

理事一员；

西律顾问一员（当用西人）；

书记二员；

翻译一员；

司账二员；

庶务二员（以上各员均须优给薪水，如不敷用，随后酌添）。

第八条 本会名望会员：

名望会员无定额。

第四章 选 举

第九条 本会选举之法：

一、总理、协理。

（甲）总理、协理须于议董内推举，举定两员，由商部酌派；

（乙）选举总理、协理，应照商部奏定公举会董格及本会所定总理、协理格，印出与选举票同交有选举之权者依律选举，每年于年会后择期举行；

（丙）凡选任总理、协理，须由全班议董公同推举。其选举系用机密投筒法，以得数最多者为总理，其次为协理。如得数相同，则将同数之人由议董再行投票另选。

附：总理、协理格

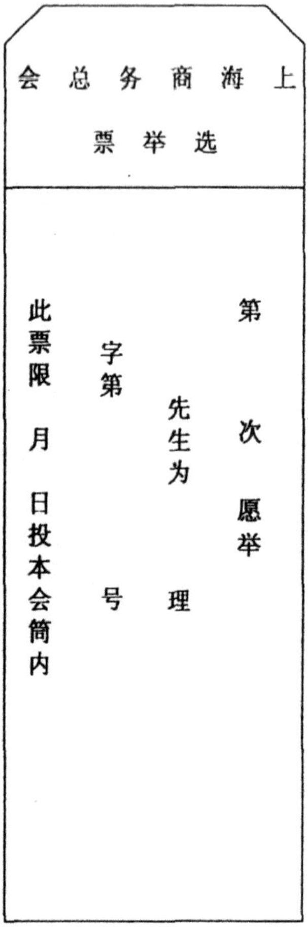

1. 品行方正者。

2. 须在沪有实业者。

3. 谙习公牍、明白事理者。

4. 身任会员者。

5. 年在四十岁上下者。

附：机密投筒选举总理协理法

选举票式如下：

背面刊印总理、协理格，以便填写。另纸印商部劝办商会章程第六款，及年在四十岁上下之议董名单附送。凡遇选举总理、协理之期，先期七日由坐办将选举票填写号数，并填限期，分送有选举总理、协理权之人，每人二纸。坐办另立底簿，注明某号分送某人。分发既讫，即将此簿严密封固，不可预泄。各人得票填注后，封固送本会，投入筒内。届期集众由坐办开简点清、注簿，当众宣示照行。

二、议董。

（甲）议董须由会员内选任；

（乙）凡选举议董，先期十四日由本会将选举票分送有选举权之人，每人十八纸。其应举者，除议董十六员外，应添备选总理、协理二员，共十八员，并将议董格同送，以备各人如法选举。以多数者当选，多数逾额，将数同者用掣签法掣定；不及额，除举定者外，示期再举；

（丙）凡选举议董，亦用机密投筒法，与议董选举总理、协理同；

（丁）议董举定，俟选举总理、协理后，由总理、协理酌派分任各职。

附：议董格，选举议董票与总理协理同式

1. 品行方正者。

2. 在沪有实业者。

3. 谙习公牍、明白事理者。

4. 身任会员者。

5. 年在三十岁上下者。

三、会员。

（甲）业经捐助商会经费，已为会友，其本帮或本行常年捐数至三百两以上，经本帮或本行公选为会员，会众定议许可者得为本会会员。嗣后会友续有愿捐常年经费者，亦照此行。

附：各帮各行选举会员法

凡一帮或一行每年公捐会费在三百两以上得举会员一人，六百两得举会二人，九百两得举会员三人，九百两以上以三人为限。捐款交后，由该业或该行董事将捐款各户开一清单送本会。会员定议认为会友后，遇选举之期由本会照章分送选举票，及各帮公举会员格与清单。所开各户亦用机密投简法令其照章选举，送本会投入筒内，定期开筒，以得数最多者当选。

附：各帮各行公举会员格

1. 品行方正者。

2. 确系在本业经商者。

3. 明白事理者。

4. 已经本会定议认为会友者。

5. 年在三十岁上下者。

（乙）虽未经众公举，而其人每年担任会费三百两以上，关心公益，经会员二人公荐，会众定议许可者，得为本会特别会员。

第十条 总理、协理应合第九条所载选举之格式，方准公推选举，禀请商部加札委用。以一年为任满之期。先期三月仍由会董会议或另行公推，或留请续任，随时公同酌议。

第十一条 议董十六员亦应合第九条所载选举之格式，方准公推选举。举定之后，由总理、协理酌派职任，分任议董应办之事。

第十二条 议董尚未年满，因事不能任职者，可由总理、协理酌量于会员中选派暂代。惟遇任满时，仍照正任年满之例，一体另举，以免歧异。

第十三条 自总理、协理以至会员，经众举定不得辞让。

第十四条 会友年未满二十岁，不得有选举权。

第十五条 捐款不交，及屡次会议不到者，不得有选举权。

第十六条 自总理、协理以至议董，既经举定，凡遇议事必须按期到会。倘有疾病事故不能到会者，亦须先期申明。无故三次不到，应如何议罚，临时公议定夺。

第十七条 凡望重品优及捐巨款实力赞成本会，经本会友二人以上提议公举，会员定议公认者，可推为本会名望会员。

第五章 入 会

第十八条 凡愿入本会者，须有会员二人，一人正荐，一人副荐，联名推荐。经本会会员议定得多数者，即允其入会。

附：推荐书式

字××省××府××县人，年××岁，××现在上海××帮××号执事，住××第××号门牌，愿入上海商务总会为会友。

等查得按律经商循规蹈矩，允遵会章，特为介绍。乞贵会定议允行为幸。此请

上海商务总会查照

正会员荐　　押

副会员荐　　押

光绪　年月　日

第十九条 常年捐会费十二两以上者，得为本会会友。

第二十条 本帮或本行公捐会费开单送本会业经公议允认者，得为本会会友。（原注：此项会友应如何酌按该帮户数予以限制，请公议定夺。）

第二十一条 既经会众公允入会，须自具信约一纸，签名交本会收执，以为入会之据。

附:信约式

具信约××字××省××府××县人,××年××岁现在上海××帮××号执事,住××第号门牌,愿入上海商务总会为会友。

兹将允认之约条列如下:

(甲)愿守会章。

(乙)允从众议。

(丙)允认所举者为代陈意见人。

(丁)愿担会务。

此请

上海商务总会查照。

光绪　年月　日　号　　押

第二十二条　公司工厂年捐巨款赞成本会,可查照各帮捐数,准一人至三人入会为特别会员,仍不准逾三人之数,以示限制。

第二十三条　凡在上海按律经商有实在营业之本国人民,得入本会。

第二十四条　庄号不在上海而有分支庄友驻沪者,得入本会。

第二十五条　已入会之会友因事离沪,其伙友持有该号盖印之函代为声叙者,本会可认为代理。倘系分庄换友,经理陈请改注,亦可照允。

第二十六条　凡下开诸人不得入会:

(甲)营业卑贱者;

(乙)欠债倒闭未清偿者。

第六章　出　　会

第二十七条　会员会友自愿出会者,可具函声明送本会收存,作为出会之证,捐助之款,概不给还。

第二十八条　会员会友中有犯下开各款,经会友二人以上举发,查有实据,有全班会员三分之二议定令其出会者,即令出会,原捐之款亦不给还。

(甲)干犯刑宪。

(乙)不守会章。

(丙)败坏本会名誉。

(丁)侵侮同类者。

(戊)行止有亏,同人不齿者。

第七章　经　　费

第二十九条　本会经费以各商每年年捐之款充用,须分额支、活支二款如下:

(甲)额支款由会计议董编列预算表交会员公议允认,按月预开月计表送总理、协理签字后随时照行；

(乙)活支款用款一百两以内者，由总理、协理与诸议董公议签字照发；若数在一百两以外，须开特会招集全班会员定议施行。

第三十条 每月月报结清后由会计议董交总理、协理会同各议董查对一次，以昭核实。

第三十一条 每月月报查核后，由总理、协理签字，并将各项发票、收条、往来庄折查对一次，以后不得涂改。

第三十二条 会员会友既经公允入会，即将所允捐之款交本会坐办查收。由坐办出具收条坐办、总理、协理、会计议董均应签字，交本人收执。

第三十三条 每年年会时，由总理、协理将上年各项用款当众宣告。由会员公举查账人二员清查一次，如无错误，由查账人签名具报，榜示本会，并刊印成册，呈报商部分送在会诸人，以征大信。

第三十四条 年会之先，应由总理、协理督饬会计议董将本年应用各款编成预算表。年会时交会员公阅，筹议款项，以备支用。

第三十五条 本会存款须于年会时择殷实之钱庄，公议允洽，始可将款项存放。

第三十六条 公款积存，如须置买产业，或附公司股份，或交妥实殷户存放者，由总理、协理随时开特会，招集会员定议施行。

第三十七条 商部奏定商会章程之二十一款应收各费，俟日后揆度情形，公同定议酌量办理。

第三十八条 商部奏定商会章程之二十二款给奖各节，此时事属创办，经费支绌，总理、协理及议董各员皆系殷实绅商，志在急公，肩任会务，应从缓议给。或须酌给车马费与否，视经费定议。

第八章 议　　事

第三十九条 本会开会议事，分常会、特会、年会三种。

(甲)常会。

每七日开常会，总理、协理至议董齐集会所，酌议应办各事。倘事关紧要，不能拘定常议之期，可由总理、协理随时斟酌传知议董，齐集会议。

(乙)特会。

凡会员、会友十人以上欲开特会公议事件者，可具书送总理、协理，于十日内招集会员公同定议。如事关紧要，非议董所能决者，总理再应知照会员，择期公议决定。

(丙)年会。

每年正月开年会二次,由总理、协理酌定日期。登报宣告各议董会员,齐集会所公同定议。

第一次,清查去年账目,暨公议本年预算表。

第二次,宣告去年调查各项商务情形,公举办公各员。

第四十条 本会公议除以下所指各事外,皆以多数定议。

(甲)欲创会员、会友新捐。

(乙)加增捐数。

(丙)动用会中公款。

(丁)买卖抵押会中行动及不行动产业。

(戊)议退会员、会友。

(己)更改本会章程。

以上各节,须有会员中三分之二允许,方可照办。

第四十一条 议事时,须有会员三分之二到者,方可开会定议。

第四十二条 议事时以可否孰多之数为准。可者签名议簿,否者不必签名。倘事有不便明言者,可用机密投筒法。倘可否之数同,则由总理、协理秉公决定。

附:议事机密投筒法

本会内室备有黑白子两匣,如遇有机密投筒事件,临时与议各员鱼贯入门,各取一子至总理前投入筒内。可者取白子,否者取黑子。投筒毕。

由总理倾筒取出,当众数明宣示。

第四十三条 议事时,各员皆有决定事理之责,不得依违两可,如既不可亦不否者是。

第四十四条 议事时,由书记员将各人言论详载议簿之内。议定后,将所议各节榜示本会议厅,并登会报,俾众周知。

第四十五条 议事须依次序,甲事议毕,然后再议乙事。

第四十六条 议事时,只能议论今日提议之件,不准牵入他事。

第四十七条 议事时,意见不同,各持一议,竟有三议不易断决者,应由总理、协理告之众人,立时公举四人专议此事,于众人所议中选取二议,择日再开特会,会同全班会员定议。

第四十八条 名望会员遇有本会重要事件不能决定者,可由总理、协理及全班会员公请来会讨论,定有意见,再交会员核议施行。

第四十九条 本会议事时之规制:

(甲)遇议事之期,如邀请几点钟,务须按时齐到,不得故意延迟,致令众友久候。由总理、协理于议董内酌派二人任督会之职，开会时摇铃入座，坐定再摇铃一次。总理或协理起立宣示本日所议之件，由众依次议决。议决后，再由监会摇铃散会。

（乙）如有人欲提议一事，须先期叙述己之意见，有会员或会友二人愿赞成其说者，签名于上，送总理、协理阅后，至期开议，倘欲陈说己见，可先告总理、协理，经总理、协理允许者，即离座至提议处陈说，陈说毕，归次。

（丙）欲辩驳者，当时告知总理、协理。经总理、协理允许，至辩驳处陈说，陈说毕，归次。

（丁）凡提议之件，经众人辩驳后欲再申说己意者，仍告知总理、协理。经总理、协理允许，至提议处陈说，陈说毕，归次。

（戊）本日议事未毕，可由总理告知会员择期再议。

第五十条　议厅内之禁约：

（甲）不得喧哗谈论；

（乙）不得随意涕唾；

（丙）不得吸息加烟、纸烟，以及各种水旱烟；

（丁）不得紊乱坐次；

（戊）在议厅内尽可彼此辩驳，但不得忿争至于怨詈。会所之外，不得辩论。

第九章　责　　任

第五十一条　总理、协理有总理协理会务、筹定经费、裁定会章、密议裁定各事之责任。

第五十二条　议董有推举总理协理、监察会务、筹议经费、讨论会章、密议协议会务之责任。

第五十三条　会员有选举议董、筹议经费、决定会章、裁定会务之责任。

第五十四条　会友有助本会经费及条陈意见以备本会采择之责任。

第五十五条　名望会员有提议、专议、听本会裁定之责任。

第十章　办　　公

第五十六条　本会应办各种会务及日行各事，应另立专条。公议裁定后，交办事员查照施行。

第十一章　会　　报

第五十七条　本会每月刊印报章一份，分送各会员、会友以备阅看。章程随后拟定，禀经商部批准，再行酌办。

第十二章　权　　利

第五十八条　本会会员之权限：

（甲）议举会内人员及聘请办公各席；

（乙）议准人入会及出会之事；

（丙）会议捐款各事及捐款各章程；

（丁）议定会中动用公款及买卖动产及不动产各事；

（戊）调查商务，随时设法改正；

（己）在会华商争执之件，随时为之公断调处；

（庚）随时改正会章，及代各帮、各行改正旧时规则。

第五十九条 本会会友之利益：

（甲）讨论商务利益，条陈当道以备采择；

（乙）考查商务利弊及有关紧要消息，随时附入会报。或刊印传单，布告公众；

（丙）会中人员有关涉商务屈抑不平之事，查察属实，公议遵照部章第七条向官长申诉；

（丁）会友有关涉商务事件不谙中外章程法律之处，可至会中询问；

（戊）会友有关涉商务之中外文件解释不明之字义，可请会中翻译讲解；

（己）会中多备中外章程法律书籍与商业有关涉者，备会友查阅；

（庚）会中人员如欲考查有益商务之事，本会可作介绍之处，均为之介绍。

第十三章 规 制

第六十条 本会会员、会友既经入会，应一律相待，毋有歧视。

第六十一条 本会章程议定后，非有会员、会友十人联名请改，经全班会员三分之二定议允准者，不得遽改。

第六十二条 章程虽经会众公议允改，但未经宣布以前，应仍照旧章办理，以免分歧。

第六十三条 凡关系重要之条陈、函信，未经定议以前，可由总理、协理随时斟酌，暂不将本人之名宣示。

第六十四条 本会每一年刊印商业行号姓名簿一次，先期由在会人员开送编列刊印。印成后，分送在会人员每人一本，不取刊资，仍另缮清册，呈送商部备案。

第六十五条 总理以下各员如有办事不公允，经会员、会友举发者，须有在会会员五人联名方可宣告会众，择期公议，派会员查究。如查有实迹，告知会众，公同定议撤退另举。如系商部加札之员，应由本会呈诉商部，若未经公议决定，不得用本会之名呈诉。

第六十六条 凡不合本会宗旨范围以内之事件，未经会众公同定议，不得擅行。

第六十七条 会中要事,未经宣布以前,在事各员不得预泄。

第六十八条 在会会员有彼此交易文契,两造愿由本会盖用图记代作中证者,总理、协理酌度情形,随时盖用。

第六十九条 本会总理、协理,由众公举,禀请商部加札任事,自应请刊关防一颗,遇有地方官往来文牍,随时钤用,以昭信守。

第七十条 本会日后经费充裕,应随时酌议设立商务学堂,以期造就人才,兴起商业。

第七十一条 在会会员有钱债各事,被人控告公堂,出票传人,本会可帮同查寻,并随时酌议代觅担保,以免羁押拖累。

第七十二条 关涉商务重要事件,虽经会众公议具禀,非奉商部允准,不得擅行。

第七十三条 以上章程七十二条既经公议允遵,应呈报商部查核批准,刊印成本,分送在会各人,以昭信守。如有增改,应随时改刊分送,以免歧误。

以上各条应俟呈送商部俟核准咨行后再行照章推举。现在事属创始,应暂以创办之人先行公议充选,以便早日试办。

光绪三十年五月　日

资料来源:《上海总商会组织史资料汇编》,上海古籍出版社 2004 年版,第 69~79 页。

上海商务总会第三次禀定详细章程

第一章　定　　名

第一条 本会系上海原有之商业会议公所,今遵农工商部奏定商会章程,改为上海商务总会。

第二章　宗　　旨

第二条 联络同业,启发智识,以开通商智。

第三条 调查商业,研究商学,备农工商部咨询、会众讨论,以发达商业。

第四条 维持公益,改正行规,调息纷难,代诉冤抑,以和协商情。

第三章　名　　位

第五条 本会议董,计二十一员:

总理一员,总理会内事务;

协理一员,协理会内事务;

会计议董二员,监察会内收支各项款目;

书记议董二员,监察会内往还电文、公牍、书札、收发条陈诸事;

庶务议董四员,监察会内庶务,及对于会外接待官场诸事;

纠仪议董二员,监察议事时会室内规则;

调查议董二员,监察调查商业,及调查各业入会,分别会员、会友册籍;

理案议董五员,监理钱债纠葛、词讼诸事;

中证议董二员,监察各商契券、合同作证诸事。

临时特派员无定额。

(原注:遇有紧要事件须办者,可由全班会员中选举数人专办其事,为临时特派员,或由总理、协理委任均可。倘有关系公益疑难之事,非会中人所能决,必须延请会外人相助而给以相当之酬谢者,临时可由议董提议。)

第六条 本会在会各员:

会员无定额。

(原注:会员宜有定额,此时各帮、各行入会与否尚难预定,故暂未定额。须俟各帮、各行皆已入会,届时再行酌定员额。)

第七条 本会延聘办事各员:

坐办一员;

理事一员;

西律顾问一员(当用西人);

书记三员;

缮校四员;

翻译一员;

司账二员;

庶务二员(以上各员均须优给薪水,如不敷用,随后酌添)。

第八条 本会名望会员:

名望会员无定额。

第四章 选 举

第九条 本会选举之法:

一、总理、协理。

(甲)总理、协理须于议董内公举,举定两员,禀请农工商部札派;

(乙)选举总理、协理,应照农工商部奏定公举会董格及本会所定总理、协理

格,印出与选举票同。交有选举之权者依律选举,每年于年会后择期举行;

(丙)凡选任总理、协理,须由全班议董公同推举。其选举系用机密投筒法,以得数最多者为总理,其次为协理。如得数相同,则将同数之人由议董再行投票决定。

附:总理、协理格

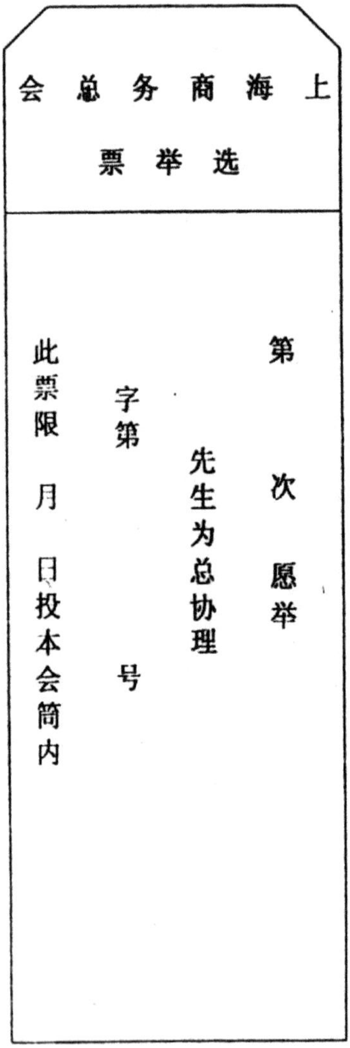
上海商务总会

选举票

第　次　愿举

先生为总协理

字第　号

此票限　月　日投本会筒内

1. 品行方正者。

2. 的系行号巨东或经理人,每年贸易往来为一方巨擘者。

3. 谙习公牍、明白事理者。

4. 身任议董者。

5. 年在三十五岁以上者。

附:机密投筒选举总理协理法

选举票式如下:

背面刊印总理、协理格,以便填写。另纸印农工商部劝办商会章程第六款,及年在三十五岁以上之议董名单,附送。凡遇员举总理、协理之期,先期七日将选举票填写号数,并填限期,分送各议董每人一纸,填明两位。会中另立底簿,注明某号分送某人,分发既讫,即将此簿严密封固,不可预泄。各议董得票填注后封固送本会,投入筒内,届期集众,由坐办开筒点清注簿,当众宣示照行。

二、议董。

(甲)议董须由会员内选任;

(乙)凡选举议董,先期七日由本会将选举票分送有选举权之人,每人一纸,填写二十一人名。其应举者除议董十九员外,应添备选总理、协理二员,共二十一员。并将议董格同送,以备各人如法选举。以多数者当选;得数相同,将同数者用掣签法掣定照行;

(丙)凡选举议董亦用机密投筒法,与议董选举总理、协理同;

(丁)议董举定,俟选举总理、协理后,由总理、协理酌派分任各职。附议董格,选举议董票与总理、协理同式:

1. 品行方正者。

2. 确系行号巨东或经理人,每年贸易为一方巨擘者。

3. 谙习公牍,明白事理者。

4. 身任会员者。

5. 年在三十岁以上者。

三、会员。

(甲)业经捐助商会经费已为会友,其本帮或本行常年捐数至三百两以上,经本帮或本行公选为会员,会众定议许可者,得为本会会员。嗣后会友续有愿捐常年经费者,亦照此行;

(乙)业经捐助商会经费已为会友,其本帮或本行常年捐数未至三百两者,经本帮或本行公选为入会代表,会众定议许可者,得为本会领袖会友。

附:各帮各行选举会员法

凡一帮或一行每年公捐会费在三百两以上得举会员一人;六百两得举会员二人;九百两得举会员三人;九百两以上以三人为限。捐款交后,由该业或该行董事将捐款各户开一清单送本会。会员定议认为会友后，调选举之期，由本会照章分送选举票，及各帮公举会员格与清单所开各户。亦用机密投筒法，令其照章选举，送本会投入筒内，定期开筒，以票数最多者当选。

附：各帮各行公举会员格

1. 品行方正者。

2. 确系在本业经商者。

3. 明白事理者。

4. 已经本会定议认为会友者。

5. 年在三十岁以上者。

(丙)虽未经众公举，而其人每年担任会费三百两以上，关心公益，经会员二人公荐，会众定议许可者，得为本会特别会员。

附：选举权限

凡会员、领袖会友均有选举议董之权。惟选举权限分为三等：

会员，得三权；

领袖会友捐助常年经费数至二百两以上者，得二权；

一百两以上者，得一权。

第十条 总理、协理应合第九条所载选举之格式，方准公推选举，禀请农工商部加札委用，以一年为任满之期。连举者连任，惟不得过两任。

第十一条 议董十九员亦应合第九条所载选举之格式，方准公推选举。举定之后，由总理、协理酌派职任，分任议董应办之事。

第十二条 议董尚未年满因事不能任职者，可由总理、协理酌量于会员中选派暂代。

惟遇任满时，仍照正任年满之例，一体更举，以免歧异。

第十三条 自总理、协理以至会员，经众举定，不得辞让。

第十四条 会友年未满二十岁，不得有选举权。

第十五条 捐款不交，及屡次函邀会议不到者，不得有选举权。

第十六条 自总理、协理以至议董，既经举定，凡遇议事必须按期到会。倘有疾病、事故不能到会者，总理请协理代表，协理请议董代表，议董请会员代表，各由本人给予凭信到会承认。

第十七条 凡望重品优及捐巨款实力赞成本会，经本会友二人以上提议公举会员，定议公认者，可推为本会名望会员。

第五章 入 会

第十八条 凡愿入本会者，须有会员二人联名推荐，经本会会董议定得多数者,即允其入会。

附:推荐书式

字××省××府××县人,年××岁,现在上海××帮××号执事,住第××号门牌。愿入上海商务总会为会员。等查得××按律经商,循规蹈矩,允遵会章,特为介绍。乞商会定议,允行为幸。此请上海商务总会查照。

介绍会员××押

介绍会员××押

光绪××年××月××日

第十九条 凡不归各帮之商人,如个人营业者,常年捐会费三十两以上者,得为本会会友。

第二十条 该帮或该行曾公捐会费,有将会友名单开送本会业经公议允认者,得为本会会友。

(原注:此项会友,应如何酌按该帮户数予以限制,请公议定夺。)

第二十一条 既经会众公允入会,须自具信约一纸,签名于上,并会费交本会收执,以为入会之据。附信约式。

具信约××字××省××府××县人,年××岁,现在上海××帮××号执事,住第××号门牌。愿入上海商务总会为会员,兹将允认之约条列如下:

(甲)愿守会章。

(乙)允从众议。

(丙)允认所举者为代陈意见人。

(丁)愿担会务。

此请

上海商务总会查照。

光绪××年××月××日××号××押

第二十二条 公司、工厂年捐巨款,赞成本会,可查照各帮捐数,准一人至三人入会为会员。仍不准逾三人之数,以示限制。

第二十三条 凡在上海按律经商有实在营业之本国人民,得入本会。

第二十四条 庄号不在上海而有分支庄友驻沪者,得入本会。

第二十五条 已入会之会友,因事离沪,其伙友持有该号盖印之函代为声叙者,本会可认为代理。倘系分庄换友经理,陈请改注,亦可照发。

第二十六条 凡下开诸人不得入会:

(甲)营业卑贱者。

(乙)欠债倒闭未清偿者。

第六章 出　　会

第二十七条　会员、会友自愿出会者，可具函声明，送本会收存，作为出会之证。捐助之款概不给还。

第二十八条　会员、会友中有犯下开各款，经会友二人以上举发，查有实据，有全班会员三分之二议定令其出会者，即令出会，原捐之款亦不给还。

（甲）干犯刑宪；

（乙）不守会章；

（丙）败坏本会名誉；

（丁）侵侮同类者；

（戊）行止有亏，同人不齿者。

第七章 经　　费

第二十九条　本会经费以各商每年年捐之款充用，须分额支、活支二款如下：

（甲）额支款由会计议董编列预算表，交会员公议允认。按月预开月计表送总理、协理签字后，随时照行；

（乙）活支款用款在一百两以内者，由总理、协理与诸议董公议，由总理、会计议董签字照发。若数在一百两以外，须开特会，招集全班会员定议施行；

（丙）无论活支、额支在五十两以上之款，非经总理及会计议董签字，不得支付。会计司事应每礼拜将账目呈会计议董查核一次。

第三十条　每月月报结清后，由会计议董交总理、协理会同各议董查对一次，以昭核实。

第三十一条　每月月报查核后，由总理、协理签字，并将各项发票、收条、往来庄折查对一次。以后不得涂改。

第三十二条　会员、会友既经公允入会，即将所允捐之款交本会坐办查收，由坐办出具收条坐办、总理、协理、会计议董均应签字，交本人收执。（附收条式，见下页）

第三十三条　本会所收各业、各公司会费，按照认定若干，已收若干，未收若干，分别开具清单，每届半年登报布告一次。其开支项下须按月列表，半年登报宣布。每届年终，刻印清册分送会员、会友及各业商人公同检阅，仍随时由会员公同稽察，以杜浮滥之弊。

第三十四条　每年年会时，由总理、协理将上年各项用款当众宣告。由会员公举查账人二员，清查一次。如无错误，由查账人签名具报，榜示本会，并刊印成册，呈报农工商部，分送在会诸人，以征大信。

第三十五条 年会之先，应由总理、协理、会计议董将本年应用各款编成预算表，年会时交会员公阅，筹议款项，以备支用。

第三十六条 本会存款，须于年会时择殷实之钱庄，公议允洽，始可将款项存放。

附：收条式

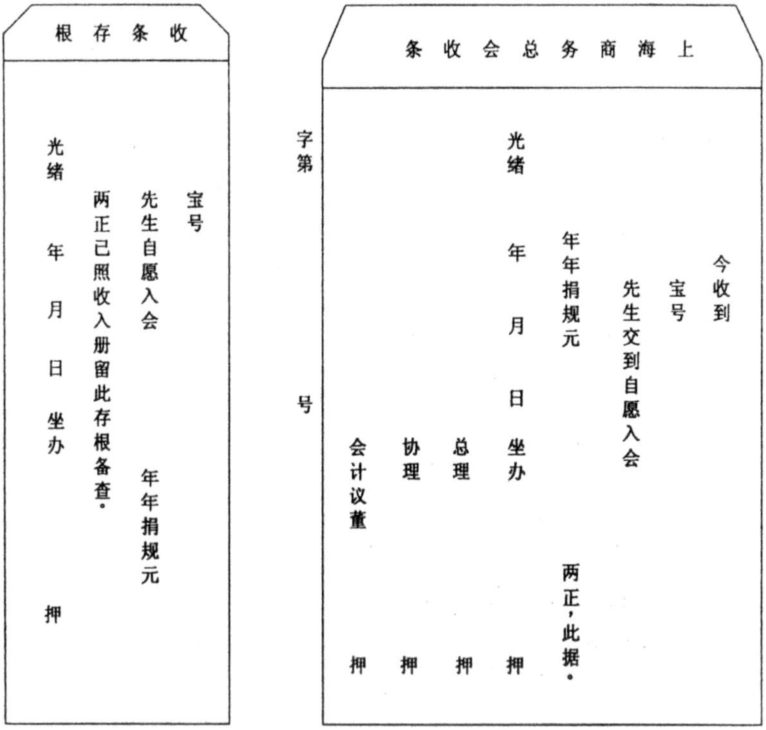

第三十七条 公款积存，如须置买产业，或附公司股份，或交妥实殷户存放者，由总理、协理随时开特会，招集会员定议施行。

第三十八条 农工商部奏定商会章程之二十一款应收各费，俟日后揆度情形公同定议，酌量办理。

第三十九条 农工商部奏定商会章程之二十二款给奖各节，此时事属创办，经费支绌，总理、协理及议董各员皆系殷实绅商，志在急公，肩任会务，应从缓议。给或须酌给车马费与否，视经费定议。

第八章 议 事

第四十条 本会开会议事，分常会、特会、年会三种。

(甲)常会。

每逢星期开常会,总理、协理至议董齐集会所,酌议应办各事。倘事关紧要,不能拘定常议之期,可由总理、协理随时斟酌,传知议董齐集会议。

(乙)特会。

凡会员、会友十人以上欲开特会公议事件者,可具书送总理、协理。于七日内招集全体会员开特会,公议决定。

(丙)年会。

每年正月开会二次。由总理、协理酌定日期,登报宣告,各议董、会员、会友齐集会所,公同定议。

第一次,清查去年账目,暨公议本年预算表。

第二次,宣告去年调查各项商务情形,公举办公各员。

第四十一条 每七日开常会一次,定准期刻,总协理、议董均宜按期齐集会所,由坐办将所议事件检出,依次提议议决。由书记摘叙简要事由,登报布告,不得隐匿偏徇。其特会、年会提议事件,亦一律登报布告。惟遇紧要秘密之事,宜从慎密。

第四十二条 无论特会、常会,应于三日前将所议事由函告与议之人,免得茫无头绪。至议事时,与议者所陈意见,由书记将各人言论逐一登录议册,由首座签名于上。

第四十三条 本会公议除以下所指各事外,皆以多数定议:

(甲)欲创会员、会友新捐;

(乙)加增捐数;

(丙)动用会中公款;

(丁)买卖、抵押会中行动及不行动产业;

(戊)议退会员、会友;

(己)更改本会章程。

以上各节须有会员中三分之二允许,方可照办。

第四十四条 凡议事时,须有议事权之人到有过半,方可开会定议。

第四十五条 议事时,以可否孰多之数为准。可者签名议簿,否者不必签名。倘事有不便明言者,可用机密投筒法。倘可否之数同,则由首座秉公决定。附议事机密投筒法。

本会内室备有黑白子两匣,如遇机密投筒事件,临时与议各员鱼贯入内,各取一子,至首座前投入筒内。可者取白子,否者取黑子。投筒毕,由首座倾筒取出,当众数明宣示。

第四十六条 议事时,各员皆有决定事理之责,不得依违两可(原注:如既不可亦不否者是)。

第四十七条 议事时由书记员将各人言论详载议簿之内。议定后,将所议各节榜示本会议厅,并登会报,俾众周知。

第四十八条 议事须依次序,甲事议毕,然后再议乙事。

第四十九条 议事时,只能议论今日提议之件,不准牵入他事。

第五十条 议事时,意见不同,各持一议,竟有三议不易断决者,应由首座告知众人,立时公举四人专议此事,于众人所议中选取二议,择日再开特会,会同全班会员定议。

第五十一条 名望会员遇有本会重要事件不能决定者,可由总理、协理及全班会员公请来会讨论,定有意见,再交会员核议施行。

第五十二条 本会议事时之规制:

(甲)遇议事之期,如邀请几点钟务须按时齐到,不得故意延迟,致令众友久候。纠仪议董二人专任监会之职。开会时摇铃入座,坐定再摇铃一次,首座起立,宣示本日所议之件,由众依次议决。议决后再由监会摇铃散会。如在议室内有不照会章举动,纠仪议董即可起立阻止,各员不得与之争辩;

(乙)如有人欲提议一事,须先期叙述己之意见,有会员或会友二人愿赞成其说者签名于上,送总理、协理阅后,至期开议。倘欲陈说己见,可先告首座,经首座允许者即离座陈说,陈说毕,归次;

(丙)欲辩驳者,当时告知首座。经首座允许,即起立辩驳,辩驳毕,归次;

(丁)凡提议之件,经众人辩驳后欲再申说己意者,仍告知首座。经首座允许,即起立陈说,陈说毕,归次;

(戊)本日议事未毕,可由首座告知与议者,择期再议。

第五十三条 议厅内之禁约:

(甲)不得喧哗谈论;

(乙)不得随意涕唾;

(丙)不得吃息加烟、纸烟,以及各种水旱烟;

(丁)不得紊乱座次;

(戊)在议厅内,尽可彼此辩驳,但不得忿争至于詈詈。全会所之外,不得辩论。

第九章 责　　任

第五十四条 总理、协理,有总理会务、筹定经费、裁定会章,及公同议决各事,有指挥施行之责任。

第五十五条 议董有选举总理、协理及被选总协理、监察会务、筹议经费、讨论会章、公议决定会务之责任。

第五十六条 会员有选举议董及被选议董、筹议经费、讨论会章、公议决定会务之责任。

第五十七条 领袖会友有选举议董及筹议经费、讨论会章、公议决定会务之责任。

第五十八条 会友有选举会员及被选会员、助本会经费及条陈意见以备本会采择之责任。

第五十九条 名望会员有提议专议、听本会裁定之责任。

第十章 办 公

第六十条 本会应办各种会务及日行各事,应另立专条。公议裁定后,交办事员查照施行。

第六十一条 凡既经入会商人,如有钱债纠葛须请本会理处,或请本会代投地方官禀函者,均由本业董事函送来会,即行酌办。如未经入会之商人,一概不予理处。

第六十二条 凡钱债纠葛,如两造均愿请商会理处,自应即予提议。若止一面请商会提议者,必须查访情由。如果事直受屈,可将情节布告。各议董会员中有五人以上之认可,方可开议(原注:认可以签字为凭)。

凡经商会允予提议之件,如总协理及议董会员中有与两造为兄弟、同族及有至亲者,或为两造中一面之股东者,均须先期陈明,并将清单缴还,届时可无庸来会与议,以避嫌疑。会中应即注明缘由,不在无故不到之列。

第六十三条 凡经商会允予提议事件,须于下星期常会即予提议。议决之期至多以一个月为限,不得积压延搁。如实有仍应展限之处,须布告展限缘由,并非压搁所致。

第六十四条 凡钱债纠葛商会允予理处者,由总协理交于理事或理案议董。先邀两造详询原委,由书记将问答逐句登簿,理事理案,议董及两造均签名于上。再定期邀请该业董事到会访问,所有问答亦由书记逐登,均签名于上,即行刊送与议诸人,由总理定期开议。开议时,如尚有疑窦,可再集两造问询。问毕,两造退出议室,由总协理、议董公同集议。议决布告,并登报宣布。若理屈者愿遵公断,即不必登报,以存厚道。仍按季摘叙简明事由,具报农工商部备案。附理案试办章程十条:

(甲)会中设一理案室,置长桌一张,环列座椅,理事员理案,议董坐主位,两造及证人坐客位,凡非案内人不得入理案室。如甲案未完,乙案来客请坐于接待室,不得混入。

(乙)两造有钱债纠葛事,可先将大致节略送呈本会,由坐办送总理,交理案议董及理事员查询。理事应订准期刻,邀两造到会查问。先问原告。由书记逐一登簿。问完后,原告及议董理事均签字于上。再问被告,亦由书记逐登,被告及议董理事亦均签字。如原、被告有申辩之处,可各申辩一次,亦均签字。惟无论查问、申辩,两造均须俟各人全行说毕,方可再行起说。

(丙)如两造有见证人须查问者,由议董于查问两造毕后,即问见证人证据。其问答由书记逐一登簿,见证人及议董理事亦均签字于上。

(丁)由议董理事员订期,再请两造各该业之董事到理案室内将情由详询一遍,所有各该业董事及各问答均由书记逐一登簿,该业董事及议董理事亦均签名于上。

(戊)议董理事查毕后,再将全案秉公细心研究一番,择其是非关键之处,另加按语一篇,签名于后,即送坐办交会公议。

(己)坐办将全案口录即日排印若干张,不得更动一字,于公断前三日送总协理及议董各一纸,须盖回单为凭。

(庚)各议董于三日前接到会中案由,务必先行详细研究一番,以便临议公断。

(辛)公断时,须有议事权者方可入此议室。两造及见证人均在接待室守候。如案内尚有疑窦,须询问何人,可随时邀至议室内询问,问毕仍退出。公同议决后,各人签名于上,由坐办布告两造。

(壬)甲乙两造既请商会公断,即作为允认本会公断章程,届时必须到会,以备议董问讯。或实有事故,应准预先知照改期,否则即作情虚论。

(癸)理事必另请明于法律者理案。议董五位,每礼拜各分认一日,会同理事问案。议董有监察理事之责,议董不到,不能查问,俾免偏徇。

第六十五条　凡钱债纠葛,除两造自请商会理处公断后或有不遵,任向有司控告外,其余案件,经地方官移请商会公判者,两造设有不遵,应由商会据情移复地方官查办。

第六十六条　会中办事人,如坐办理事、书记、缮校、翻译、司账、庶务各员,照章月给薪费,名日本会办事员。有行法之权,无司法、立法之权,无庸在场议事。惟每届集议,坐办须至会室听议,俟总协理、议董会员等议决办法,遵照施行。如各该员等有偏徇舞弊情事,为会员查悉,立即公议撤换。

第六十七条　坐办理事、书记、缮校、翻译、会计各员,均由总协理延聘,会董认可。如不胜任,议董有三人以上之同意,可随时请总协理酌换。

第十一章　会　　报

第六十八条　本会每月刊印报章一份,分送各会员、会友,以备阅看。(章程随后拟定,禀经农工商部批准,再行酌办。)

第十二章　权　　利

第六十九条　本会会员之权限:

(甲)议举会内人员,及聘请办公各席;

(乙)议准人入会及出会之事;

(丙)会议捐款各事,及捐款各章程;

(丁)议定会中动用公款,及买卖动产及不动产各事;

(戊)调查商务,随时设法改正;

(己)在会华商争执之件,随时为之公断调处;

(庚)随时提议改正会章,及代各帮各行改正旧时规则。

第七十条　本会会友之利益:

(甲)讨论商务利益,条陈当道,以备采择;

(乙)考查商务利弊及有关紧要消息,随时附入会报,或刊印传单,布告会众;

(丙)会中人员有关涉商务屈抑不平之事,查察属实,公议,遵照部章第七条向官长申诉;

(丁)会友有关涉商务事件,不谙中外章程法律之处,可至会中询问;

(戊)会友有关涉商务之中外文件,解释不明之事义,可请会中翻译解讲;

(己)会中多备中外章程、法律书籍与商业有关涉者,备会友查阅;

(庚)会中人员如欲考查有益商务之事,本会可作介绍之外,均为之介绍。

第十三章　规　　制

第七十一条　凡商人有应议事件具报本会者,用说帖、节略信函,均可称商务总会总协理某某先生,自称某业商人某某,不得率用禀呈及某宪大人字样,致落官场故套。惟应达部由会转呈之件,不在此例。

第七十二条　凡商人有事请商会提议者,或常会,或特会,应俟商会允准,由商会邀集开议。不得由商人私发传单,邀人集议,更不准会外之人冒发传单集议。

第七十三条　凡非商会中人,不得在商会提议,并不得请商会集议。

第七十四条　凡会外人,未经会董公许,不得在会演说。

第七十五条　议事时,会室之内只准议及当日应议之事,不得寒暄酬应谈及他话。先到者与后到者亦不必起立招呼,不准送茶、吸烟。种种仪文、一切规则,均遵照农工商部奏定公司律、会议章程办理。

第七十六条 凡会中所发电报函件,必经全体议董议决,盖用关防,方可照发。其寻常函件,由总协理与书记议董商发。其关于地方公函及交涉事件,并对于会外重大事件,必经全体议董议决,方可照发。

第七十七条 凡个人有登报声明,及与地方交涉各事,不得借商会出名。违者应按照第二十八条不守会章办理。

第七十八条 上海租界事项:有关于商界事件,有关于地方公众事件。其商界事件应在商会提议;其地方公众事件,应另设一绅商公议之处。不得借商会集议,以期各清界限。

第七十九条 本会会员、会友既经入会,应一律相待,毋有歧视。

第八十条 本会章程议定后,非有会员、会友十人联名请改,经全班会员三分之二定议允准者,不得遽改。

第八十一条 章程虽经会众公议允改,但未经宣布以前,应仍照旧章办理,以免分歧。

第八十二条 凡关系重要之条陈、函信,未经定议以前,可由总理、协理随时斟酌,暂不将本人之名宣示。

第八十三条 本会每一年刊印商业行号姓名簿一次,先期由在会人员开送编列刊印,印成后分送在会人员每人一本,不取刊资。仍另缮清册,呈送农工商部备案。

第八十四条 总理以下各员,如有办事不公允,经会员、会友举发者,须有在会会员五人联名,方可宣告会众,择期公议,派会员查究。如查有实迹,告知会众,公同定议,撤退另举。如系农工商部加札之员,应由本会呈诉农工商部。若未经公议决定,不得用本会之名呈诉。

第八十五条 凡不合本会宗旨范围以内之事件,未经会众公同定议,不得擅行。

第八十六条 会中要事,未经宣布以前,在事各员不得预泄。

第八十七条 在会会员有彼此交易文契,两造愿由本会盖用图记代作中证者,总理、协理酌度情形,随时盖用本会关防,由中证议董签字,应酌收中证费,归会存储公用。

第八十八条 本会总理、协理由众公举,禀请农工商部加札任事,自应请刊关防一颗。遇有地方官往来文牍,随时钤用,以昭信守。

第八十九条 本会日后经费充裕,应随时酌议设立商务学堂,以期造就人才,兴起商业。

第九十条 在会会员有钱债各事被人控告,公堂出票传人,本会可帮同查寻,并随时酌议代觅担保,以免羁押拖累。

第九十一条 关涉商务重要事件,虽经会众公议具禀,非奉农工商部允准,不得擅行。

第九十二条 以上章程九十一条既经公议允遵,应呈报农工商部查核批准,刊印成本,分送在会各人,以昭信守。如有增改,应随时改刊分送,以免歧误。

资料来源:《上海总商会组织史资料汇编》,上海古籍出版社 2004 年版,第 81 ~94 页。

上海总商会通告并附修改章程

上海总商会通告各会员云:民国大定,政治统一。则凡恢复商务、维持会事,自应勉策进行,以尽兴商保商之义务。曾于阳历二月二十七日特开大会,征集善后办法,议定名称,改为上海总商会,登报布告在案。现查一年期满,应届选举之期,前承执事遵章入会,担任会务,同深感感(荷)。兹本总商会另订新章,附呈查照,是否仍愿入会,务祈于四月五号以前复会,俾便汇刊选单,再行分送。事关会章,幸勿迟延,乃所至盼。计附新章一纸。

上海总商会修改(入会、会费、选举)章程

一、各业会馆、公所团体入会者,会费仍照旧章。惟向例仅举业董一、二人代表入会为会员,现拟普通选举,即于各业团体中按营业之大小、会费之多寡,酌定推举代表之人数。

二、各业团体出会费至一百两以上者,得举会员一人,以多至十人为止。

三、各业商号商人不附入团体、单另入会者,会费酌分三种:一百两、五十两、三十两。每年担任会费五十两以上者,得举其店东或经理人入会为会员;三十两者,得举为会友。会友有选举权,会员有被选举权。

四、各业入会之商号,开明行业招牌、住址、电话及经理人姓名,到会注册,由本会填发入会证据,编列号码,以备查考,而资维护。

五、团体入会者由各业会馆或公所开单报告,亦按户注册,填发入会证据。

六、会员由各业普通选举,分别入会注册,即由入会会员复举会董三十一人,再由会董公举总理一人,协理二人。

资料来源:《上海总商会组织史资料汇编》,上海古籍出版社2004年版,第135～136页。

上海总商会暂行章程

十六年十一月一日奉国民政府批准施行

第一章 总 纲

第一条 本会以上海特别市(包含租界)为区域,定名为上海总商会。

第二条 本会会所设于上海铁马路之天后宫侧。

第二章 会 务

第三条 本会之会务如下:

一、谋商业之安全及改进;

二、关于商工法规及商业事项建议于行政官厅;

三、答复官厅或其他团体或个人所咨询商业之事项。但对于个人或非法人团体,除会员外,得不置答;

四、调查或证明官厅或其他团体或个人所委托商业之事项。但对于个人或非法人团体,除会员外,得不予办理;

五、受商人之委托,办理华洋文契之迻译,检定及商业登记;

六、办理商品查验事项;

七、办理商事公告事项;

八、调处本会区域内当事人或官厅委托之商事争议;

九、受当事人或官厅之委托,办理商业清理事项。

前项第四、五、六、七、八、九各款,得征收费用。会员委托时,得免费或减费。

第三章 会员资格

第四条 会员无定额,凡在本市内之本国商人具有下列资格之一者,皆得为本会会员:

一、公司本店或支店之经理人;

二、独立经营商业而为商店之经理人者;

三、各业之代表为该业商店或公司经理人者。

第五条 一公司或一商店得出一人为会员。一会员得代表二个以上之公司或商店,但其选举及表决仍以一权为限。

第六条 各业代表之会员额,依其团体之大小定之,但不得逾十人。前项会员额由本会定之。但本业有异议时,得呈请上海特别市政府裁夺。

第七条 有下列各款情事之一者,不得为会员:

一、被褫夺公权;

二、受破产之宣告;

三、有精神病;

四、营业不正当。

第四章　会员权限

第八条 会员之权限如下:

一、会员有选举权及被选举权;

二、会员有表决权;

三、会员有建议权。

第五章　会员之入会与出会

第九条 凡具有第四条所列各款资格之一者,经会员二人书面之介绍,填具入会信约,送由常务委员会交付审查合格后,给予入会证书。

第十条 会员愿出会者,具出会书送本会备案。

第十一条 会员有下列各款情事之一者,经会员举发,查有实据,由执行委员会议决,令其出会:

一、有第七条所列各款之一;

二、有破坏本会之行为;

三、丧失本国国籍;

四、各业代表人有本条前列各款情事之一,经本会通告令其撤换,而不于所定期间内撤换;

五、欠缴会费至一年以上。

第六章　委员会之组织

第十二条 本会设执行委员会,以执行委员六十一人组织之,执行委员会并置候补执行委员三十人。

第十三条 本会设常务委员会,以常务委员七人组织之。

第十四条 本会设主席团,以主席委员三人组织之。

第十五条 本会因事务上必要,得设置各股委员会。各股委员会委员人选，由常务委员会提交执行委员会决定之。

第七章　委员之职权及任期

第十六条　执行委员依本章程之规定及会员大会之议决，行使职权。

第十七条　常务委员会依本章程之规定及执行委员会之议决，行使职权。

第十八条　常务委员会有延聘、雇用及辞退办事员之权。

第十九条　主席团对外代表本会。

第二十条　执行委员任期二年，每年改选半数，第一次改选之委员以抽签法定之。常务委员及主席团委员任期均为一年，如再被选得连任。执行委员缺位时由候补执行委员继任，至前任任满之日为止。

第八章　办　事　员

第廿一条　本会设总务主任一人，办理执行委员会及常务委员会议决之事项。

第廿二条　本会酌设办事员，其员额视事务之繁简定之。

第九章　选　　举

第廿三条　本会行分业单选法，视各业会员多寡，按比例分配选举执行委员。但任何一业所选出之执行委员人数，不得超过执行委员总额四分之一。凡一业之会员数不足选出一执行委员时，得联合他业选举，其细则由本会另定之。

各业区分之标准，于前项细则中规定之。

第廿四条　各业委员分配额，由执行委员会于未行选举前揭示公布。各业分配名单揭布后，会员有异议时，得于一星期内请求更正。

第廿五条　常务委员由执行委员会互选之；主席团委员由常务委员互选之。

第廿六条　选举用记名投票法，由选举人到会行之。

第廿七条　选举概以得票较多者当选，票数相同时以抽签法定之。

第廿八条　执行委员会当选后，非有正当理由不得辞职。

第廿九条　执行委员出缺，以候补委员递补；主席团委员及常务委员出缺，举行补选。

第十章　会　　议

第三十条　会议之种类如下：

一、会员大会　每年于三月间举行，由执行委员召集，议决预算、决算及其他重要事件；

二、执行委员会议　每月举行两次,由主席团召集,议决执行本会一切事务;

三、常务委员会议　会期由常务委员会自定之。

第三十一条　前条各项会议,遇必要时,得由常务委员会或执行委员会委员三分之一或全体会员二十分之一以上之请求,临时召集之。

第三十二条　会员大会有会员三分之一以上之出席,即得开议。出席会员二分之一以上之同意,即得议决。但变更会章之决议,应以全体会员三分之二以上之出席,出席会员三分之二以上之同意行之。前项但书规定,若到会会员不足法定数时,得以出席会员三分之二以上之同意,议定草案后,通知未到会会员。并于十日内召集第二次会员大会,若仍不足法定数,即以第二次到会会员三分之二以上之同意作为议决。

第三十三条　执行委员会有委员三分之一以上之出席,即得开议。出席委员二分之一以上之同意,即得议决。但下列各议案须有全体委员三分之二以上之出席,出席委员三分之二以上之同意,始得议决:

一、本会办事规则案;

二、本会预算案、决算案及发行公债案。

第十一章　会　　费

第三十四条　会费于入会时依下列规定先行缴纳,嗣后由本会每年收取一次:

一、公司、行号之经理人或独立经营商业之商店经理人,以个人名义入会者,每年纳会费银五十元;

二、代表各业团体或公司行号名义入会者,每年纳会费银一百元。

第三十五条　本会建筑公债经费,依从前议决案,按会费额加收三成,至公债还清时为止。

第三十六条　会员出会时,会费概不给还。

第十二章　会　　计

第三十七条　本会经费以会员会费充之。

第三十八条　会计年度以七月一日始至翌年六月三十日止。

第三十九条　常务委员会应依会计年度分别编制预算案及决算案,提交执行委员会审查,执行委员会审查完竣,应附具意见,将各该案提付会员大会议决。

第四十条　会员大会对于预算有增减删除之权。

第四十一条　预算得设预备费。

第四十二条 会计年度届满，新预算尚未成立时，常务委员会得照上年度预算施行。但因大会不足法定人数，新预算不能议决时，执行委员会得代行议决。

第四十三条 本会遇有非常事项或举办重要事业，预算不敷时，经会员大会议决，得发行公债。

第四十四条 本会支款须经主席团委员二人以上之签字，方为有效。

第四十五条 会费收据须经主席团委员二人以上之签字，方为有效。

第十三章 附 则

第四十六条 本章程之修改，须经大会决议并呈奉国民政府核准，始生效力。

第四十七条 本章程自呈上海市政府转呈国民政府核准公布之日施行。

资料来源：《上海总商会组织史资料汇编》，上海古籍出版社2004年版，第546～550页。

上海总商会修改暂行章程

上海总商会修改暂行章程，呈请政府核准，并分送会员，以便实行选举，业志昨报。兹将其章程照录如下：

第一章 总 纲

第一条 本会由上海市内之商家组织之，定名曰上海总商会。

第二条 本会所设于上海铁马路之天后宫侧。

第二章 会 务

第三条 本会之会务如下：

一、谋商工业之改进及安全，或陈请官厅办理之；

二、答复官厅或其他团体或个人所咨询商工业之事项，但对于个人或非法人团体，除会员外得不置答；

三、调查或证明官厅或其他团体或个人所委托商工业之事项，但对于个人或非法人团体，除会员外得不予办理；

四、受商人之委托，办理华洋文契约之迻译检定及商业登记；

五、办理商品查验及商事公告事项；

六、调处本会区域内当事人或官厅委托之商工业争议事项；

七、受当事人或官厅之委托，办理商工业清理事项；

八、办理其他商业上一切兴利除弊事项；

九、办理关于国家地方人民应尽职分之事项。前项第三、四、五、六、七各款得征收费用，但会员委托时，得免费或减费。

第三章　会员资格

第四条　会员无定额。凡在本市内之本国商人，具有下列资格之一者，皆得为本会会员：

一、公司本店或支店之职员为公司之经理人者；

二、独立经营商业而为商店之经理人者；

三、各业之代表为各业之经理人者。

第五条　一公司或一商店得出一人为会员。一会员得代表二个以上之公司或商店，但其选举权及议决权仍以一权为限。

第六条　各业代表得视其团体之大小，增加其会员额，但最多不得逾十人。

第七条　有下列各款情事之一人者不得为会员：

一、褫夺公权者；

二、受破产之宣告者；

三、有精神病者；

四、营业不正当者。

第四章　会员权限

第八条　会员之权限如下：

一、会员有选举权及被选举权；

二、会员有议决权及建议权；

三、会员于法定会期外遇有重要事项，经全体会员二十分之一签名提议，得开临时会；

四、会员有监督会务之权。

第五章　会员之入会与出会

第九条　凡具有第四条所列各款资格之一者，经会员二人之书面介绍，填具入会信约，送由委员会交付审查，合格通过后，给予入会证书。

第十条　会员愿出会者须声明实在理由，具出会书送会备核。

第十一条　会员有下列各款之一者，经会员三人以上之举发，查有实据，由执行委员会议决，令其出会。

一、犯第七条所列各款之一者；

二、有破坏本会之行为者；

三、丧失国籍者；

四、各业代表人违者本条前列各款之规定，经通告令其撤换而不于所定期间内撤换者；

五、欠缴会费至一年以上者。

第六章　委员会之组织

第十二条　执行委员额定六十一人为执行委员会，并设候补执行委员三十人。

第十三条　常务委员额定七人为常务委员会。

第十四条　本会主席委员额定三人为主席团。

第十五条　本会依事务上之必要得设置各股委员会，由常务委员会提交执行委员会通过之。

第七章　委员之职权及任期

第十六条　执行委员会有执行一切会务之权。

第十七条　常务委员会有执行日常会务之权。

第十八条　常务委员会有延聘雇佣及辞退办事员之权。

第十九条　主席团对外代表大会。

第二十条　各股委员执行各股特定事务，对于重大事项，须商由常务委员会办理。

第二十一条　各委员均以二年为一任期。每年改选半数，第一次改选时以抽签法行之。各委员连举得连任，中途递补者以补足前任之任期为限。

第八章　办　事　员

第二十二条　总务主任一人，办理执行委员会或常务委员会议决之事务。

第二十三条　办事员无定额，视事务之繁简，酌量设置。

第九章　选　　举

第二十四条　本会行分业单选法，视各业会员多寡，按比例分配，选举执行委员。一业之会员数不足选出一会员时，得联合他业选举。其细则另定之。

第二十五条　各业委员分配额由执行委员会于未行选举前揭示公布。各业分配名单揭布后，会员认为有异议时，得于一星期内请求更订。

第二十六条　常务委员由执行委员会互选之，主席团委员由常务委员互选之。

第二十七条 选举用记名投票法，由选举人到会行之。

第二十八条 选举以得票多数者当选，票数相同以抽签定之。

第二十九条 委员当选后，非有正当理由不得辞职。

第三十条 委员出缺，以候补委员递补。主席团委员及常务委员出缺，举行补选。

第十章 会 议

第三十一条 会议之种类如下：

一、会员大会每年于三月间举行，议决预决算及其他重要事件；

二、执行委员会每月举行二次，议决执行本会一切事务；

三、常务委员会会期由常务委员会自定之。

第三十二条 常务委员会或执行委员三分之一或全体会员二十分之一议为重要事件，有请求时应开临时会。

第三十三条 会员大会除关于变更会章，以会员三分之二以上到会即行开议，得到会者过半数之同意即为议决。

第三十四条 执行委员之开议及议决，适用前条之规定。但下列各数，须有三分之二以上之到会方得开议，三分之二以上之同意方得议决：

一、议决本会办理会务而规定各种规则；

二、本章程第四十四条规定代表大会议决预决算及第四十五条发行公债。

第三十五条 会议由主席团委员定期召集。

第十一章 会 费

第三十六条 会费于入会时依下列规定先行交纳，嗣后由本会每年收取一次。一、公司行号之经理人或独立经营商工业之商店经理人以个人名义入会者，每年纳会费银五十元。二、代表各业团体或公司行号名义入会者，每年纳会费银一百元。

第三十七条 本会建筑公债经费，依从前议决案按会费额加收三成，至公债还清时为止。

第三十八条 会员出会，会费概不给还。

第十二章 会 计

第三十九条 本会经费以会员会费充之。

第四十条 会计年度以七月一日始，至翌年六月三十日止。

第四十一条 常务委员应依会计年度分别编制预决算表，交执行委员会审查，填具意见书，提出会员大会议决之。

第四十二条 会员大会对于预算有增减削除之权。

第四十三条 预算得设预备费。

第四十四条 预算未议决前或不议决时,常务委员得照上年度预算施行,但大会不足法定人数时由执行委员会代行议决。

第四十五条 遇有非常事项或举办重要事业预算不敷对,经会员大会之议决,得发行公债。但开会不足法定人数时,准用第三十四条及第四十四条之规定,由执行委员会代行议决。

第四十六条 本会支款须经主席团委员二人以上之签字为有效。

第四十七条 预决算由常务委员于大会报告之。

第四十八条 会费收据须经主席团委员二人以上之签字为有效。

第十三章 附 则

第四十九条 本会附设之各部分,其规则另订之。

第五十条 本章程呈由上海特别市市政府转呈国民政府核准施行。

第五十一条 本章程应修改时须经会员大会议决并呈奉核准,方生效力。

资料来源:《上海总商会组织史资料汇编》,上海古籍出版社 2004 年版,第 541 ~ 544 页。

上海总商会章程

第一章 名称区域及所在地

第一条 遵商会法第二章第三条改组,名曰上海总商会,办理上海全埠商务。

第二条 设事务所于上海铁马路天后宫后。

第二章 会董额数及选举

第三条 会董之额数:

一、会长一人;

二、副会长一人;

三、会董三十三人;

四、特别会董按照商会法第二章第十条设置。

第四条 会董之选举:

一、会董由会员投票选举;

二、会长由会董投票互选；

三、特别会董须品重望优、富有经验及实力赞助本会者，有本会会员五人以上提议公举，再于常会通过，方为合选。

第三章 职员权限及任期

第五条 会长、副会长之权限：

一、会长总揽会务，对外为全体代表；

二、会长得支配会董担任会务，及聘任办事职员；

三、会长担负筹划会费；

四、会长于法定会期外遇有要事，得召集会议；

五、会长于会议时，得公同议决各事；

六、副会长辅佐会长主持一切会务。

第六条 会董之权限：

一、会董有选举会长及被选举会长之权；

二、会董有筹议会费、监察会务之权；

三、会董于法定会期外遇有要事，得商请开会，但须得全体三分一以上之同意；

四、会董于会议时，得公议决定各事。

第七条 特别会董之权限。

特别会董得提议专议，听本会裁定之。

第八条 会长、副会长、会董均以二年为一任期，连举得连任，但以一次为限。

第四章 办 事 职 员

第九条 设书记、缮校、收掌、翻译、会计、庶务各员，各办事职员无定额，按事务之繁简聘任。

第五章 会 员

第十条 会员无定额，凡合于商会法第六条资格之一者，皆得入会为会员。凡曾任会长、会董者，满任后仍认为会员。

第十一条 会员之权限如下：

一、会员皆有选举权及被选举权。但有被选举权者之年龄须在三十岁以上；

二、会员有筹议会费、条陈商务之权；

三、会员于法定会期外遇有要事，得商请开会，但须得会员全体十分之一以上之同意；

四、会员于会议时，得公议决定各事；

五、会员遇冤抑及钱债纠葛等事，得叙述事由，请公断处评理；

六、会员有关涉商务、不谙中外法律之处，可向会中研究；

七、会员欲考察商务，本会可介绍者，均介绍之。

第六章　入　　会

第十二条　凡正当营业，无论合帮不合帮，各行号及个人愿入会者，须有会员二人介绍，并具入会信约及会员介绍书送会，经常会通过，予以入会证书。

第十三条　入会之类别如下：

一、在上海营业合帮各行号，得联合入会；

二、在上海营业不合帮各行号及个人，得单另入会；

三、行号不在上海而有分支在上海者，亦得入会。

第十四条　不得入会之类别如下：

一、营业不当者；

二、犯商会法第二章第七条各款之一者。

第七章　出　　会

第十五条　会员自愿出会，须声明实在理由具出会书送会备核，会费概不给还。

第十六条　会员有犯下列各款之一者，经会员三人以上举发，查有实据，开会公决令其出会，会费概不给还：

一、违犯国法者；

二、不守会章及破坏本会者；

三、侵侮同类者；

四、犯商会法第二章第七条各款之一者。

第八章　会　　议

第十七条　会议分三种如下：

一、常会　间星期一举行之，会长、会董与议；

二、特会　或召集全体会议，或召集会董开议，随事酌定；

三、年会　每年于第一次常会开全体会议，报告预算、决算、事务所用费及事业费。

第十八条　会议以商事行为为范围，否则不得在本会集议。

第十九条　会议规则另以专本规定之。

第九章　会　　计

第二十条　本会经费以各业会费所入之款充之。分额支、活支两项如下：

一、额支　由会计董事预算列表,开全体会议决照行。

二、活支　五十两以上一百两以下者,由常会公议。一百两以上者,开全体会决议。均须由会长签字,会计处得以照发。

第二十一条　每月额支、活支,会计员造月报册一分,粘附发票或收条送会长及会计董事查核后,存会备查。

第二十二条　每年收支各款,于次年年会时公举查账员二人,按款清查,由查账员签字发印报告。

第二十三条　会费交会,制付收条须由会长签字。

第十章　附　　则

第二十四条　本会调处工商业者之争议,遵照部章设立商事公断处,其章程细则另定之。

第二十五条　本章程有未经备列者,应遵照商会法及施行细则办理。

第二十六条　本章程现经全体议决,俟禀准后施行。如有修改,仍须于大会决定,经部核准,方生效力。

资料来源:《上海总商会组织史资料汇编》,上海古籍出版社2004年版,第208~211页。

上海总商会议事规则

一、常会:每两星期一举行,为议董会议之期,每月以阳历第一星期六、第三星期六为会期。至时间:夏秋以午后四时迄六时,冬春以午后三时迄五时,如法定时间会议未完,得延长一小时。

二、特会无定期,或集会董会议,或集全体会议,均由会长酌定,以事情之缓急,定会期之迟早。

(甲)会长得召集之。

(乙)会董得陈请召集,但须五人以上同意。

(丙)会员得陈请召集,但须十五人以上同意,复须会董议决可否。

三、年会每年正、二月间开会一次,由会长定期召集全体。

(甲)报告账目,公议本年预算。

(乙)筹议进行事宜。

四、常会应议各事，每于会期前两日，先将提议事件摘叙事由，印送会董。

五、特会应议各事，亦须先时将提议事件摘由印送。

六、无论常会、特会，倘有特别事由应守秘密者，不书事由，只备通知书订期会议，其事由临时宣布。

七、无论常会、特会，均须依时到会。如有要事未能与会，应先时具理由书告假，而会中议决事件，仍应同担责任。

八、无论常会、特会，至少须有会董全数三分之一以上方可开议。如届时到不足数，暂候一刻，仍不足数，遂即闭会，另再定期召议。

九、会议以会长主席。会长缺席，副会长任之。

十、开议时，由书记长摇铃，与议者依次出席，按照应议事件循序提议。书记将各人言论及公众议决载入议案，宣读一过，议毕，由会长签字，摇铃退席。

十一、后开各事，须有会董三分之二与议，方可议决。

(甲)加增年捐。

(乙)议出会。

(丙)修改本会章程及各种规则。

十二、与议者皆有公决事理之责，不可依违两可。决议事件以多数为准。

十三、议事时，只能言论提议之件，不能牵入他事。

十四、议事须依次序，甲事议毕，方可再议乙事。

十五、会议必待甲说完，乙再陈说。

十六、陈说者必起立。

十七、议事时，意见不同、各持一说、竟有三说不易解决者，由主席解决之。

十八、议事时倘有临时发生万急要事，关系大局，陈请提议者经众公许，得提前公议。

十九、本日提议之件，倘未逐件议完，或次日接续，或另订会期，均由主席者当场决定。

二十、与议者必待应议各事议毕，方可退席。倘实有要事未能终席，须当众声明理由，始许缺席。

二十一、议决各事，与议者同担责成。

二十二、会议时，有不规则之议论行动，主席得禁阻之。

二十三、议决未决各议案，必于后期未开会之前两日，分送各会董。

二十四、凡常会、特会议决事件，经书记录入议案，由会长签字后，如已实行，须于下次开会时报告。其尚未实行者，亦须宣布理由，俟实行后仍应接续报告。

二十五、议事厅之应禁各项如下：

(甲)喧哗谈论。

(乙)随意涕唾。

(丙)吃烟。

(丁)紊乱席序。

(戊)在议厅尽可彼此辩驳，但不得忿争至于詈詈。至会所以外，不得辩论。

附则

以上规则二十五条如有未尽完备之处，得由会董全体公议，随时修改。

资料来源：《上海总商会组织史资料汇编》，上海古籍出版社 2004 年版，第 211～212 页。

上海县商会章程

第一章 名称区域及所在地

第一条 遵商会法第二章第四条之规定组织商会，名曰上海县商会，以县行政区域为商业区域，但闸北及各乡镇之已设商会者不在此限。

(《商会法》第二章第四条：各地方行政长官所在地或工商业繁盛地方得设立商会；同一行政区域有必须设置两商会者，或跨连两区域有必须特别设置商会者，经农商部认可后亦得设立商会。)

第二条 本会设事务所于上海南市毛家巷。

第二章 商会职务及职员额数

第三条 遵商会法第三章第十六条之规定筹办区域内工商业各职务。

(《商会法》第三章第十六条：总商会商会之职务如下：(一)筹议工商业改良事项；(二)关于工商业法规之制定、修改、废止及与工商业有利害关系事项，得陈述其意见于中央行政长官或地方行政长官；(三)关于工商业事项答复中央行政长官或地方行政长官之调查或咨询；(四)调查工商业状况及统计；(五)受工商业者之委托调查工商业事项或证明其商品之产地及价格；(六)因赛会得征集工商物品；(七)因关系人之请求调处工商业者之争议；(八)关于市面恐慌等事有维持及请求地方行政长官维持之责任；(九)得设商品陈列所、工商学校或其他关于工商之公共事业,但须经农商部核准。)

第四条 会长一人,副会长一人,会董十九人,特别会董按照商会法第二章第十条之规定设置,以上均名誉职。

(《商会法》第二章第十条:总商会、商会得置特别会董,但不得逾会董全数五分之一。)

第三章 会员入会

第五条 会员无定额。凡在本区域内之正常营业,无论各业之公所、公会或公司行号及商业个人等,有合于商会法第二章第六条资格之一者均得入会,惟须本会会员两人介绍,缮具入会信约及介绍书送会,经常会通过,即认为本会会员。介绍人须担负入会者完全遵守本会章程及关于本会应尽之义务。

《商会法》第二章第六条:总商会、商会会员不限人数,但以该区域内中华民国男子具有下列资格之一者为限:(一)公司本店或支店之职员为公司之经理人者;(二)各业所举出之董事为各业之经理人者;(三)自己独立经营工商业或为工商业之经理人者。原介绍人如有他故或出会时须另请他会员补之,其入会之公所、公会及公司行号遇改换代表时,只须报告本会注册,无庸再请介绍。曾任本会会长、会董者,满任后本会仍认为会员,不得无故辞退[查本会任满职员类多资深望重,富有商事知识,退职后抱消极主义,要求本业取销代表名义,则本会会员资格当然消灭,下届改选册上无名,得遂其脱离选政之私愿。爰定解职后如仍营商业而无商会法第二章第七条情事之一者(见本章程第十九条后),原认为本会会员仍有选举权及被选举资格,藉资匡助而杜规避。当经大会公决议加如上文]。编制本会同人录分送各会员。

第四章 选举及任期

第六条 会董由本会全体会员投票选举,以得票多数者当选。会长、副会长就当选之会董中投票互选之,以得票多数者人之半数为当选,不足定数时于得票最多数之二人决选之。选举票均用记名连署法行之,但被选举之年龄须在三十岁以上者。选举时每一会员有一选举权。

第七条 每届选举开票应预期通知各选举人,并请上海县知事临场公同监视。

第八条 选举会董时,应照原额多选次多数三分之一为候补当选人。

第九条 选举揭晓后,应即备函咨照各当选人定期任事。如会长、副会长因故不能就职,应即改选。会董缺额时,得以次多数者递补。

第十条 当选人非有充足正当理由不得辞职(查商会法施行细则第五条第二项之规定,恐开规避之风,若群相效尤,势必无人应选。当经大会公决议,改如上文,以资取缔)。

(《商会法施行细则》第五条第二项:各当选人自受当选之通知后逾十五日未有就任之声明时,得以票数次多者递补。)

第十一条 特别会董须选品学兼优、富有工商经验、确为众望所归者,有本会会员五人以上推举,经常会通过方为合格。

第十二条 选举确定后,应将当选人姓名、年龄、籍贯、住址、职业及当选票数、就职日期详具表册,呈报上海县公署,详请江苏省公署暨实业厅转咨农商部备案。其中途改选或次多数递补时亦同。

第十三条 会长、副会长均以二年为一任期,期满续被选举者得连任,但以一次为限。其中途改选及次多数递补者,以补足前任之任期为度(查内地及边省各商会以地方偏僻、开化较迟,甚或会员额数不多,不敷分配,若照商会法第四章第二十四条之规定,遇任满改选时每感困难,曾纷向部中请求变通连任限制。惟上海风气早开,本会会员已达二百人以上,审察情形,当仍遵商会法之规定,以均劳逸并杜恋栈)。

(《商会法》第四章第二十四条:会长、副会长及会董任期满后再被选者得连任,但以一次为限。)

第十四条 新选之职员就任,旧职员方得解职。

第五章 职员及会员之责任权限

第十五条 会长、副会长之责权:

(一)会长总理会务,对外为本会全体代表;

(二)得支配会董,分任职务,及聘任办事员,雇用工役;

(三)担负筹划会费;

(四)议事时主持会场;

(五)于法定会期外遇有要事,得召集特别会议;

(六)副会长辅佐会长襄理会务;

(七)会长有事不能到会,或开会时会长缺席,均得代行职务。

第十六条 会董及特别会董之责权:

(一)会董有选举会长及被选举会长之资格;

(二)筹议会费分任职务;

(三)得会董全体三分之一同意,请开特别会议;

(四)议事时得列席发言,有议决权;

(五)特别会董应以经验知识研究工商事业,辅助会务进行。

第十七条 会员之责权:

（一）会员皆有选举权及被选举会董资格；

（二）筹议会费，报告商情；

（三）有会员全体十分之一以上同意，得请求召集特别会议；

（四）议事时得列席发言，有议决权；

（五）遇商事冤抑及钱债纠葛等事，得叙述理由，请公断处评理；

（六）有商务交涉而中外法律间有出入或不明瞭者，可向会中咨询研究；

（七）拟考察商务，本会可介绍者得介绍之；

（八）凡组织路矿、林牧、渔航等各重要公司及各业设立公会，对于官厅得请由本会调查确实具书证明。

第六章　办事员及雇役

第十八条　本会延聘文牍一员，法律顾问一员，并任用会计、书记、翻译、收掌、庶务等。各办事员无定额，按事务之简繁定之，雇役亦同。

第七章　不得入会及退职出会

第十九条　不得入会之类别如下：

（一）营业不正当者；

（二）犯商会法第二章第七条各款之一者。

[《商会法》第二章第七条：有下列各款情事之一者，虽合前条之资格（前条者即商会法第二章第六条已附列本章程第四条之后），亦不得为总商会商会会员：（一）褫夺公权者；（二）受破产之宣告确定后尚未撤销者；（三）有精神病者。]

第二十条　会员因不得已事故自愿请求出会者，经常会议决，准其出会。

第二十一条　会员犯有下列各款之一者，经会员三人以上举发，查有实据，开会公决令其出会：

（一）违犯国法者；

（二）不守会章及妨害本会名誉信用者；

（三）侵侮同事者；

（四）违犯商会法第二章第七条各款之一者（此条商会法已附列本章程第十八条之后）。

以上出会会员已纳会费概不发还。

第八章　会　　议

第二十二条　会议分常会、年会、特别会三种如下：

（一）本会会长、副会长、会董每月会议两次为常会；

（二）每年春季召集本会全体开会，报告上年会务及收支账略，筹议本年预算为年会；

(三)遇必要时，得临时召集全体开会，或召集会董会议为特别会。

第二十三条 会议事件以商事范围为限，否则不得在本会集议。

第二十四条 开会议事规则另订之。

第九章 会费及会计

第二十五条 本会经费以所收各业入会会员之会费充之。

第二十六条 规定各业认缴本会会费之最低额如下：

(一)各业公所公会及公司行号，各年纳会费银元一百元正；

(二)公司行号之职员或独立经营之工商业以个人名义入会者，各年纳会费银元五十元正。

额外愿增者听。其第一年应纳会费于入会时一次缴足，以后按年照收。

第二十七条 如因发生事故临时请求入会者，应将承认会费照额预缴三年为度，每有非会员因发生事故临时入会，追案经终结，次年向收会费，即声请出会。特设此条经常会公决提交大会通过以杜取巧而均负担。

第二十八条 会费送会，掣给收条由会长或副会长签字盖章为证。

第二十九条 本会开销费用，除额支经常费得由会计处依据预算照付外，如有临时活支款项百元以下者经会长核准签字照发，百元以上者应交常会议决方得开支。

第三十条 每年收支各款于次年年会时公举查账号两人审查，决算无误，签字证明，刊册报告。

第十章 附 则

第三十一条 本会调处商事争议，设立商事公断处，除遵照部颁公断处章程及办事细则外，本会当就地方情形参酌商事习惯编订单行法，以收因地制宜之效。

第三十二条 本章程有未经详备者，悉遵商会法及施行细则办理。

第三十三条 本章程现经全体议决，呈报上海县公署转呈省部备案，日后如需修改，亦应照上述手续办理，方生效力。

资料来源：《上海总商会组织史资料汇编》，上海古籍出版社2004年版，第798～802页。

上海县商会改组章程

第一章 名 称

第一条 本会定名为上海县商会,以上海特别市县治范围为区域,但闸北市及闵行镇奉准已设商会者除外。

第二章 会 所

第二条 本会会所设于上海南市中华路。

第三章 会 务

第三条 本会之会务如下:

一、促进商业教育,纠正及改良商业行为使各得其生活;

二、关于商业上有改进必要时得建议于行政官厅;

三、商民关于商行有正当之请求得代诉于行政官厅;

四、关于市面恐慌等事有维持及请求地方行政长官维持之责;

五、调解会员商业上之纠纷或行政官厅及司法机关委托公断之商事争议;

六、关于商业事项须答复行政长官及其他团体或个人之调查与咨询,但对于个人或非法人团体除会员外得置不答复;

七、行政长官或其他团体或个人所委托商业上之事项必须调查证明予以办理,惟对于个人或非法定团体除会员外得置不理;

八、筹议商业上应兴应革事项;

九、提倡国货得设立商品陈列所。

第四章 会员资格

第四条 凡在本会区域内之本国商人具有下列资格之一者皆得为本会会员:

一、公司本店支店之代表人;

二、各业所推举之代表人;

三、凡自己独立营业而为该业之经理人者。

前一二项之代表人以经理或公司董事并有与经理董事相等之职权者为限。

第五条 一公司或一商店得各推出代表一人为会员,其各业公所公会之代表会员额依团体之大小定之,但一团体至多不得逾五人;一会员得代表两个以上之公司、商店或各业团体,但其选举及表决仍以一权为限。

第六条 有下列各款情事之一者不得为本会会员:

一、褫夺公权者;

二、受破产之宣告确定后尚未撤销者;

三、为不正当营业者;

四、有精神病者。

第五章 会员之义务及权利

第七条 义务

一、会员有遵守本会章程与服从本会决议案之义务;

二、会员有报告商情及筹缴会费之任务。

第八条 权利

一、会员有选举及被选举之权,但有被选举者之年龄须在三十岁以上;

二、会员有建议及表决权。

第六章 会员之入会与出会

第九条 具有第五条所列各项资格之一者,须经会员二人之书面介绍,填具入会信约送由常务委员会交付审查合格后得认为本会会员。

第十条 会员有愿出会者或须更换代表时应由原推之公司商店或各业公所、公会备函盖章,并新代表履历送会为更换之登记。

第十一条 会员有下列各款情事之一,经会员举发而查有实据者,由执行委员会议决令其出会:

一、有第六条各款之一;

二、有破坏本会之行为;

三、丧失本国国籍;

四、欠缴会费至一年以上。

第七章 委员之组织

第十二条 本会设执行委员会,以执行委员二十五人组织之,并置候补执行委员十三人。

第十三条 本会设常务委员会,以常务委员五人组织之。

第十四条 本会设主席团以主席委员三人组织之。

第八章 委员之选举及任期

第十五条 执行委员选举用双记名连记法,由会员投票选举之。

第十六条 每选举时一选举人有一选举权。

第十七条 常务委员由执行委员会互选之，主席团委员由常务委员互选之。

第十八条 选举概以得票较多者为当选，如票数相同得以抽签法定之。

第十九条 执行委员当选后，非有正当理由不得辞职。

第二十条 执行委员出缺以候补执行委员递补，主席团委员及常务委员出缺举行补选。

第二十一条 执行委员任期二年，期满改选半数，第一次改选时以抽签法定之，其中途补充者按前任者之任期计算。

第二十二条 常务委员及主席团委员任期均为一年，其中途补充者与上条同。

第二十三条 前条执行常务及主席团各委员任满如再被选得连任，但均以一次为限。

第二十四条 本会每选举开票时，应请当地行政长官莅场监视。

第九章 委员之职权

第二十五条 执行委员依本章程之规定及会员大会议决行使职权。

第二十六条 常务委员会依本章程之规定及执行委员会之议决行使职权。

第二十七条 常务委员会有延聘雇用及辞退办事员之权。

第二十八条 主席团对外代表本会。

第十章 会 议

第二十九条 会议之种类如下：

一、会员大会，每年举行一次，由执行委员会召集之；

二、执行委员会议，每月举行两次，由主席团召集之；

三、常务委员会议，会议日期由常务委员会自定之。

第三十条 会员大会及执行委员会均须有会员三分之一以上之出席即得开议，会议事项有出席会员二分之一以上之同意即得议决。

第三十一条 下列各款事件须到会者有三分之二以上同意方得决议：

一、变更会章；

二、会员之退职除名及停止被选举权；

三、本会预算决算及发行公债。

第十一章 会 费

第三十二条 凡公司行号之经理人或独立经营商业之商店经理人以个人名义入会者每年纳会费银五十元。

第三十三条 凡代表各业团体或公司行号名义只推会员一人或二人入会者,每年纳会费银一百元,如须添增员额,每一会员加纳会费银五十元。

第三十四条 会员凡入会时须依照上列规定之会费先行缴纳,嗣后由本会每年收取一次。

第三十五条 会员出会时所缴会费概不发还。

第十二章 会 计

第三十六条 本会经费以会员所纳之会费充之。

第三十七条 本会支款须经主席团委员二人以上之签字盖章方可照支。

第三十八条 会费收据须经主席团委员二人以上之签字盖章方为有效。

第三十九条 会计年度以七月一日起至翌年六月三十日止。

第四十条 常务委员会应依会计年度分别编制预算案及决算案提交执行委员会审查后,将各该案提付会员大会议决。

第四十一条 会员大会有增减删除预算之权。

第四十二条 本会遇有特别事项或举办重要事业预算不敷时,经会员大会议决得发行公债。

第十三章 办 事 员

第四十三条 本会办事员人数及名目薪资,由常务委员会视事之繁简而酌定之,提交执行委员会审查后提付会员大会通过。

第十四章 附 则

第四十四条 本章程须经会员大会决议应呈请上海县政府分别转呈核准并呈报上海特别市政府备案后发生效力。

第四十五条 本章程自呈奉主管官厅核准备案之日施行。

资料来源:《上海总商会组织史资料汇编》,上海古籍出版社2004年版,第844~847页。

上海商业联合会简章

上海商业团体,近鉴于时局之紧急,故连日各举代表联席会议,组织商业联合会,前日议由十九团体为发起代表,并定简章如下:

一、定名。本会由上海商业团体联合组织,故定名日上海商业联合会。

二、宗旨。本会以互助精神,维护商业为宗旨。

三、会员。本会会员以商业团体为限,每团体推二人至六人为代表。凡正式商业团体自愿加入者,经会员之介绍,得推定代表,函致本会,由委员会通过,随时加入。

四、组织。本会取委员制,委员额定二十五人,就会员代表中推定。如将来团体增加,得增加之。本会委员分科担任职务如下:

(甲)总务;

(乙)交际;

(丙)经济;

(丁)调查。

五、会议。本会会议规定如下:

(甲)会员会议每月一次;

(乙)委员会议每星期一次。遇必要时,经五分之一以上之同意,均得召集临时会议。

上列会议,由委员中互推一人为主席。

六、经费。本会经费由会员分别担任。

七、会址。本会暂借香港路银行公会为会址。

八、附则。本暂行简章自本会成立日起施行。如有未尽事宜,得由会员会议决修改之。本会办事细则另订之。

发起团体代表:上海县商会顾馨一、陆伯鸿、姚紫若,闸北商会王晓籁、王彬彦、范和笙,银行公会吴蕴斋、宋汉章、徐新六、钱新之、胡孟嘉、叶扶霄,钱业公会秦润卿、谢韬甫、胡熙生、楼恂如、严均安,交易所联合会虞洽卿、穆藕初、闻兰亭、孙铁卿,南北报关公所石芝坤,杂粮公会叶惠钧,纱厂联合会荣宗锦、徐静仁,纱业公所吴麟书、徐庆云,面粉公会孙景西、荣宗锦、王一亭,纸业公会冯少山、刘敏斋,金业公会徐补荪、蔡久生,粤侨商业联合会陈炳谦、黄式如、劳敬修,茶业会馆朱葆元,丝经同业公会沈田莘,振华堂余葆三、顾子槃,书业商会高翰卿、李拔可,商船会馆李泳裳,通商各口转运公会尤森庭。

资料来源:《上海总商会组织史资料汇编》,上海古籍出版社 2004 年版,第 880 ~ 881 页。

上海商民协会发表章程草案

上海商民协会执行委员会前经初读通过该会草案,尚待常务秘书委员参照法规,酌核上海商业习惯加以修改,再付二读。兹将该章程草案录次,以供商界参考。

第一条 本会定名曰上海特别市商民协会,简称上海商民协会。

第二条 本会遵照全国商民协会之规定,改善商民之组织,团结商民之力量,解除商民之痛苦,增高商民之地位。

第三条 凡住上海之中国商人,不论性别,凡依照本会章程,遵照本会纪律,履行本会议决案,皆得为本会会员。但有下列款条之一者不准加入:

(一)帝国主义之走狗;

(二)军阀之走狗。

第四条 入会手续:

(一)须有二人负责之介绍;

(二)填写入会志愿书,经该分会执行委员会之通过,领取会员证章。

第五条 会员权利如下:

(一)有请求本会向市政府力争取消该行苛税杂捐之权利;

(二)会员有受屈事情有请求本会力争伸雪之权利;

(三)会员间发生争执时有请求本会代为排解之权利;

(四)土货商会员如土货出品达到足供该地消用有余时,有请求本会通令该业会员一致不卖该地品价相同之洋货权利;

(五)本会合作银行成立时,会员有享受最低利息借债之权利;

(六)本会所创办之报纸杂志,会员有享受廉价广告权利;

(七)本会所创办之合作社,会员有享受廉价买卖之权利;

(八)本会所设立之商业学校,会员及其子弟有享受入学或免费或减费之权利;

(九)本会所设之智德体美育等机关,会员有享受应用之权利;

(十)在会员大会中,会员皆有发言权、建议权、表决权;

(十一)会员有选举权及被选举本会职员或代表之权。

第六条 会员义务如下:

(一)要遵守本会章程;

(二)要遵守义务;

(三)按月缴纳月;

(四)要依时间到会;

(五)不得勾结帝国主义者、军阀、贪官污吏或土豪劣绅;

(六)不得压迫工人农民;

(七)不得破坏本会名誉。

第七条 会员如有不履行第六条所列各义务者,轻则予以警告,次则停止其应享权利,重则除名出会。

第八条 本会分会为本会基本组织,由本会直接派员组织之。

第九条 凡有五十人以上之商人,五十家以上之商店及凡同业行公会或帮贸,得组织分会。

第十条 分会受本会直接指挥,执行下列任务:

(一)实行本会之议决案;

(二)排解会友纠纷;

(三)创办商民学校、书报处或娱乐等机关;

(四)兴办合作事业;

(五)征求新会员。

第十一条 分会设执行委员若干,纪律裁判①委员若干,处理会务。其人数由本会决定之。

第十二条 分会执行委员至少须两星期开会一次,及向本会报告工作情形一次。

第十三条 分会会员大会每月举行一次,讨论会务进行计划及选举分会委员。

第十四条 全市代表大会。大会每年举行一次。但遇中央执行委员会训令或有所辖分会执行委员会三分之一以上请求时,得召集临时全市代表大会。

第十五条 全市代表大会之组织选举法及人数,由本会执行委员会审定后,经中央执行委员会核准施行。

第十六条 全市代表大会。接纳及采行市执行委员会及其各部之通告,决定全市会务进行之策略,选举执行委员十一人,候补执行委员七人,纪律裁判委员七人,候补纪律裁判委员五人。

第十七条 市执行委员互选常务三人,执行日常会务。

---

① 原文为“制”,有误。

第十八条 市执行委员会得分设下列各部：

(一)仲裁部，办理排解会员与会员或非会员之一切争执事宜；

(二)教育部，办理本会图书演讲及娱乐等事宜；

(三)文书部，办理本会文书事宜；

(四)会计部，办理本会财政收支事宜；

(五)宣传部，办理宣传三民主义及本会政策事宜；

(六)组织部，办理组织各行帮或某地分会事宜。

第十九条 市执行委员每月须将活动经过情形报告中央执行委员会一次。

第二十条 市执行委员会每星期至少开会一次。

第二十一条 代表大会开会期间，市执行委员会应召集各分会执行委员开联席会议一次或代表大会一次。

第二十二条 市纪律裁判委员之职，监督市执行委员会执行代表大会之决议。

第二十三条 审查市执行委员会各部部员之勤惰。

第二十四条 稽查市执行委员会之财政出入。

第二十五条 监察各分会执行职务。

第二十六条 接受各分会所公诉之案件并审判之。

第二十七条 市执行委员任期一年，分会执行委员任期半年。

第二十八条 市纪律裁判委员任期一年，分会纪律裁判委员任期半年。

第二十九条 全市代表或执行委员会之决议，会员须一致服从。

第三十条 分会须服从上级会，否则上级会取销或改组之。

第三十一条 会员对于分会执行委员会之决议有抗议时，如有五分之一赞成者，得联署提出于上级会判决之。但在抗议时间，仍须服从各该级会之决议。

第三十二条 本会以下列各项收入为会费：

(一)会员月费；

(二)特别捐与借款。

第三十三条 会员月费之多寡，视各分会会员经济状况如何，由该分会执行委员会议决定之。但入会费普通商民最高不得过五元，小商人不得过五角。月费普通最高不得过一元，小商人不得过二角。

第三十四条 本会如遇有特别事故必须举行特别捐及借款充作经费时，得由全市代表大会过半数之决议举行之。

第三十五条 本会收入所得依照下列原则支配之：

(一)十分之五用于各分会；

(二)十分之四用于本会;

(三)十分之一用于全国商民协会。

第三十六条 本章程自公布日起实行。

第三十七条 本章程有未尽事宜,得由会员提出修改之。

资料来源:《上海总商会组织史资料汇编》,上海古籍出版社2004年版,第888~890页。

上海特别市商民协会草案

(中国国民党上海特别市党部商民部审查修正)

第一章 定 名

第一条 本会遵照国民政府颁布之商民协会章程,定名为上海特别市商民协会。系本国民革命之宗旨,改善商民组织,解除商民之痛苦,而增进其幸福。

第二条 本会以下有两种组织:

(一)上海特别市商民协会第几区会,上海特别市商民协会第几区第几分区或上海特别市商民协会第几区某某业分会;

(二)上海特别市某某业商民协会。

第三条 上海特别市共划分为十一区,各区之界限如下:闸北为第一区,东至上海县界,南至美租界,西至苏州河,北至彭浦沙泾港。南市为第二区,东至黄浦,西至天钥桥老龙华,南至黄浦,北至法租界。法租界为第三区,东至黄浦,南至华界,西至海格路,北至英租界。英租界为第四区,东至黄浦,西至胶州路,南至法租界,北至苏州河。美租界为第五区,东至周家咀,南至黄浦及苏州河,西至北西藏路,北至华界。浦东为第六区,以上宝两县为界。引翔港为第七区,东至黄浦,南至美租界,西至宝山路,北至宝山界路。蒲淞市为第九区(法华镇、七宝、徐家汇、北新泾、漕河泾、曹家渡、江桥、虹桥、诸翟镇),东至天钥桥路、海格路、胶州路,南至黄浦,北至上宝界河。真茹为第十区,东至闸北,南至苏州河,北至大场。闵行为第十一区。

第四条 上海特别市业商民协会,由基础稳固、以全上海为范围兼悠久历史之重要同业公会组织之,地位与区商民协会等。其他范围较小或局部之行业亦得组织分会,但仍隶属于会所所在地之区商民协会。与其他分会等,如因地位发生争议时,由市民协会、请特别市党部、商民部指导决定之。

第二章　会　　员

第五条　凡居住上海特别市区域内之商民,不论性别,凡年龄在十六岁以上,依照本会章程,遵守本会纪律,履行本会决议案者,皆得为本会会员。但有下列条款之一者。不准加入:

(一)帝国主义之走狗,现任之买办牧师及入外国籍者;

(二)军阀之走狗,劣绅贪官污吏;

(三)营业不正当者。

第六条　入会手续:

(一)须有会员二人以上负责之介绍;

(二)填写入会志愿书;

(三)经该业会或分会过半数之通过;

(四)领取会员证书徽章。

第七条　业商民协会以该业之商店店东及现在董事、经理、协理等重要职员为会员、区商民协会之分会以不属于业商民协会之商店店东经协理及在该区域内之各商店店员、职工、小贩为会员。

第八条　会员之权利如下:

(一)有请求本会向政府力争取消该业苛税杂捐之权利;

(二)会员有受屈情事有请求本会力争伸雪之权利;

(三)会员与会员或非会员发生争执时,有请求本会代为排解之权利;

(四)土货商会员,如土货出品达到足供本埠销售有余时,有请求本会通令该业会友一致不卖品价相同之洋货之权利;

(五)会员有享受本会出版之报纸、杂志廉价广告之权利;

(六)会员及子弟有入本会所办商业学校享受入学免费或减费之权利;

(七)会员俟合作银行成立后,有向该银行享受最低利息债权之权利;

(八)会员有向合作商店购买最廉价物品之权利;

(九)有入本会所办图书馆、俱乐部享用之权利;

(十)会员在会员大会中皆有发言权、建议权、表决权;

(十一)会员有选举及被选举为本会职员或上级代表之权利。

第九条　会员之义务如下:

(一)要遵守本会章程;

(二)要遵守本会决议;

(三)要按月交纳月费；

(四)要依时间到会；

(五)不得勾结帝国主义者、军阀、贪官污吏、劣绅土豪；

(六)不得压迫工人、农民及一切苦力。

第十条 会员如有不履行第九条所列各义务者，轻则予以警告，次则停止其应享之权利，重则除名出会。

第三章 组 织

第十一条 本会以区商民协会，业商民协会选出之代表组织之：

(一)区商民协会以该区域内之各分会及各业分会为单位，由三个正式分会以上推举代表组织之；

(二)业商民协会以该同业入会商店五十家以上之代表组织之，惟该与第四条规定条文相符者亦得组织之。但本会必须有全市过半数之区商民协会及三个业商民协会正式成立后方得成立。

第十二条 本会全市代表大会之组织如下：

(一)由区商民协会各选举代表五人至十五人；

(二)由业商民协会各选代表一人至三人(说明其代表产生方法由本会另订之)。

第十三条 本会须受上海特别市党部之指导与监督。

第十四条 本会直隶于全国商民协会，与省商民协会同等。

第十五条 本会由代表大会选出执行委员三十九人，组织执行委员会，执行会务，另选出纪律裁判委员十一人，并选出候补执行委员十五人，候补纪律裁判委员五人。

第十六条 本会候补执行委员亦须协助执行会务，并得出席会议，但只有发言权，无表决权。

第十七条 本会之执行委员及纪律裁判委员遇故缺席或离任时，即以候补委员依次充任之。

第四章 会 务

第十八条 本会执行委员会互选常务委员五人执行日常会务。

第十九条 本会设立下列各部，会同常务委员执行各项会务。各部之委员由执行委员负责分任之：

(一)仲裁部设委员三人，会同纪律裁判委员会排解会员与会员及非会员之一切纠纷事宜；

(二)交际部设委员六人，执行对外酬酢联络事宜；

(三)宣传部设委员九人,主持对外宣传事宜,如定期演讲、临时演讲三民主义及本会大纲以及临时发生之事务暨其他关于宣传之文件;

(四)组织部设委员十人,专司组织各区各业分会,并指导其活动;

(五)合作部设委员三人,专司筹办合作银行及指导各区组织合作商店事宜;

(六)教育部设委员三人,专司指导各业各区办理学校等事宜。

以上各科均得酌量情形互推主任,并于必要时各科得聘用人员常川在会办事。

第二十条 执行委员会每星期至少开会一次。

第二十一条 纪律裁判委员之职权如下:

(一)监督本执行委员会执行代表大会之决议;

(二)审查执行委员会各部职员之勤惰;

(三)稽核本执行委员会之财政出入;

(四)监督及指导区商民协会及各分会执行会务;

(五)接受区商民协会不能判决之纠纷案件。

第二十二条 执行委员会须将其工作经过情形每月报告中央执行委员会并各区执行委员会一次。

第二十三条 执行委员会得派遣执行委员或各科职员分赴各区帮助组织各区各业商民协会。

第五章　大　　会

第二十四条 本会最高机关为全市代表大会,于每年六月间举行一次,但经执行委员会议为必要,或奉中央执行委员会训令,或区商民协会三分之一以上之请求时,得召集临时全市代表大会。

第二十五条 全市代表大会日期及重要议题须于一个月前通告于代表。

第二十六条 全市代表大会之职如下:

(一)接纳及采行全市执行委员会及其他全市各区各业之报告;

(二)修改本会章程;

(三)决定全市商民运动之计划及会务进行之策略;

(四)选举全市执行委员、候补执行委员、纪律裁判委员、候补纪律裁判委员。

第二十七条 全市代表大会选出之市执行委员就职后,应召集各区各业执行委员及其他直辖之执行委员开联席会议一次,讨论实行全市代表大会所议决之商民运动计划办法。

第六章　任　　期

第二十八条　本会执行委员任期为一年，连选得连任，但以一次为限。

第二十九条　本会纪律裁判委员任期亦为一年，连选得连任，但以一次为限。

第七章　纪　　律

第三十条　本会各级代表大会或执行委员会之决议，会员须一致服从。

第三十一条　下级会须服从本会，否则本会得取消或改组之。

第三十二条　会员对于下级执行会之决议有抗议时，如有五分之一赞成者，得联署提出于本会判决之。但在抗议期间，仍须服从各该下会之决议。

第八章　经　　济

第三十三条　本会以下列各项收入为会费：

（一）会员入会费；

（二）会员月费；

（三）特捐与借款。

第三十四条　本会如遇特别事故，必须举行特捐及借款以作经费时，得由全市代表大会过半数之议决举行之。

第三十五条　会员如遇失业，得请求暂时减免月费，惟须得区执行委员之许可。

第三十六条　本会收入所得，依照下列原则支配之：

（一）以十分之二用于分会；

（二）以十分之五用于区商民协会；

（三）以十分之二用于本会；

（四）以十分之一用于全国商民协会。

第九章　章程之实施

第三十七条　本章程自公布日起施行。

第三十八条　本会各科办事细则另订之。

第三十九条　区商民协会、业商民协会及区分会之章程另订之。

第四十条　本章程如有未尽事宜之处，得提出全市代表大会修正之。

资料来源：《上海总商会组织史资料汇编》，上海古籍出版社 2004 年版，第 903～906 页。

上海特别市商民协会所属区会暂行章程

本章程由中国国民党上海特别市党部商民部审定公布施行

第一章　总　　则

第一条　本区会遵照中国国民党中央执行委员会批准之上海特别市商民协会章程,定名为上海特别市商民协会第○区会。

第二条　本区会本革命之宗旨,改善商民之组织,解除商民之痛苦,而增进其幸福。

第三条　本区会有三种组织:

(一)上海特别市商民协会第○区第几分会;

(二)上海特别市商民协会第○区某某业分会;

(三)上海特别市商民协会第○区特别分会。

第四条　本区会之区域如下:东至,南至,西至,北至。

第五条　本区会所属之区分会,其区域划分如下:第一分会,第二分会,第三分会,第四分会,第五分会,第六分会,第七分会,第八分会,第九分会,第十分会,第十一分会,第十二分会。

前项之区域限制,业分会与特别分会会员不受其束缚,仍以上海特别市区域为限。

第六条　各业分会其会所在本区会区域内者,即属本区会之业分会。

第七条　有特殊情形,其会所或范围在本区会区域者,经本区会之审查,呈请市商民协会之批准,得组织特别分会。

第二章　会　　员

第八条　凡居住本区会区域内之商民,不论性别,年龄在十六岁以上,依照本区会章程,遵守本区会纪律,履行本区会议决案,并奉行上级会之命令者,皆得加入本区会所属分会为会员。但有下列条款之一者不得加入:

(一)帝国主义之走狗,即现任买办、牧师、入外国籍者;

(二)军阀之走狗即劣绅贪官污吏;

(三)营业不正当者。

第九条　入会之手续如下:

(一)须有会员二人以上负责之介绍;

(二)填写入会表志愿书;

（三）经该业分会或区分会特别分会会员大会过半数之通过；

（四）缴纳入会费；

（五）领取会员证书徽章。

第十条 本区会所属之业分会，以各该业之商店店东及现任董事，经理、协理及重要职员为会员。本区会所属之区分会特别分会，以各该分会区域不属于业分会之商店店东、经理、协理及各商店店员职工小贩为会员。

第十一条 会员之权利如下：

（一）有请求向政府力争取消该业苛捐杂税之权利；

（二）如有受屈情事，有请求力争伸雪之权利；

（三）会员与会员或非会员间发生争执时，有请求代为排解之权利；

（四）土货商会员如土货出品达到足供本市销售有余时，有请求通令该业会员一致不买卖品价相仿洋货之权利；

（五）会员有享受本区会及上级会出版之报纸杂志廉价广告之权利；

（六）会员及子弟有入本区会及上级会所办商业学校，享受入学免费或减费之权利；

（七）会员有向本区会及上级会所办合作银行享受最低利息借债之权利；

（八）会员有向本区会及上级会所办合作商店购买廉价物品之权利；

（九）会员有入本区会及上级会所办图书馆，俱乐部享受一切应有之权利；

（十）会员在各该分会之会员大会中，皆有发言权、建议权及表决权；

（十一）会员有选举及被选举为各该分会或本区会职员或上级代表之权。

前项一至四款之请求，各分会须向本区请求办理或转呈上级会。

第十二条 会员之义务如下：

（一）遵守本区会及上级会与各该分会章程；

（二）遵守本区会及上级会与各该分会之决议；

（三）按月缴纳会费；

（四）依照时间到会；

（五）不得勾结帝国主义者、军阀、贪官、污吏、劣绅土豪，并不得压迫工人农民及一切苦力；

（六）不得兼营不正当营业。

第十三条 会员如有不履行第十二条义务者，轻则予以警告，次则停止其应享权利，重则除名出会。

第三章 组　　织

第十四条 本区会以本区域内之区分会、业分会及特别分会选出之代表组织之。本区会以本区域内各分会及业分会与特别分会为单位,须有三个分会以上正式成立后方得正式成立。

第十五条 本区会区域内之区分会或业分会与特别分会有多数商民发起组织时,得呈请本区会审查认可,派员指导,依法筹备之。前项筹备员,本区会须呈请上海特别市商民协会及中国国民党上海特别市党部商民部备案。

第十六条 本区会区域内之区分会及业分会与特别分会如无商民自动发起时,本区会得呈经上海特别市商民协会及中国国民党上海特别市党部商民部之认可,得派员组织之。

第十七条 本区会直隶于上海特别市商民协会。

第十八条 本区会全区代表大会之组织如下:

(一)由本区会所属各区分会选出之代表;

(二)由本区会所属各业分会选出之代表;

(三)由本区会所属特别分会选出之代表。

上项代表,每七十人得选一人,其余类推之,由各该分会会员大会票选之。

第十九条 本区会受上海特别市商民协会与上海特别市党部商民部之指导与监督。

第二十条 本区会由全区代表大会选出执行委员九人至二十七人组织执行委员会,执行会务,并选出纪律裁判员三人至九人组织纪律裁判委员会。上项执行委员须选出候补三人至九人,纪律裁判员候补一人至三人。前两项之人数由本区代表大会决定之。

第二十一条 本区会候补执行委员须协助执行委员会执行会务,并得出席会议,但只有发言权,无表决权。如遇执行委员缺席时可以得票较多者暂补其缺,得由暂时之表决权,但不得过三分之一。候补纪律裁判员准照前项办理。

第二十二条 本会执行委员及纪律裁判员遇故缺席或离任时,即以候补委员得票最多者补任之。

第四章 会　务

第二十三条 本区会执行委员互选常务委员三人至五人,执行日常会务。前项人数由执行委员会自定之。

第二十四条 本区会下列各部,会同常务委员执行各项会务,各部之委员由执行委员负责分任之:

(一)秘书处,由秘书负责主持,商承委员会办理各项事宜,并得分设庶务,调查等科;

(二)组织部,办理组织本区会所属之区分会与业分会及特别分会;

(三)宣传部,宣传三民主义及上级会进行策略事宜;

(四)财务部,保管出纳及预算决算,报告账略事宜;

(五)仲裁部,排解会员与会员或非会员间一切争执事宜;

(六)教育部,办理本区会教育事宜;

(七)合作部,办理合作银行及合作事宜。

以上各部均得互推主任,并于必要时得聘用人员常川驻会办事。

第二十五条 本区会之执行委员会每星期至少开会一次。

第二十六条 本区会纪律裁判委员之职权如下:

(一)监督本区会执行委员执行本区代表大会之决议及上级会之命令;

(二)审查本区会执行委员及各部职员之勤惰;

(三)稽核本区会执行委员会之财政收入;

(四)监督及指导本区委所属各分会执行会务;

(五)接受本区会所属分会不能判决之纠纷案件。

第二十七条 本区会执行委员会须将其工作经过及各分会工作汇编,按月报告上海特别市商民协会执行委员会及本区会所属之各分会一次。

第五章 大 会

第二十八条 本区会之最高机关为本区代表大会,定于每年五月间举行一次。但经本区会执行委员会认为必要,或奉上海特别市商民协会执行委员之训令,或本区会所属分会三分之一以上之请求,得召集本区代表大会。

第二十九条 本区会本区代表大会日期及重要议题须于十五日以前通告本区各代表。

第三十条 本区会本区代表大会之职权如下:

(一)接纳或采行本区会执行委员会及所属各分会之报告;

(二)修改本区会章程;

(三)决定本区会商民运动之计划及会务进行之策略;

(四)选举本区会执行委员、候补执行委员、纪律裁判委员及候补纪律裁判委员。

第三十一条 本区之全区代表大会选举之本区会执行委员就职后,应召集本区会所属各分会执行委员联席会议一次,讨论实行本区会之全区代表大会议决之商民运动计划办法。

第六章 任 期

第三十二条 本区会执行委员及纪律裁判委员任期均为一年,但得连选连任一次。

第七章　纪　　律

第三十三条　本区所属各分会之会员对于上级全国、全市及本区代表大会或执行委员会及各该分会执行委员会之决议,须一致服从。

第三十四条　本区会所属各分会须服从本区会,否则本区会得呈请上级会取消或改组之。

第三十五条　本区会所属各分会会员对于执行委员会之决议有抗议时,如该分会全体会员有五分之三赞成,得联署提出于本区会判决之。但在抗议时间仍须服从其所属分会之决议。

第八章　经　　济

第三十六条　本区会以下列第一、第二两项十分之五及第三项收入为会费:

(一)会员入会费;

(二)会员月费;

(三)特别捐。

第三十七条　本区会所属分会之会员入会费,普通商民(如商店店东及现任董事经理协理及重要职员)每人二元至五元,商店店员职工银六角至一元,小贩三角至五角。月费,普通商民六角至一元,商店店员职工二角至三角,小贩一角至二角。前项数目由会员于入会时量力认定。

第三十八条　本区会如遇有特别事故,必须举行特别捐以作经费时。得由全区代表大会过半数之决议或特别市商民协会之训令举行之。

第三十九条　本区会所属分会会员如遇失业时,得请求减免月费,但须得所属分会与本区会执行委员会之许可,呈请上级会核准之。

第四十条　本区会所属分会收入之会费月费,依照下列成数分配之:

(一)十分之二用于各该分会;

(二)十分之五用于本区会;

(三)十分之二用于上海特别市商民协会;

(四)十分之一用于全国商民协会(在全国商民协会未成立前,该款应交上海特别市商民协会保管汇缴)。

第九章　附　　则

第四十一条　本章程经上海特别市商民协会呈请上海特别市市党部商民部批准备案,公布施行。

第四十二条　本区会办事细则另定之。

第四十三条　本区会所属区分会、业分会、别分会章程另定之。

第四十四条 本章程如有未尽事宜，得提出本区会全区代表大会修改之。

资料来源：《上海总商会组织史资料汇编》，上海古籍出版社 2004 年版，第 917～921 页。

上海南京路商界联合会章程

第一章 总 纲

第一条 本会定名为上海南京路商界联合会。

第二条 本会以团结团体，群策群力，维持公益，提倡国货为宗旨。

第二章 组 织

第三条 本会以上海南京路各商店号组织之。

第四条 凡加入本会之各商店号须派代表一人与会。

第五条 本会分干事、评议两部办理会务。

第三章 职 员

第六条 本会设正会长一人，副会长二人，评议长一人，副评议长一人，评议员十四人，文牍干事二人，会计干事一人，交际干事十人，调查干事十人，庶务干事二人。

第七条 本会选任各职员均系名誉职。

第八条 各职员任期以一年为期满，续举仍得连任。

第四章 职 权

第九条 各代表提议事件须经评议会之议决方能施行，但会长认为有窒碍时得交复议。

第十条 未经评议员会议决事件，干事部不得执行。

第五章 会 期

第十一条 全体大会于每年正、七两月举行，由会长召集之。

第十二条 如有特别事故，由入会商店号二十家以上之要求，得召集临时大会。

第十三条 职员会每月四次，于每星期①下午举行。

---

① 原文未着星期几。

第十四条 如有紧急事件，经会长之召集，亦得开临时职员会。

第六章 选 举

第十五条 选举职员由大会行之。

第十六条 入会各商店号均有一选举权，被选举权及表决权。

第十七条 正副会长及评议长由职员会互选之。

第七章 会 费

第十八条 各商店号会费每月五角至两元，均由各商店号自行缴认。

第十九条 特别费无定额，由各商店号乐助之。

第八章 入会资格

第二十条 凡本路各商店号皆得入本会，但有未经成立联合会之各路商店号由本路商店号二家以上之介绍，亦得加入。

第九章 惩 戒

第二十一条 各职员如有妨碍本会名誉及违者本会宗旨者，经评议会之议决得知照该商号另派代表。

第二十二条 各商店号如有违者本会宗旨者，经调查干事察出，交由评议会议决处分之。

第十章 附 则

第二十三条 本会职员、会员因会务或公益之事被累者，全体会员共负救护之责。

第二十四条 本章程如有未尽事宜，得由大会修改。

资料来源：《上海总商会组织史资料汇编》，上海古籍出版社2004年版，第998～999页。

上海南京路商联会修改会章

南京路商界联合会于星期日下午一时开修改会章大会，由余华龙主席，陈亮公记录，将新草定之会章与众逐条讨论，一一通过，迨散会时已傍晚五点钟矣。会章录后。

第一章 组 织

第一条 本会置正会长一人，副会长二人。

第二条 本会设执行、外务、评议三部：

（一）执行部设部长三人（以正副会长充之）及下列各科：①总务科置科长一人，科员七人；②文书科置科长一人，科员二人；③会计科置科长一人，科员二人；④教育科置科长一人，科员二人；

（二）外务科设出席董事三人；

（三）评议部设正副议长各一人，评议员八人。

第三条 甲类四项，除科长科员外，得用雇员二人。

第二章 职 权

第四条 正副会长统理本会一切事务。

第五条 执行部各科职务如下：

（一）总务科、庶务、交际、调查、印刷等务属之；

（二）文书科，公文、信件、缮写、编辑等务属之；

（三）会计科，收支记账及会刊发行等务属之；

（四）教育科，义务夜校及宣讲等务属之。

第六条 外务部出席董事之职权，为报告总会事务于本会，传递本会之意见于总会。

第七条 评议部议决本会进行事项及一切规约。

第八条 甲类四项委任之委专员，受各该科科长之支配并意旨。

第九条 雇用人员二人，其职务为辅助各科之不及。

第十条 遇重要事件时，得由正、副会长召集各部科长开联席会议讨论解决之。

第十一条 各部各科细则另定之。

资料来源：《上海总商会组织史资料汇编》，上海古籍出版社 2004 年版，第 1003 页。

上海书业商会最初章程

（1905 年）

第一章 总 纲

第一条 本会系上海书业同人公同设立，命名上海书业商会。

第二条 本会以联络商情,维持公益为宗旨。

第三条 本会暂以公共租界三马路望平街三层楼洋房为会所。

第二章 办 法

第四条 本会依第二条宗旨,目下兴办事件如下:

(一)遵照著作权律维持版权;

(二)联络会内会外及他处同业;

(三)谋同业之公共利益。

第五条 本会于成立之后即呈各官厅,均蒙批奖立案。

第六条 本会应办之事甚多,以后视力所及逐渐推广。

第三章 会 员

第七条 本会会员须具有下列之资格:

(一)书店、印刷处、仪器、文具店之全权代表人;

(二)该店照章缴纳捐款;

(三)本国籍(如该店系洋商,其全权代表仍须本国人,否则本会不能承认。本国人入他国籍者亦然);

(四)各家代表其到会之时须认有该店全权之资格。

第八条 本会会员应担负下列之义务:

(一)担任本会之经济;

(二)尽识见所及筹议本会之事务;

(三)如被举为职员应尽力其职务。

第九条 本会会员应享受之权利:

(一)决议权及选举权;

(二)被选举为职员;

(三)会员有交涉,如系理直,本会当助其伸理,或需担保亦应随时酌助,惟理曲或涉嫌疑,本会不便干预者不在此例;

(四)有人侵及该店著作权关系重大、独力难了者,本会应助其办理。

第十条 新开之店可随时报告,由该店代表人签名簿上认纳月捐并缴入会费即可认为会员,旧店新入会或出会复入会者亦然。

第十一条 凡会员苟有意见不合之处自愿出会者,具函声明出会理由即可作为出会,惟捐款概不给还,已出会后不得与闻会事。

凡会员有违背会章、不缴月捐及犯不名誉之事,有损本会名誉者,本会提议公令出会,捐款亦不给还,亦不复得与闻会事。

第十二条 本会于各店执事及各著译家之表同情者均认为会友,除经济及议决权、选举权外，与会员一律待遇，亦可为推举职员。

第四章　职　　员

第十三条　本会应设正会董一员、副会董二员、评议员四员、会计一员、书记二员、干事四员，皆不支薪水；另雇用司事、杂役若干人，酌支薪水。

第十四条　正会董有对于会内综理全会事务、对于会外代表全会举动之责任。副会董有协助正会董之不逮之责任，如正会董因事不到，副会董有代行之责。

第十五条　评议员有评议事理、解决问题之责任，惟须会董认可、会员多数公决然后实行。

第十六条　会计员有筹度经济、综理出入之责任，惟特别用项须评议员认可、会董签字方可支付。

第十七条　书记员有掌理往来书信、记事、记言及草拟紧要文稿之责任，日常文件亦必由司事呈阅认可始可施行。

第十八条　干事员有承受会董许可实行各事务之责任，开会时并料理招待。

第十九条　司事若干人司银钱及笔札等事，惟非受会计员、书记员之许可，不能径自行事。杂役受各职员之指挥，服执役务。

第二十条　本会职员凡会董、评议员皆投票选举，会计员、书记员、干事员由评议员推举、会董认可，司事需妥人荐引、经会董认可。

第二十一条　本会职员之资格选举者须本会会员，推举者须本会会员或会友，延用者则以其称职为度。

第二十二条　本会职员选举、推举者皆一年一任，任满另举，惟续被举者仍可连任。

第五章　经　　济

第二十三条　本会常年经费全恃月捐，每家自四元至三十元止，量力认定、按月缴纳。月捐如欲增减于年终大会时声明。

第二十四条　本会如有特别用项，开临时会，经多数决议认为万不得已者，视其为数多寡，依月捐作比例摊派或于多数认可后各自认捐。

第二十五条　新入会者应缴入会费五元。

第二十六条　房租、火食、薪水、工部捐、杂用等常费由司事支付，月终由会计综核盖印。若特别费五元以上须经会计及干事员认可，五十元以上须经会董认可。

第二十七条　本会银钱出纳，每月由会计员于下月第一次评议会报告，每年年终刊印报告册分送会内各店。

第六章　开　　会

第二十八条　本会开会分例会、临时会、职员会三种。例会每年四次,年会每年一次,临时会有特别事件必须全体决议者临时定期举行,职员会无定期、遇有事件皆可随时柬邀开会。

第二十九条　每家只能有一代表人,各有一决议投票权。

第三十条　凡推举各职员除其本有代表权之人外,例会、临时会皆作为旁听,不能另有决议权,惟职员会不在此例。

第三十一条　年会改选职员,商议本年应办事件。

第三十二条　职员会除职员外,普通会员不必到会,到会亦只能旁听,无发言、决议之权。

第三十三条　会场规则另有专章。

第七章　杂　　则

第三十四条　右会章经多数认决后其效用限一年,期内不能更改,若有应行提议之处请说明理由,更定办法于年会公决之。

资料来源:汪耀华编著:《上海书业同业公会史料与研究》,上海交通大学出版社 2010 年版,第 25～29 页。

上海书业商会章程[①]

（1916 年）

第一章　总　　纲

第一条　本会系上海书业同人公同设立,命名上海书业商会。

第二条　本会以联络同业感情,维持同业公益为宗旨。

第二章　办　　法

第三条　本会依第二条宗旨,目下兴办事件如下:

（一）遵照著作权法维持版权;

（二）联络会内会外及他处同业并于各省会及商埠设立分会;

（三）为同业谋利益除损害;

---

① 本章程曾于辛亥正月修改过一次,其七章,三十条(略)。

(四)设立陈列所罗列同业出版图书,以资来宾观览及教育家之参考;

(五)编辑图书总目录及图书月报。

第三章　会　　员

第四条　本会会员分为四种,如下:甲种会员,书店、印刷处、仪器文具店之全权代表,照章缴纳月捐者;乙种会员,前条各店有两权以上,分畀该店职员出席本会者;丙种会员,个人营著作出版,愿入本会者;丁种会员,由甲种会员在该店职员中推举赞襄本会及曾为本会职员者。

第五条　本会会员应担负下列之义务:

(一)甲种会员有代表该店担任本会经济之义务;

(二)尽识见所及筹议本会之事务;

(三)如被举为职员,应尽力其职务。

第六条　本会会员应享受之权利:

(一)甲乙种会员均有议决权及选举权;

(二)被选举为职员,甲种会员有被选举为会董及以下各职员之权;乙种会员有被选举为评议员及以下各职员之权;丙丁两种会员有被举为干事员之权;

(三)各会员向农商部、内务部注册或呈请教育部审定,本会均可代办,除应有费用外不另取费;

(四)会员有交涉,如系理直,本会当助其伸理,或需担保亦应随时代为设法,惟理由不充足或迹涉嫌疑,本会不便于闻者不在此例;

(五)有人侵及入会各店之著作权,可由本会公同评判施行,如被告不服评判或关系重大独力难了者,本会应助其办理。

第七条　凡同业各店愿入会者,由该店代表人具函报告,认纳月捐并缴入会费,即可认为会员,出会复入者亦然。

丙种会员愿入会者,须甲种会员介绍,并缴入会费及年费。

第八条　凡会员苟有意见不合之处,自愿出会者,具函声明出会理由,即可作为出会,惟捐款概不给还,已出会后不得与闻会事。

第九条　凡会员有违背会章,不缴月捐及犯不名誉之事,有损本会名誉者,本会可于会议时提议公令出会,捐款亦不给还,亦不复得享受会中权利。

第四章　职　　员

第十条　本会应设职员如下:正会董一人;副会董二人;评议员六人;干事员十六人。

干事中之一人常川驻会,并雇用司事、使役若干人,酌支薪水,其余均不支薪水及公费。

第十一条 正会董有对于会内综理全会事务，对于会外代表全会举动之责任，副会董有协助正会董之责任，如正会董因事不到，副会董有代行之责。

第十二条 评议员评议一切重要事务。

第十三条 干事员分部治事，由会董指定支配。

第十四条 对外文件须会董签名或盖印方生效力。

第十五条 驻会干事员督率司事、使役等办理各事。

第十六条 本会职员凡会董、评议员皆投票选举，干事员由评议会推举，司事须妥人荐引，经会董认可，使役则由干事员斟酌雇用。

第十七条 评议会议决本会兴革事项，由会董酌交干事员执行，干事会议决各事执行手续。

第十八条 本会开会时，正副会董有特别事故或他往，均不到会，如未经会董委任主席者，临时由全体会员公推一人为临时主席。

第十九条 本会职员选举推举者，皆一年一任，任满另举，惟续被举者，仍可连任。

第五章 经　济

第二十条 本会常年经费以月捐充之，视各家自报资本之大小作比例，愿多认者听便。

第二十一条 月捐资本大小规定如下：

(一)资本未满一万元者月捐二元；

(二)资本满一万元者月捐三元；

(三)资本满二万元者月捐四元；

(四)资本满五万元者月捐七元；

(五)资本满十万元者月捐十元；

(六)资本满二十万元者月捐十五元；

(七)资本满五十万元者月捐二十元；

(八)资本满一百万元者月捐二十五元；

(九)资本满一百五十万元者月捐三十元；

(十)资本满二百万元者月捐三十五元；

(十一)资本满二百五十万元者月捐四十元；

(十二)资本满三百万元者月捐五十元。

第二十二条 一家月捐由两机关出者，权数乃并算，但如何支配，听其自便。

第二十三条 一家有两权以上者或依权数出代表人，或由一代表人执行数权均无不可。

第二十四条 新入会者应缴入会费五元。

第二十五条 丙种会员新入会者,应缴入会费二元,以后每年纳年捐二元。

第二十六条 经常费由驻会干事员照章支付,月终由会计干事员综核盖印,若特别用费十元以上须经会董认可,方可支付。

第二十七条 本会除经常费外,凡遇特别必需之款,由各家临时捐助,或自认或照月捐滩派。

第二十八条 本会银钱出纳,每年年终刊印报告清册,分送在会各店以昭信实。

第六章 集 会

第二十九条 本会开会分例会、临时会、职员会三种。例会又分年会、季会两种:年会每年一次,于年终举行;季会于正、四、七、十等月择日举行。临时会有特别事件必须全体议决者,临时定期举行。职员会无定期,凡遇有事件皆可随时柬邀开会。

第三十条 例会、临时会,甲乙种会员有议决投票权,丙丁种会员虽可发言,但无议决权。

第三十一条 议决权、选举权之规定如下:

(一)纳甲乙丙三级月捐者各有一权;

(二)纳丁戊二级月捐者各有二权;

(三)纳己级月捐者有三权;

(四)纳庚级月捐者有四权;

(五)纳辛级月捐者有五权;

(六)纳壬级月捐者有六权;

(七)纳癸级月捐者有七权;

(八)纳子级月捐者有八权;

(九)纳丑级月捐者有十权。

第三十二条 职员会除职员外,普通会员不必到会。若到会,无发言议决之权。

第三十三条 年终年会改选职员、稽查本年情形,季会则商议一切应办事件。

第三十四条 开会时所议各事,均记入议事簿,由主席签字交干事员执行。

第三十五条 凡例会、临时会、职员会、评议会、干事会，皆以会董为主席，决事以多数为准，倘可否权数相同时，主席得加一权决定之。

第三十六条 会场规则另订之。

第七章 选 举

第三十七条 选举会董及评议员规则如下：

每家同时投选举票九枚，每票举一人，正会董一票，副会董二票，评议员六票；

所举之人须各为一人，不得重复，不合格者作为无效；

举者不得自举；

举者应将己名填在举者二字之下，并盖本店图章；

选举票限定日期封固，送投本会逾限不投到即作为放弃选举权，届时开会拆封宣布。

第三十八条 选举投票之结果以最多数当选，如评议员票数最多者已当选为正副会董，即以次多数补评议员。

第三十九条 当选正副会董外，得以最多数者一人为候补会董。当选评议员六人外，得以次多数者二人为候补评议员，以备推补。

第八章 附 则

第四十条 前会章经多数认决后，其效用限一年，期内不能更改，若有应行提议之处，应将修改事项具理由书送交本会，于年终印送各会员研究，于大会公决施行。

资料来源：汪耀华编著：《上海书业同业公会史料与研究》，上海交通大学出版社 2010 年版，第 37～43 页。

上海书业商会现行章程

（1924 年）

第一章 总 纲

第一条 本会由上海书业同人组织，定名上海书业商会。

第二条 本会以联络同业感情，维护同业公益为宗旨。

第二章　事　　业

第三条　本会事业之大纲如下：

（一）遵照著作权法维持版权；

（二）联络会内外及他处同业，并于各省会及商埠设立分会；

（三）为同业谋利益、除损害；

（四）设立陈列所，罗列同业出版图书以资来宾观览及教育家之参考；

（五）编辑图书总目录及图书月报；

（六）各会员以其商店或出版物向农商部、内务部注册或呈请教育部审定，本会均可代办，除应有费用外不另取费；

（七）会员有交涉如系理直，本会当助其伸理，或需取保亦应随时代为设法，惟理由不充足或迹涉嫌疑，本会不便与闻者不在此例；

（八）有入侵及入会各店之著作权可由本会公同评判，如被告不服评判或其案关系重大、非会员独力能了者，本会应助其处理。

第三章　会　　员

第四条　本会会员分为四种如下：

甲种会员，缴纳本会月捐之出版业、印刷业及教育用品业各商店之全权代表；

乙种会员，前条各店有出席权之店员；

丙种会员，个人有著作出版愿入本会者；

丁种会员，由甲种会员在该店职员中推举赞襄本会一切事务及曾为本会职员者。

第五条　本会会员应担负下列之义务：

（一）有筹议本会事务之义务；

（二）有被举为职员之义务；

（三）甲种会员兼有代表该店担任本会经济之义务。

第六条　本会会员应享受之权利：

（一）甲、乙种会员均有议决权及选举权；

（二）甲种会员得被选举为会董及会董以下各职员，乙种会员得被选举为评议员及评议员以下各职员，丙、丁两种会员得被举为干事员。

第七条　凡同业各店愿入会者由该店代表人具函报告，认纳月捐并缴入会费方可认为会员，出会复入者亦然。

丙种会员愿入会者须甲种会员介绍并缴入会费及年费。

第八条　会员苟因意见不合自愿出会者，具函声明出会理由即可作为出会，唯捐款概不给还，出会后即不得与闻会事。

第九条 会员有违背会章、不缴月捐及其行为有损本会名誉者，本会可于会议时提议请其出会，捐款亦不给还，嗣后即不得享受会中权利。

第四章 职 员

第十条 本会应设职员如下：

正会董一人，副会董二人，评议员六人，干事员十八人。

干事中推举一人常川驻会，并雇用司事、使役若干人，酌支薪水，其余职员均不支给薪水及公费。

第十一条 正会董有对内综理全会事务、对外代表全会之责任。副会董协助正会董处理会务，正会董因事不到会，其职务由副会董代行之。

第十二条 评议员评议一切重要事务。

第十三条 干事员分部治事，由会董指定支配。

第十四条 对外文件须会董签名或盖印方生效力。

第十五条 驻会干事员受会董指挥，督率司事、使役等办理各事。

第十六条 本会会董、评议员由甲、乙两种会员投票选举之，干事员由评议会推举之，司事由妥人引荐、经会董认可聘用之，使役则由驻会干事员斟酌雇用。

第十七条 评议会议决本会兴革事项，由会董酌交干事员执行之。

第十八条 本会开会，正、副会董有特别事故或他往均不到会而未经会董委任主席时，临时由到会会员公推评议员一人为临时主席。

第十九条 本会职员一年一任，任满另举，继续被举者得连任。

第五章 经 济

第二十条 本会常年经费以月捐充之，视各家自报资本之多寡作比例，愿多认者听。

第二十一条 月捐照资本多寡规定如下：

(一)资本未满一万元者月捐二元；

(二)资本满一万元者月捐三元；

(三)资本满二万元者月捐五元；

(四)资本满五万元者月捐七元；

(五)资本满十万元者月捐十元；

(六)资本满二十万元者月捐十五元；

(七)资本满五十万元者月捐二十元；

(八)资本满一百万元者月捐三十元；

(九)资本满一百五十万元者月捐四十元；

（十）资本满二百万元者月捐五十元；

（十一）资本满三百万元者月捐六十元；

（十二）资本满四百万元者月捐七十元；

（十三）资本满五百万元者月捐八十元。以下类推。

第二十二条 一家月捐由两机关合出者仍作一家论。

第二十三条 一家有两权以上者，或依权数分派代表人、或由代表一人执行数权均无不可，权数多少以纳捐数目为比例。

第二十四条 新入会者应缴入会费五元。

第二十五条 丙种会员新入会者应缴入会费二元，以后每年纳年捐二元。

第二十六条 经常费由驻会干事员照章支付，月终由会计干事员综核盖印，特别用费数目在十元以上者须经会董认可方可支付。

第二十七条 本会除经常费外凡遇特别用款由各家临时捐助之，数目多寡或由各家自认或照月捐摊派。

第二十八条 本会银钱、出纳每年年终刊印报告清册，分送在会各店以招信实。

第六章 集　　会

第二十九条 本会开会分例会、临时会、职员会三种：

（一）例会分年会、季会两种，年会每年一次于年终举行之，季会于正、四、七、十等月由会董择日举行之。

（二）本会遇有特别事件必须全体议决者，由会董定期召集临时会讨论之。

（三）职员会无定期，由会董或驻会干事随时召集之。

第三十条 例会、临时会，甲、乙种会员有议决投票权，丙、丁种会员虽可发言但无议决权。

第三十一条 议决权、选举权之规定如下：

（一）纳甲、乙、丙三级月捐者各有一权；

（二）纳丁、戊二级月捐者各有二权；

（三）纳己级月捐者有三权；

（四）纳庚级月捐者有四权；

（五）纳辛级月捐者有五权；

（六）纳壬级月捐者有六权；

（七）纳癸级月捐者有七权；

（八）纳子级月捐者有八权；

（九）纳丑级月捐者有九权；

(十)纳寅级月捐者有十权。

第三十二条 职员会除职员外,普通会员不必到会,如到会旁听,无发言及议决之权。

第三十三条 年会举行改选职员、稽考本年成绩,季会则商议一切应办事件。

第三十四条 开会时议决各事均记入议事簿,由主席签字酌交干事员执行之。

第三十五条 凡例会、临时会、职员会、评议会、干事会,皆以会董为主席,决事以多数为准,倘可否权数相同则由主席决定之。

第三十六条 会场规则另订之。

第七章 选 举

第三十七条 选举规则如下。

第三十八条 会董及评议员由甲、乙两种会员用记名投票法选举,以最多数当选。

(一)选举会董及评议员应先期二日由本会将印就之选举票分送有选举权之会员,会董三票、评议员六票,由各会员自行填注被选人姓名,封固送投本会,其填注不合格式者作为无效;

(二)每票只举一人;

(三)各票应各举一人,不得重复;

(四)投票者不得自举;

(五)投票者应将己名填在举者二字之下并盖本店图章;

(六)选举票限定日期封固送投本会,逾限不投到即作为放弃选举权,届期开会拆封宣布。

第三十九条 投票选择之结果以最多数当选正、副会董,除当选者外,得以次多数者三人为候补会董。评议员除当选者外,得以次多数者六人为候补评议员,以备递补。被举之票数或权数相同者用掣签法定之。

第八章 附 则

第四十条 本章程如有提议修改之处,会员应具理由书送交本会,由本会印送各会员研究,于年会时提出公决之。

资料来源:汪耀华编著:《上海书业同业公会史料与研究》,上海交通大学出版社2010年版,第43~49页。

上海书业联合会章程草案

（1942 年）

第一章　总　　纲

第一条　本会以上海公共租界区域内之华商书业商店或公司（下文简称书店）组织之，定名为上海书业联合会。

第二条　本会受工部局之监督与兴亚院及各关系当局之指导。

第二章　会　　务

第三条　本会之任务如下：

（一）关于筹议发展书业，促进文化事项；

（二）关于促进中日文化之交流事项；

（三）关于维持增进同业公共利益及矫正同业弊害事项；

（四）关于同业之征询及答复同业咨询之事项；

（五）关于各业之调查审议统计事项；

（六）关于同业之建议事项；

（七）关于同业纷争之调处及公断事项；

（八）关于依法保护同业著作权、版权及代办登记手续事项；

（九）关于公告同业事项。

第三章　会　　员

第四条　凡上海公共租界区域内华商所设之正当书店，无论其为出版业或贩卖业，均应为本会会员，每一会员应推代表一人，以各该店现任重要职员为限。

前项会员代表须由入会书店给以委托书。

上海法租界华商书店亦得加入本会为会员。

第五条　同一会员代表不得代表两家以上之书店。

第六条　本会会员之权利如下：

（一）会员有请求本会向主管机关请愿，维护救济之权利；

（二）会员有享受本会所办各项事业之权利；

（三）会员与会员或非会员间发生争执时，有请求本会代为调处之权利；

（四）会员有建议权、发言权、表决权；

（五）会员有选举权及被选举权。

第七条 本会会员之义务如下：

(一)遵守本会章程及议决案；

(二)按期缴纳规定之会费及募集之特别费；

(三)担任本会推举或指派之职务；

(四)应本会之征询及调查；

(五)不得侵害他人之著作权及版权，并不得代理经销妨害他人著作权及版权之图书；

(六)不得出版及经销不正当之图书与被禁止之图书；

(七)本会会员新出版图书杂志均应附具说明送由本会转送主管机关审查核准后始得发行。

第八条 本会会员如不履行第七条所列各项义务，轻则予以警告，重则停止其应享之权利。

第九条 前条对于会员之处分，须经理事会议议决执行之。

第十条 会员入会时应填具入会愿书。

第十一条 会员不得无故出会，其因商店解散或迁移于本区域外营业等，必须出会者，须以书面声叙理由，送交本会审查认可。

第十二条 本会会员有下列各款情事之一者，经查有实据，由理事会议议决提交会员大会通过后除名：

(一)不履行第七条第(五)、第(六)项之义务者；

(二)有不正当行为致妨害本会名誉信用者。

如会员代表个人有前条情事之一者，由理事会议决通知该会员撤换代表。

第四章 组　　织

第十三条 本会设理事十一人、监察三人，由会员大会就会员代表中选任之，以得票较多数者当选，并另选候补理事五人，候补监察二人。

第十四条 本会由理事互选一人为主席，主持会务，对外代表本会。

第十五条 本会理事及监察均为名誉职，任期一年，连选得连任。

第十六条 理事或监察缺额时，由候补理事、候补监察依次递补，其任期以补足前任任期为限。

第十七条 理事或监察者有下列各款情事之一者，应即解任：

(一)因不得已事故，经会员大会议决，准其退职者；

(二)旷废职务，经会员大会议决令其退职者；

(三)于职务上违背法令、营私舞弊或有其他重大之不正当行为，经会员大会议决令其退职者。

第十八条 本会由全体理事组织理事会,分设下列四组,每组推举理事一人为主任:

(一)总务组,掌握本会会员进退之登记与调处,公断及经常事务;

(二)审议组,掌握调查或审阅出版物及代办图书登记事务;

(三)国际组,掌握中日及其他国际文化之沟通及承办国外出版物之介绍与代理经销事务;

(四)财务组,掌管本会财务收支及预算决算报告事务。

第十九条 理事会得延聘顾问及雇用办事员。

第二十条 监察对于本会一切会务有查询纠劾之权。

第五章 会 议

第二十一条 会议之种类如下:

(一)会员大会每年于二月中定期举行一次,必要时得举行临时会,均由理事会召集之;

(二)理事会议每半月举行一次,必要时得开临时会议,均由主席召集之;

(三)理事会议时,监察均得列席,但无表决权。

第二十二条 会员大会之提案须由会员三人以上之连署,送经理事会审查后提出讨论。其决议以会员代表过半数之出席,出席代表过半数之同意行之。出席代表不满过半数时,得行假决议,将其结果通告各代表,于二星期内重行召集会员大会,以出席代表过半数之同意,对假决议行其决议。

第二十三条 理事会开会时须有理事过半数之出席,出席理事过半数之同意方能决议可否,同数取决于主席。

第六章 经 费

第二十四条 本会以下列各项收入为经费:

(一)入会费。凡加入本会为会员者,一次缴纳入会费五十元;

(二)会费。会员每月缴纳会费,分五级:(子)十元、(丑)二十元、(寅)三十元、(卯)五十元、(辰)一百元,每半年预缴一次;

(三)特别费。由理事会募集之。

第二十五条 本会收支经费每年由理事会造具决算报告书,经监察之审核,提出于会员大会报告之。

第二十六条 本会支出款项须经主席及财务组主任会同签字或盖章方可照付。

第二十七条 会费收据须经财务组主任签字或盖章。

第七章　附　　则

第二十八条　本章程经会员大会决议通过施行,修改时亦同。

资料来源:汪耀华编著:《上海书业同业公会史料与研究》,上海交通大学出版社2010年版,第130~134页。

上海武进县商团修订章程

第一章　定　　名

第一条　本商团由武进县商会遵照民国六年三月全国商会联合会呈经内务、陆军、农商三部批准之商团组织大纲办理,定名曰武进县商团。

第二章　宗　　旨

第二条　本商团以辅助军警、维持市面、弹压匪乱为宗旨。

第三章　组　　织

第三条　本商团设商团本部于商会,置职员如下:

商团团长一员;

商团团副一员(暂缺);

(团长由商会会董投票选举之)

商团教练长一员;

(教练长由商会会长会同商团团长聘请陆军出身确具军事学识者充任之,照章报由地方长官呈请省长转咨陆军部备案)

商团总稽查一员(稽查员无定额);

(由商会会董会员中选任之)

商团书记、庶务、会计各员无定额。

(由商会会长任用之)

第四章　职　　任

第四条　商会会长有指挥监督商团之权。

第五条　商团团长总理全团事务,统率全团职员操生执行事件发布命令。

第六条　商团教练长有秉承商团团长指挥及召集全团操生之权,并负教育管理之全责。

第七条　商团总稽查有稽察全团事务报告会长之权,稽查员辅助之。

第八条 商团书记、庶务、会计各员各主司其应管职务。

第五章 编制及定额

第九条 本商团在队操生悉照陆军步兵定制编制之,队长、排长、司务长各员均从操生中考选,由商团团长分别令充。

第十条 本商团经常定额为二队(二百五十二人),如遇地方不靖特别事故勤务不敷分遣时,得公决酌增额数。

第六章 操生资格

第十一条 凡少壮商人有志入团,年满十六岁以上三十五岁以下完具下列各项资格者,均得由本店经理保送入团。

一、确有商店职业者;

二、体力强壮;

三、品行纯正。

第七章 教程及毕业服务

第十二条 本商团操生之操防勤务学术课程均由商团团长教练长按照步兵应受之教育规定之。

第十三条 本商团在队操生以三学期为练习期,期满毕业考试及格者由商会会长给与文凭,呈报省长备案。

第十四条 本商团操生毕业后以三学期为服务期,平时每月会操一次,有事与在队操生同应召集一体服务,总计先后满足六学期者出团。但遇有地方特别事故在团操生不敷服务时,凡曾经毕业之操生均得召集尽维持弹压之责。

第八章 赏罚

第十五条 操生于地方非常事故保护出力或因而受伤及殒命,若除公议奖恤外,并分别呈请省部褒扬,其平时学行勤笃或服务勤劳者当酌量记功或由商团团长给以特别奖励证书,并报明监察官厅备案。

第十六条 操生有遵守规则服从命令之本分,除普通违犯过失酌量记过告诫外,其有犯下列四项之一者,立即除名追缴军械服装毕业者并缴证书:

一、行检不修损及公众名誉者;

二、紧急之时违抗命令者;

三、有意损坏枪械及擅放空包实弹者;

四、无故连续旷课在十次以上者。

第九章 枪械子弹保管

第十七条 本商团枪械均报明地方官编号、烙印,每年年终造具详表呈报地方官,转呈省部查核。

第十八条 操生肄习满三个月后始得发枪。受持枪教练前领取时,由本店经理签名、盖章、填具领枪证书存查,除操课时外,店主经理对于本店操生枪械制服有检查保管之责。

第十九条 凡实习射击及紧急警戒之际,经商团教练长应开明领用子弹数目,由商团团长核准给发,事后应照战时及射击管理规则将耗弹实数报明团长查核随将余存子弹收缴,商团本部平时概不得领发。

第廿条 操生所领枪械服装,毕业后应缴还本商团保藏,如有损坏责令赔偿,毕业后会操或遇有防务临时再行发给。

第十章 经 费

第廿一条 本商团经常及临时经费由商会会同各业筹集,并互选商会会董二人管理之。

第廿二条 本商团经费由商团团长商承商会会长处理之。

第十一章 附 则

第廿三条 本商团各项规约由商会会长、会董、商团团长公议决之。

第廿四条 本章程如有未尽事宜得照前条之会议手续公决修改,随时呈请地方官转呈省长核准,分别咨报施行。

此章程于民国十年十二月呈奉

内务

陆军部会令核准

农商

原载《上海总商会月报》1923 年第 3 卷第 9 号,第 4 ~ 5 页。

浙江绍兴山会商务分会试办章程[①]

一、宗旨

绍兴土沃民稠,兼有出产,而商务未见兴旺,由于商情涣散,商会之设,不特联络商情,兼以开通商智,保全商利,排解商衅,扩充商力为宗旨。

---

① 山会商务分会成立于清光绪三十一年(1905)十二月,该章程当拟定于此时。原件藏绍兴县档案馆。

二、公所

商会办事之所，部章有借拨官房之条今绍郡无官房可拨，暂借钱业会馆为公所。日后经费有余，另行营造房屋（现已移寓试院西首）。

三、职司

公举总理一员，干事四员，文案兼书启一员，司账兼调查一员，各业各举业董一员或数员不等。遵照商部第四款，择熟悉商情、众望素孚者当之。

四、经费

商会所需经费，部章有册簿等费，现当开办之初，暂由各业于入会后，视生意之巨细，酌量岁认经费，定期收缴，以资公需。

五、期会

每月逢初八、廿三为会议之期，市面何处兴，何处衰？货物孰者销，孰者滞？衰者，议整顿，滞者当议疏通，各抒所见，从长集议，俾商务日有进步，不致徒有商会虚名（绍地非通商口岸，究属事简。前经拟察，每逢一开会。由今各业董酌定，改按月初八、廿三为常会之期）。

六、特会

商业中无论一号一业，设有事故，准随时向分会呈递说帖，由总理请该会业董，并一面传集两造，或邀集同业，秉公理断。倘先已涉讼，后由会理结，即移咨地方官销案，或由会议理不决，须地方官讯断者，即咨情地方官核办，以符部章代为伸诉之条。至事关重大，应禀省宪、商部者，亦随时公议酌办。

七、调查

凡商业之衰旺，土产之盈虚，以及有无新出之商品，均应随时调查列表，以备查考。

八、议务

商业中有不遵行规，违碍大局，及民生日用各物无故高抬市价等情，应由总理会同会董随时稽察，邀集该商，晓以大义，按照大埠市价核议。如抗不遵从，会中得有禀官惩治之权。

九、实行

按照奏定公司条例，先办注册，使入会各商，可分门别户，编列成册，俾总理与各董可力行整顿提倡之法。至小本经纪，不愿注册者，各听其便。又凡商家合同、房屋买契、银钱借券等，如愿赴会注册者，盖明图记，以昭信实，而杜欺诳。

十、推广

绍郡乡镇地方辽阔，现在先办城垣、山会两邑。俟办有成效，再行推广乡镇,分社乡会,以资联络,而免隔阂。

资料来源:汪林茂主编:《浙江辛亥革命史料集》(第一卷　二十世纪初的浙江社会),浙江古籍出版社2014年版,第186~187页。

浙江绍兴山会商务分会续拟试办章程①

商办之设,原为保全实业起见,且于实于利权外溢之弊,亦可次第收回,实为富强基础。昔虑官商隔阂,今则呼吸相通,裨益实匪浅鲜。倘小本营生,如有不愿入会注册者,亦听其便。惟有事时如来会者,一概报绝。

经商贸易,以和为贵。各业不得以初设商会,有事为荣,辄以琐屑细故,呈会申理,甚至因挟嫌隙,思假公会以报私仇,大失本会宗旨,均所不理。惟事关紧要,不得已而请会开议,应发传单,亦须先行告明综理,酌核施行。

本会议理不决之事,请地方官核办者。倘地方官听断未洽,本会应再议力争,俾始终遵守部章代为伸诉之条。

设会经费,先由各会董筹垫,俟各业入会后缴有岁认经费,除归垫外,余存殷钱庄,立摺收付。每年费用若干,俟次年正月,邀集会董,将账册当众宣告,以昭信实。

设会所以保商,自中外通商,难免华洋交涉。倘华商为洋商欺凌。或奸商指使洋商与同业为难,应遵照商矿局禀准定章第六条禀请洋务局照会领事据理力争,以资保护。

期会、特会之外,每年于正月间应开年会一次,邀集各会董,宣告上年用账,并调查上年各项商务情形。

本会如遇传众演说等事,自当执中论断,断不稍涉私心。倘有巧诈饰词,或恃私强辩。并暗中煽惑,阻挠大局者,一经查出。立即禀斥,总、分董亦不得徇情袒护。

办事用人,索称不易。会中除总董事公举外,干事四人,文案、司账、书启各一人,专司度支一人,庶务一人,均须公正廉明,束身自爱。即以下伙夫、听

① 此份章程当稍迟于前页的《试办章程》,原件藏绍兴县档案馆。

差、把门、茶房各一名,亦须循分任事,不得在外招摇。

凡商人店铺倒闭,各业有受其债累者,该号之管事、股东,应由本会请府县立案。此后如在境内仍设市肆,须先将前项债务理清。否则,不准再开。倘有化名影射,查出移县严究不贷。

凡合股经营商业,或借人资本,如有暗蚀资财,私携银钱货物,托名亏折倒闭,一经被累人控诉,即请移县勒限提追。遵照户、刑部奏定章程,分别科罪,若避不到案,即请查封家产备抵,不拘何业,一律公摊,至负欠钱财货债,为数甚巨者,比照此条酌核办理。

资料来源:汪林茂主编:《浙江辛亥革命史料集》(第一卷　二十世纪初的浙江社会),浙江古籍出版社 2014 年版,第 187～188 页。

浙江温州商会试办章程[①]

一、本会为温州府各商之总会遵照商部奏定章程,以保卫商业、开通商情为宗旨。开办之初,借郡城隍庙暂用,现于府前仓后街建造会所,以资办公。

二、本会设总理一员,议董十六员,复就各商家行业之大小,公举业董,以专责成。贸易大者,业董二人;次者业董一人,其小者可并归别业董事兼理。凡商务交涉事宜,无论宁帮、闽帮、台帮、处帮、本帮,总宜和衷商榷不得稍分畛域。

三、本会总理、议董、业董,均以一年为任满之期,其有勤奋得力,为众商所信服推重者,应准续任。若有才力不及,或患病不能任事者,必须另举。其选举之法,悉照奏定商会章程办理。

四、本会设文案一员,管理笔墨记载诸事;调查一员,专司考察各项商务审宜;收支一员,管理银钱出入兼司庶务;书记一人,以应抄写;号房一名,司阍一人,稽查出人茶房一名,听事二名,以供奔走;司厨一名,以供烹调。

五、本会办理商务事宜,总理有增改章程之权,但先要不背商律,次要本会

① 原文序号均标以"一",为方便阅读和使用,在编入本书时重标序号。

议董过半签允，方能举行。若有关系重大之举，须开特别会议，非议董、业董到会过半不开议，非议董、业董认可过半不决议，非经总理核准不定议。

六、会期定每星期一会，凡到会者各书到字于簿，以备稽考。但业董人多不能齐到，亦听其便，惟某业有事，某业董事必须到会。

七、议董共十六人，分为四班，按照星期挨顺轮管，轮值之期必须到会，协同各董办理一切事宜。如有因事不到，务须早日通知，免致贻误要公。

八、商家或因财产争执，或因贸易起衅，须先请业董评议排解，如未能了结，再缮具说帖，赴会申诉，由总理邀集两造到会，并各议董秉公调处，从众理断。如总理因事不到，即归本星期轮管议董办理。本期此案未结，下期里非轮值，仍要到会，以完经手之事。如欲速为了结，亦可连日传齐两造，并邀同业董来会理处，免致稽延时日。

九、本会理处商家各案，由本会先期示知，不得临斯诿延不到。到会后或有轇轕太多，一时碍难理息，亦未便多延时日，须以四星期为限，如延至四星期尚不愿了，即将两造原禀并本会调处大略情形移县核办。

十、各业董由会发给图章一颗，文曰：某业董某图章。如有业董不能理处之案，必须向会申诉者，由商人缮就说帖，请业董加盖图章，待至星期本人到会投递，业董并将此案实在情形详细告明本会，以杜诬控虚捏之弊。如有瞻徇偏袒情事，查实从重议罚。

十一、各商家在本会互控，或由道、府、县宪发会理处之案，一经理息，即应缴销传单，出具息结，送会备案。每届年终，将案由暨原被中证姓名、控告理结年月、结案实情，照式填注汇报商部查核。

十二、凡商人经营不善，致有亏空倒闭，或系托名亏折，有意倒骗卷逃等情，均遵照钦定破产律分别办理。

十三、凡商人曾经倒账，前债未清，各业因之受累者，该号之管事股东应由本会请府县立案，不准在境内复设市肆。如已还债销案者不在此例。

十四、凡商家以钱债贸易诸事投会理处，原所以避讼累，间有两造各执，持久不能结案者例，须移县讯究查。营移之案，铺堂费皆有定章，商家讼事亦宜参照营移，酌定讼费，移县立案。

十五、商部定章，准民间财产均赴商会注册。嗣后有虽非商人而其财产已经赴会注册者，遇有破产情事，本会遵照破产律为之派董清理钱债之外，概不干预，以清权限。

十六、本会经费由商家自行乐输，就贸易之大小，助捐费之多寡，毫不苛派，一切薪水等项，现均樽节开支，每届年终，分列四柱，开具细账，榜帖门首，以供众览。次年用度,即于本年预算列表,使岁出岁入一目了然。

十七、凡商家定货合同,暨抵押字据,以及各项文契,凡可执以为凭者,应赴会注册,于凭据上加盖本会图记,并掣取执照为准。后来如有争执。本会代为清理。不愿注册者听,如已经向会注册,各项凭据有遗失情事,准即邀同董事,将因何遗失情由向会声明,准予另给凭单存执为据。

十八、商家所州账簿,均须遵照部章格式,由本会妥慎印行,并盖明图记于上,各商需用簿册若干,开单交业董径向来会支取,价值依市划一,不准高抬分文。

十九、凡公司欲向商部注册,缮就公司注册呈式,交由本会盖用图记,呈寄核办。如查有违式及规条章程有背商律,即就近令其更正。如系独出资本所开之局厂行号铺店,另照商业注册呈式缮写,不得称为公司,不得用“有限”“无限”字样,亦由会转呈。其总经理人如有更换,应随时报明本会转报商部备案。

二十、本会调查商务,须合各业通盘筹算,方知销行畅滞,贸易盈亏。各业董有调查之责,本地物产出口若干,客货洋货进口若干,何者畅行,何者滞销,何者为大宗,各董当一一调查,按月列表报会核办。

二十一、本会以振兴商务为事,农工实业与商务有密切之关系,须由会中各董力任义务,切实研究,工业如机器、手工之制造,原料生产之分配,农业如山园涂涨之荒熟,畜牧种植之宜忌,皆细穷其利弊所在,实施整顿之方。惟须确有见地,无取摭拾风闻,则商务振兴之机,不致懵惑无从措手矣。

二十二、商部现颁表式,饬将各行业分门别类,填明商店实数,年终具报。各董即将所管某业商店总数若干,先期开单报会,由会造成总册,转报商部查核。

二十三、本会总理、议董、业董暨会中执事人等,均宜砥砺廉隅,顾全大局,以仰副朝廷子惠商民之德意。如有不知自爱,舞弊营私,无理取闹,有碍本会声名者,一经查实,除革除出会外,并从重议罚。

二十四、陈列所为劝工之要务,即在商会前进附设艺事以相观而共进。无论本地外来物品,均可陈列,以别良楛。各商须互相仿效,力求进步。天然物如瓯柑之类,制造物如瓯绸之类,本为温州特产,亟宜设法改良,使有起色。其采集、售卖、游览、废设诸事,另详专章。

二十五、商业之范围,恒视商民之智识,若欲已人商界者皆有普及智识,非将经济学理详细宣讲,何以启发其心思?拟予每月第一星期开演说一次,以有关商务、农工、财政问题为宗旨,不得牵涉他事,致开攻击之门。有定演说员以总理暨各董任之,无定演说员俟临时访请。

二十六、温郡渔业,拘守旧法,渔船、渔具、渔法素不讲求,且受雇渔民偷窃成习,营业者视为畏途,腐败至于极点。兹准各渔业商民赴会注册,整顿条规,力除积弊,尤宜全体组合,互相研究,建设水产试验场、水产讲习所,以讲新法,以开民智。或力有不逮,当由商会主持。

二十七、商业为专门之学,非预先养成人才,必不能收振兴之实效。郡中拟设中等商业学堂一所,教以理财、商法、商品、商事要项、商业实际、簿记、算术、外国语等,普通学三年毕业,入学程度或系高等小学生,或系文理清通而于商业已有阅历者,均为合格。经费由商家捐认,或移地方无益费拨充,其管理、教授诸法,另详专单。

二十八、各国商业会议所中,皆附设取引所组织之法,集股而成。其主义在公定行情,视为商业紧要机关。温郡本系商埠,各业需要供给之范围颇为广大,行情忽涨忽落,商人最易吃亏。各董宜于星期集会时,隐师取引所之意,公定行情,以为标准,裨益商业,诚非浅鲜。

二十九、中外各报章中,有报告货物市价,暨商务一切事宜,本会均随时采录,抄揭板壁,任听商人来会阅看,以资考镜。如有奸民以抵伪货物、假冒招牌、有碍市面,并有碍于民用者,一经查获,或被业董指明,本会当立时禁止市,监请县提惩。

三十、绅董商民中,如有推广商务、裨益商业各条陈,应抒所见,备具说帖,交会公议,择善而从。若有能照两法制作精良,抵制洋货,如纺纱、织布、造纸、制糖之类,或开设公司,或创立工艺学堂,藉以开通风气,利益民生,著有成效者,应由本会核其动用资本多寡,收回利权大小,禀请商部从优奖励,以示激劝。

前章程三十条均系遵照部审,参酌本地情形,公共酌议。尚有未尽事宜,俟随时会商增改,禀明办理。

原载政协温州市委员会文史资料委员会:《温州文史资料》(第3辑),浙江人民出版社1987年版。

资料来源:汪林茂主编:《浙江辛亥革命史料集》(第一卷　二十世纪初的浙江社会),浙江古籍出版社2014年版,第188~191页。

浙江嘉兴府商会章程

第一章　定　　名

第一条　本会设立嘉兴府城，先以郡城为发达之所，联络所属各邑市镇，定名曰嘉兴府商务分会，与省城及上海苏州各总会，遇事息息相通。

第二条　本会公举总理，厘定章程，即行呈请咨部颁发图记，以资钤用，而昭信守。

第二章　宗　　旨

第三条　本会以保护商业，后发商智为宗旨。凡维持公益、调息纷争各事实力施行。

一、调查商业研究商学会总讨论，以备商部咨询；

二、劝结各商同业团体，使商业日有进步；

三、本属土产以丝绸、棉、布、米、麦、菜、豆、窑、货、烟、酒，务使广销，每年调查销数列表众览；

四、种植制造各品实力考求仿照新法，逐渐改良。遇有新出商品，即遵部章第十三款列表汇报。

第三章　命　　位

第四条　本会议事各员：

总理一员，领袖会董一员，会计会董一员，庶务会董二员，会员十五员，业董无定额，名誉会董无定额。

第五条　本会办事会员：

文案兼书记一员，理事兼招待一员，会计一员，调查兼庶务一员，翻译一员。

第四章　选　　举

第六条　本会议事各员投票选举皆以多数者为定总理格如下：

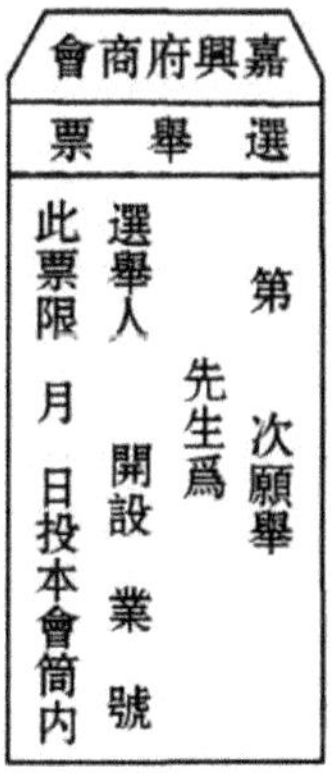
嘉興府商會
選舉票
第　次願舉
先生爲
選舉人　開設　業　號
此票限　月　日投本會筒内

一、品行方正事理通达；

二、热心公益，谙习文牍；

三、在郡设有实业；

四、身任会董会员；

五、年届三旬；

会董及会员资格如下：

一、品行端谨；

二、事理明白；

三、在郡经商；

四、年届二十四岁以上。

第七条 总理由会董及会员内选充，会董及会员由会友内选充，选举既定，即将总理衔名履历呈报农工商部，给发札文委用，以一年为满，任会董会员亦以一年为期，悉遵部章第四款办理。

第八条 总理及会董及会员议事允洽，商情悦服，一年期满仍准投票公举，续任以三年为满。

第五章 责 任

第九条 在会议事各员权限：

一、总理管理全会一应事务，裁定会章决议各会董会员所判议之事件，以联络商情，开通商智，并与地方官商办要公为任；

二、领袖会董 襄理全会一应事务，以佐总理之不逮，如遇总理因公他出集议时，不及到会者，即暂由领袖会董代任其责；

三、会计会董 筹办全会经费，稽查进出账目，监造清册，使众商信服；

四、庶务会董 凡会中公断中证调查以及办理文牍均量力分任；

五、会员 每星期与总理及各会董判议会务，以期集思广益；

六、业董 一业中行规商务为之代表，到会与各会董会员接洽事务；

七、名誉会董 会中应办事件随时赞成，并筹助经费俾易蒇事而慰商情。

第十条 延聘办事各员权限：

一、文案兼书记 办理会中各项文牍信札及日行公事，一应笔墨；

二、理事兼招待 众商有事到会，一经总理及会董会员提议即予理处，并无论官绅士商到会者，皆循分妥为招待；

三、会计 经理银钱出入专司账目，办理报销，由总理及领袖会计各会董

核明,张列会所年终汇造一年总,报遵部章第二十二款,报部查核;

四、调查兼庶务　调查市情,考究土宜,访察商家虚实情形,随时报告总理,并稽察仆役督理会中一切事务;

五、翻译　专办华洋交涉文件,翻译外同文字,查校电文。

第十一条　自总理以及业董一经公推,皆当力任权限内之义务,不得互相推诿,以专责任而重公益。

第十二条　会中各员除第五条延聘办事各员常川驻会外,余皆按期到会,遇有特别事务,随时咸集开议。各员中倘有疾病外出,各项事故须先声明,否则三次不到,从公议罚。

第六章　入　　会

第十三条　商家来会注册,经众商认可,即为本会会友,惟须确有实业而热忱任事众望允孚者,方为合格。

第七章　出　　会

第十四条　不能入会及已入会而须撤退者,条列如下:

一、营业卑贱;

二、声名恶劣;

三、偿债未清;

四、疯癫不仁;

五、干犯刑章;

六、不守会规;

七、损害公益;

八、侵侮同业;

九、败坏名誉;

十、违背会旨。

第十五条　所有在会撤退之员,无论曾捐款项多少,概不给还。

第八章　经　　费

第十六条　本会经费开办之初,暂由总理及各会董会员垫筹,如有各商自愿捐助者,随时来会缴款,当给收据,由总理及领袖会计各会董签字为证。将来存有公积,悉照部章第二十三款办现。

附收据式

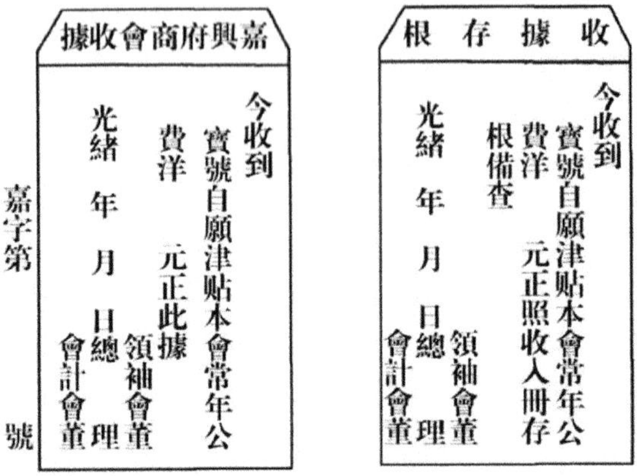

嘉興府商會收據

今收到

寶號自願津貼本會常年公

費洋　元正此據

領袖會董

光緒　年　月　日總理

會計會董

嘉字第　號

收據存根

今收到

寶號自願津貼本會常年公

費洋　元正照收入冊存

根備查

領袖會董

光緒　年　月　日總理

會計會董

第十七条　本会常年经费由入会各商行随便输助，勿稍勉强会中开支，力求撙节。或尚不敷办公，仍由总理会董会员公筹垫用。部章二十一款收费各节，应俟日后酌度情形会议办法。

第十八条　本会动支经费其额支之款，凭预算表照支。其活支之款在百元以内者，由总理及领袖会计各会董公同签字照支。倘在百元以外，则须全会会员过半认可，方准开支。

第十九条　所有本会常年开支，由总理及领袖会计各会董预列度支表，无论额支活支各款，皆需众会员认可过半，始得依表为定。

第二十条　本会将来四柱清册实存项下，如有存积，遵照部章第二十二款办理。

第二十一条　本会将来存有公积，如遇在会各商存货积压货，偶遭意外不测，需资周转，查无别项事故，准全会会员联名出结，公保借给款项，酌取官息，以充公费悉遵部章第二十三款第四项办理。

第九章　办　　法

第二十二条　凡商家定货之合同房屋之文契，以及借贷合股等，据概遵部章第十九款，令赴本会注册加盖图记，以杜作伪。

第二十三条　各商如有独出心裁制造新品，或将原品改良，而能畅销获利者，准予禀部专卖，以符部审第二十六款办理。

第二十四条　各商创设兴利事业足以抵制洋货者，如商力不逮，本会经费有余，遵照部章第二十二款第三项准全会会员开议议决，联名出结公保，由本会筹款赞成。

第二十五条　入会各商既已循理守法，如有土棍吏役藉端欺凌有碍商业，应即遵照部章第七款，由总理于该地方官衙门秉公，代为伸诉。

第二十六条 嘉郡为杭苏沪往来通衢，良莠不一，查有实在病商之事亟应改革者，本会当不惮劳怨，实力奉行。

第二十七条 遇有假冒牌号，混淆市面，致本商受亏坐失利益者，告知本会，查有确据，即当提议会商，公同究罚。

第二十八条 本会调息纷争或有权力所不能及者，即由总理代送有司核办，悉遵部章第七款办理。

第二十九条 凡众商有事在官，愿由本会理处者，理讫后备文，移请地方官销案。

第三十条 在会各商遇有关系商务紧要密切之件，须禀呈农工商部者，许由本会移知总会代达，倘因总理徇私禀控者，准照部章第十一、第十二款办理。

第三十一条 不论会内会外之商人，如有妄利病民践踏同类及攸关民生日用各物，无故高抬藉端垄断者，遵照部章第二十四款办理。

第三十二条 已经入会注册之商号，由本会随时开单备文送至地方官衙门备案后，或因事被累，由地方官先行知照本会分别办理。

一、该商被控必须传讯者，本会公同据实查复，俾良懦者，得尽其同，狡黠者，毋可饰辩；

二、各商因钱债被控，在民事诉讼法内者，由本会体察情形，随时酌觅，担保以免羁押之苦；

三、各商如所犯案情重大不关商务者，当立派会员查察，属实本会即不任保护之责，并公议出会。

第三十三条 在会之人，因商业纠葛本会为之秉公调处，以免设讼，但须查明实在情形，不得稍有欺饰，果其理直虽为之联名电部，本会亦可担认。

第三十四条 事经本会理处，众议佥同，其理曲之人或梗顽不服或避匿不到，非本会力所能及，即行酌量移送有司。

第三十五条 本会调处事件以和平为主，采公评断，不事强迫。如两造相持不下，即遵部章第十五款，准其禀官，倘案悬日久，两造仍愿本会调息，本会亦不推辞。

第三十六条 凡遇华洋商人交涉事件，或事涉教民，本会查按约章秉公理，处遇有洋商龃龉，悉遵部章第十六款办理：

第十章 议　事

第三十七条 议事一定之规则：

一、议事之期由总理及领袖会董订定时刻，知照在会各友，届时不得违误，迟则不能入议厅，即作临时不到论；

二、议事之日由庶务会董监会摇铃，入座总理及领袖会董起立，宣告本日提议之事由众依次议决，再摇铃散会；

三、如有会友欲提议一事，须先叙述事由，签名至十人以上函送总理及领袖会董处，至期方可开议，议时欲特陈己见者，建议毕仍归本位；

四、议事时不得紊乱座次，无故出席尤不得任意喧哗、随便涕唾及酒醉吸烟等事；

五、本会议事照会议通例章程，会员到场须有过半，否则不能开议。议事次序假如一人建议，另有一人起而驳者，俟言者毕其词而后更迭置议，悉遵部章第十款办理。

第三十八条　本会开会议事分常会、年会、特会三项：

一、常会　按照部章第九款每遇星期开会一次，由总理及各会董会员将应办事件集议施行，若商家有紧要之事，即于临期赴会酌议。如本日不能议决，准其接议一二日。

二、年会　每年十二月由总理及领袖会董酌定日期宣告一年期满停止常会，所有年会应办事宜列下：

甲　清查本会一年进出款项；

乙　预定下届各员选举期；

丙　预订一应选举事宜；

丁　调取一年所办各事。

三、特会　本会遇有紧要事件准随时开特别会，由总理及领袖会董先期知照，或由各会员签明事由，先期函告总理及领袖会董均可。凡关乎重要商政者，一经议决，须移知总会察奉，农工商部核准施行。

第三十九条　本会每年正月依照选举期开会三次：

第一次　清列去年账目，开呈四柱清册报告总会，汇报农工商部，并陈列会所，以便众览。

第二次　调查上年各业盛衰，土产销数多寡，有无新出改良之商品，列表报由总会汇报农工商部查核。

第三次　选举本年新任总理或续任总理及各会董会员，改良上年办理章程，移知总会，禀呈农工商部察夺，并共同预列本年度支表。

第四十条　议事时书记员将各人言论振笔直书，俟议决后宣告，大众凡事未宣以前，不得任意预泄。

第四十一条　本会议决事件非有会友十人以上联名，请该全会员三分之二定议者，不得擅改。

第四十二条　会中更易章程非急迫违碍者，应留俟年终汇改，以免纷更。

第四十三条　本会开议要事，会中不能决定，如有真知灼见，实于商务有益，虽会外之商人，亦可邀其讨论，定有方针，再行议决。

第十一章　权　利

第四十四条　商各请愿入会，须将执业牌号、行规坐落、资本股东及经理人姓氏、籍贯、开设年月开送本会注册，始得沾本会所办各事之权利。

第四十五条　众商如欲考查关涉商务中外章程、商学商报，当由本会随时购备，以供众览。

第四十六条　商各已经入会，即与各业互相联络商情市价，随时讲求，以免隔阂之弊。

第四十七条　会友欲赴他处考察，有益商务实业者，凡遇可为介绍之处，本会皆可作为介绍。

第十二章　会　所

第四十八条　本会办理之所部章第十七款，本有由地方官借给公房以资办公，今郡城无官房可借，由众商公议暂赁北门外清凉庵僧舍，将来如有合宜官房，再请拨借，或俟积有余款酌为营造，临时再行提议。

第四十九条　郡辖地方辽阔，凡与同郡之各县各埠有商务交涉未能遥度者，应于郡外商业繁多之处另设分会。如已经奉设之石门分会者，与郡会时常联络，以通商情。

第十三章　要　义

第五十条　本会会员有如徇私偏袒，声名恶劣者，准由总理邀集各会董会员议决撤退，另举须会员中有五人联名举发方可，至总理则遵部章第十二款办理。

第五十一条　在会各员务宜恪守章程，秉公分任会事。至延聘驻会各员均月支薪水，总理各员暂不开支，以尽义务。

第十四章　推　广

第五十二条　本会将来经费充足，拟筹设商业学堂一所，慎延教习，详订课程，专教商人子弟，以造商界人才。并拟兼设商业补习所，教育商人，改良商品，讲习商学，以兴实业。

第五十三条　日后存有公积，即遵部章第二十三款第五项，择土货之精良者设立陈列所，以资比较。即公选熟悉中外品物商情之员，购地添房兴办。

第五十四条　嘉郡市情盛衰，向视田蚕丰歉为转移，商与农工实相维紧。商人既应保护农工，亦当讲求使田蚕进化，制造改良商务。自曰臻繁富本，会应准农工两项一体入会，以求商业进步。

第十五章　置　　产

第五十五条　本会将来经费有余，准置产业，无论动产与不动产，皆须遵照部章第二十三款第二项办理。

第十六章　规　　则

第五十六条　一应善举无关大局及商政者，本会概不担任。

第五十七条　一切迷信祈报妄诞之事，本会概不提议。

第五十八条　干脯抽丰种无谓之应酬，本会不准开支。

第五十九条　本会试办章程经众商公议，允遵奉部核准。

第六十条　一应未尽事宜随时增入，悉遵部章办理。

（原件藏嘉兴市图书馆）

资料来源：汪林茂主编：《浙江辛亥革命史料集》（第一卷　二十世纪初的浙江社会），浙江古籍出版社 2014 年版，第 191～198 页。

浙江余姚商务分会简章

一、宗旨

姚邑当宁绍水陆之冲，百货往来，颇形繁伙，一商务之过路码头也。欲谋振兴，必商人合结团体，开商会始。商会者，联商情，开商智，以扩商权者也。兹设立商务分会，似应隶于杭州商务总会，禀乞上达商部注册备案。一切事宜，自应力为维持，务以事事便商为宗旨。

二、会所

商会开办之始，部章可先借支公房。今一时未得其栖，以邑庙旁徐姓独建风神殿权借修葺，为开会办公之所。俟经费筹定有余，另再择地建造，俾资久远。

三、职司

公举总理一员，议董十二员。必其人才力品望，皆备于躬，创有实业，为商民所推服者，始为胜任；各业各举业董一员，或数员，亦应熟悉商情，素孚众望。

又延请司账一员，书记一员，必择人谙习公牍，明白事理者任之。

四、经费

本分会开办之始，由发起钱业筹垫英洋一千元，存放恒升钱庄，暂行试办。如有成效，再将各项用款若干，预算列表，当众宣告，再为筹集，不假强为。倘有热心志士，自愿捐垫会款，则相辅为功，多寡惟便，必收到后，发给收条为准。

五、常会

每逢星期为议会之日，以下午二点钟到会，四点钟散会。总理、议董、业董均应到会，不得无故不到。市面如何兴，如何衰？货物孰者消，孰者滞？衰者当议整顿，滞者当议疏通，各抒己见，从长集议。俾商务日有进步，不致徒有商会虚名。

六、特会

商业中无论一号一业，设有事故，准随时可向分会呈进说帖。由总理定期分发传单，请该业业董邀集两造会议，秉公议决。如两造坚执己见，再各力为开导。卒不能折服，听其具禀地方官核办。惟开会时，应以总理为主席。设总理实有事故，或议董代之。必俟议董及随时酌情之各业董，以及各业代表人到会，约许有过半之数，方可开议。至议事之法，假如一人建议，有一人赞议，或复有起而驳议，总之不论人数若干，均须令言者毕其词，而后更叠置议，从众议决。由书记员登册，俟下次会议将前所议决登册者，当众宣读。无所不合，即由主席签字作准。

七、调查

凡商业之衰旺，土产之盈虚，以及有无新出商品，均应随时调查列表，以备查考。

八、议事

商人寄迹市廛，自应恪守同业定章，公平买卖。如有不守同业定章，违碍大局，或日用各物，故意高抬市价，应由本分会总理会同议董、业董随时稽察。招至该商，晓以大义，按照人埠市面核议。如抗不遵从，会中得有禀官禁止之权。又行号铺司，如有妄增工价不遂、恃众罢工挟制，此种恶习，亦由本分会议决。先行劝诫，劝诫不听，即将为首者指名禀究。至于好事者流，借迷信旧俗兴办迎神赛会、演戏焰口等事，派集街缘，虚糜无益，现奉邑主出示禁革，自不至复蹈前辙。但恐时久渐违，或假事端，或鼓谣惑，依旧沿门托钵，纷扰市廛，亦应由本分会随时查禁力止，不得再沿旧习。有不从硬索者，禀究之。

九、实行

商家合同、房屋买契、银钱借券等，有愿赴会注册者，准予盖明图记以昭信守而杜欺饰。万一总理以至业董,间有徇私偏袒,致商人有所屈抑,准诉商会,经会中多数人会议属实,或议罚,或斥退另举,其有情节重大,由各商赴有司衙门禀控。诬告者乞反坐。

十、推广

姚邑乡镇地方辽阔,现在先办城垣。俟办有成效,再行推广乡镇,各举会员一员,附入分会,以资联络,而免隔阂。

(原载《绍兴商业杂志》第1期,1909年12月)

资料来源:汪林茂主编:《浙江辛亥革命史料集》(第一卷　二十世纪初的浙江社会),浙江古籍出版社2014年版,第198~199页。

浙江萧山县属闻堰商务分所试办章程

第一章　定　　名

闻堰为萧山西乡省首镇,系上下冲要之区,离县较远,谨遵部章联合本地绅商及旅闻诸商组织商务分所,立于闻堰,故名闻堰商务分所,应山杭州总会移请劝业道转详抚部院咨明,农工商部立案,颁发图记,敬谨盖用,俾资信守。

第二章　明　　义

本所以萧山西乡土沃民稠,出产烟棉丝布,而商会不立不足以通声气。故拟设分所一区,遵章隶于总会,联络分会以开通商智,保全商利,排解商衅,扩充商力为宗旨。

第三章　职　　司

总董事一员,为全所之代表,应由众商公举,报由总会呈请农工商部察核批准,饬遵办理。名誉会董无定额,推本镇绅董之品学兼优、关心商务者为之;

会议董事十二员;

干事四员,驻所里办事,宜此时担任义务,俟经费筹定然后酌给薪水;

理事一员,以综庶务兼掌文牍;

书记一员,以司记载书启册籍;

会计一员,以主收支兼任招待;

调查一员,随时稽查商务情形。

第四章　选　　举

本所选举按照定章投票公举。

附:总董事格

甲　品行公正,素孚众望;

乙　事理通达,熟悉商务;

丙　手创商业,卓著成效;

丁　力能耐劳,遇事秉公。

选举各会董与总董之法同:

甲　品行端方,见识卓越;

乙　明白事理,通晓公牍;

丙　在镇有实业者;

丁　年届三旬为各商推重者:

所员由各友中选举:

凡入所各友,但须具介绍书,将行号、执事、姓名、年岁、籍贯、住址报明,经调查属实,方得入本所。为友应享一切权利,遇事实力保护,倘有损败本所名誉,扰害公益情事,经查确,公议摈退。

第五章　议　　事

本所董事各员除犯部章第七款随时查照办理外,皆以一年为任满,应否留请续任,届时公议。

本所会期以分常会、特会、年会三种:

甲　常会每月廿五日为会议之期,市面何处兴、何处衰,货物孰者销、孰者滞?衰者当议整顿,滞者当以疏通,各抒所见,从长集议,俾商务日有进步,不致徒骛虚名。

乙　特会必须紧要事件,先将事由告明书记处,当转达总董定期集议。

丙　年会每年开会一次。

会议之规则除遵照部章第十款办理外,条例如下:

甲　凡会议皆以总董为主席,其事关一业者,以本业董事为副主席,若年会推举总董时,或请会董为主席,临时由众公议。

乙　每会以会董一员协同理事纠察会议。

丙　每会须会董会员到者过半方能开议。

丁　每会定于午后二句钟开议,由监议摇铃入座,由理事宣告本日所议事,由发议者陈说,毕,归座。辩驳者亦如之。

戊　陈说既毕,由本所取黑白子二盒以定是否。主何说者白,何说者为黑,俱至书记处报明,各取黑白子投筒,从多数定议。如两数相若,由总董秉公商决,既官示后,不得再生异议。

己　会议时备议事簿会员到者以次自行签名,书记员将所议事由,暨各人言论随时记录。

庚　凡集议须将前次所议事件当众宣布,无所不合,则由主席签字作准,然后提议事件,甲事议毕,再议乙事,议决,摇铃散会,议未决,展至下期。如系要事,照特会例,次日接议。

辛　所议之事是否利害,各会董公同研究一体任受,不得借口未到置之不理。

壬　议事时禁约如下:(甲)不得醉酒入座;(乙)不得无故出席;(丙)不得肆意嘲谑;(丁)不得先自告退。

第六章　责　任

总董应执行各员议决之事件,并有维持本所、联络就近各埠镇商务之责,凡商业之兴衰,土产之盈虚,以及有无新出之商品,均应随时调查列表,以备参考。

名誉会董有匡助木所之责,如遇重要难决事件,可特请入会计论,各会董及会员有助本所经费,条陈意见,以备本所采择之责。

第七章　权　限

本所专为维持商务公益而设,在所各商,如有干犯宪章,本所不任保护。

在所各商有事赴诉,须具一说帖,自当秉公调处。若私函请托,一概不收。凡关系重要,事件未经宣布以前,在事各员不得预泄。

第八章　经　费

本所开办经费,先由诸同志筹垫若干,暂行试办。

常年经费,视营业之大小,由各会董酌量拨助。

特别用款,数逾十元者非经公认,不得擅支。

无益所务及一切无谓应酬费用,概不开支。

(原件藏绍兴县档案馆)

资料来源:汪林茂主编:《浙江辛亥革命史料集》(第一卷　二十世纪初的浙江社会),浙江古籍出版社 2014 年版,第 200 ~ 203 页。

浙江省杭州市商会章程

第一章　总　　则

第一条　本章程依据商会法及商会法施行细则订定之。

第二条　本会定名为杭州市商会。

第三条　本会以图谋工商业及对外贸易之发展，增进工商业公共之福利为宗旨。

第四条　本会以杭州市行政区域为区域，事务所设于杭州保佑坊四十五号。

第二章　任　　务

第五条　本会之任务如下：

一、筹议工商业之改良及发展事项；

二、关于工商业之征询及通报事项；

三、关于国际贸易之介绍及指导事项；

四、关于工商业之调处及公断事项；

五、关于工商业之证明及鉴定事项；

六、关于工商业统计之调查编纂事项；

七、得设办商品陈列所、商业学校或其他关于工商业之公共事业，但须经社会运动指导委员会浙江省分会之核准；

八、遇有市面恐慌等情，有维持及请求地方政府维持之责任；

九、办理合于第三条所揭宗旨之其他事项。

第六条　本会得就有关工商业之事项建议于中央或地方行政官署。

第七条　本会应答复政府及自治机关之咨询并接受其委托。

第三章　会　　员

第八条　本会会员分下列两种：

一、公会会员。凡本区域内各业同业公会依法加入本会为会员者属之。

二、商店会员。凡本区域内商业的法人或商店别无同业，或虽有同业而无同业公会之组织，依法单独加入本会为会员者属之。

前项所称虽有同业而无同业公会之组织者，系指在本会区域内之商店同业不满七家者而言，已满七家时不得以商店资格加入本会。

第九条　公会会员及商店会员均得举派代表出席本会，称为会员代表。

会员代表以在本区域内之本国商人,年在二十五岁以上者为限。

第十条 凡曾经依法立案之同业公会,或曾经依法注册之商店,愿依照第八条入会者,应备具入会声请书,先向本会登记,送由常务理事交付审查合格后,给予证书。

第十一条 会员须遵守本会章程,服从本会决议案,并按时缴纳各种会费。

第十二条 会员不得无故出会。设因公会解散或商店迁移于本区域外营业及倒闭等情必须出会者,须声叙理由,填具出会书,送交本会审查认可。

第十三条 会员不遵守本会章程议决或有其他破坏本会之行为或欠缴会费者,得由会员大会予以警告或除名等处分。

第十四条 同业公会会员代表每公会举派一人。但其最近一年间所属商店使用人平均综合计算超过十五人者,就其超过之人数每满十五人得增加代表一人,惟其代表人数至多不得逾二十一人。

第十五条 商店会员每店举出代表一人。但其最近一年间之平均使用人数超过十五人者,就其超过之人数每满十五人得增加代表一人,惟其代表人数至多不得逾三人。

第十六条 有下列各款情事之一者,不得充本会会员代表:

一、褫夺公权者;

二、有违反现行政纲政策言论或行为者;

三、受破产之宣告尚未复权者;

四、无行为能力者。

第十七条 会员代表经会员举派后,应给以委托书并附具履历,送经本会审查合格后,方得出席。出席代表有表决权、选举权及被选举权。

第十八条 会员代表得由原举派之公会会员或商店会员随时撤换之,并应书面通知本会。但当选为本会职员者,非有依法应解任之事由,不得将其撤换。

第十九条 会员代表不遵守本会章程或发生第十六条所列各款情事之一者原举派之会员应撤换之。

第二十条 会员代表有不正当之行为致妨害本会之名誉信用者,以会员大会之议决将其除名,并应通知原举派之会员。

受除名之处分会员代表,自除名之日起三年以内不得充任会员代表。

第四章 组织及职权

第二十一条 本会设理事十五人、监事七人,由会员大会就代表中用无记名连举法选任之,以得票最多数者为当选。选举前项理监事时,应另选候补理事七人候、补监事三人。

第二十二条 本会常务理事五人,由理事会就理事中用无记名连选法互选之,以得票最多数者为当选。

第二十三条 本会理事长一人,由理事会就当选之常务理事中用无记名单记法选任之,以得票满投票人之半数者为当选。若一次不能选出,应就得票最多数之二人决选之。

第二十四条 理事及监事均为名誉职。

第二十五条 理事及监事之任期均为四年,每二年改选半数不得连任。

前项第一次之改选以抽签定之,但理监事人数为奇数时,留任者之人数得较改选者多一人。

第二十六条 理事长及常务理事缺额时,由理事会补选之,其任期以补足前任期为限。

第二十七条 理监事缺额时,由候补理监事依次递补,其任期以补足前任期为限。

第二十八条 候补理监事未递补前,不得列席会议。

第二十九条 本会理监事有下列各款情事之一者,即应解任:

一、因不得已事故,经会员大会议决准其退职者;

二、旷废职务,经会员大会议决令其退职者;

三、于职务上违背法令、营私舞弊或有其他重大之不正当行为,经会员大会议决令其退职,或由社会运动指导委员会浙江省分会或地方最高行政机关令其退职者;

四、发生第十六条各项情事之一者。

第三十条 本会理事会设下列各科:

一、总务科,掌理之职务如下:

(一)文书;(二)事务;(三)图书;(四)出版;(五)不属其他各科之事项。

二、经济科,掌理之财务如下:

(一)货币或有价证券之出纳保管;(二)财产之保管;(三)编制预算决算;(四)其他一切会计事项。

三、商务科,掌理之职务如下:

(一)关于工商之询问事宜;(二)关于国际贸易之介绍事宜;(三)关于工商业出口之证明鉴定事宜;(四)关于商业契约事宜;(五)关于工商业之调查统计事宜;(六)关于工商业之建议事宜。

四、指导科，掌理之职务如下：

（一）关于会员团体之指导事宜；（二）关于会员团体之活动；（三）关于会员团体入会出会事宜；（四）关于会员团体之调查统计事宜；（五）关于会员间之调处及公断事宜。

五、福利事业科，掌理之职务如下：

（一）筹划工商业之改良发展及救济事宜；（二）举办商品陈列所及其他工商业之公共福利事宜；（三）关于工商业教育之计划事宜；（四）规划合作专案；（五）其他福利专案。

第三十一条 各科设主任一人，由理事会就理事中推选之，主持各该科一切事宜。

第三十二条 各科按事务之繁简得酌设干事及助理干事若干人，承主任之命办理各该科一切事宜。

第三十三条 本会设秘书一人，秉承理事长之命办理本会应行一切事宜。

第三十四条 本会因事务上之必要得组织各种委员会。

第三十五条 本会办事细则及各种委员会组织条例办事细则另订之。

第三十六条 理事会依本章程之规定及会员大会之议决行使职权。

第三十七条 常务理事依本章程之规定及理事会议决行使职权。

第三十八条 理事长对外代表本会。

第三十九条 监事会之职权如下：

一、监察理事会执行会员大会之决议；

二、审查理事会处理之会务；

三、稽核理事会之财政出入；

四、决议理事会提出之处分会员案件。

第五章　会　　议

第四十条 会员大会分定期会议及临时会议两种，均由理事会召集之。定期会议每年至少开会一次。临时会议于理事会认为必要时，或经会员代表十分之一以上之请求，或监事会函请召集时召集之。

第四十一条 会员大会之决议以会员代表过半数之出席，出席代表过半数之同意行之。出席代表不满过半数者，得行假决议，将其结果通告各代表，于一星期后二星期内重行召集会员大会，以出席代表过半数之同意对假决议行其决议。

第四十二条 下列各款事项之决议以会员代表三分之二以上之出席，出席代表三分之二以上之同意行之，出席代表逾过半数而不满三分之二者，得以出席代表三分之二以上之同意行假决议,将其结果通知各代表,于一星期后二星期内重行召集会员大会,以出席代表三分之二以上之同意对假决议行其决议。

一、变更章程;

二、会员或会员代表之除名;

三、理监事之退职;

四、清算人之选任及关于清算事项之决议。

第四十三条 理事会每月至少开会二次,常务理事会每星期至少开会一次,监事会每月至少开会一次。

第四十四条 理事会开会时须有理事过半数之出席,出席理事过半数之同意方得决议,可否数同取决于主席。

第四十五条 理事长为理事会及会员大会之当选主席。

第四十六条 监事会开会须有监事过半数之出席,临时互推一人为主席,以出席监事过半数之同意决议一切事项。

第六章 经费及会计

第四十七条 本会经费分下列两种:

一、事务费。按照会员资本额比例负担之:

(一)一万元以下者年纳二十元;

(二)一万元以上三万元以下者年纳五十元;

(三)三万元以上五万元以下者年纳一百元;

(四)五万元以上未满十万元者年纳一百五十元;

(五)十万元以上未满二十万元者年纳二百元;

(六)二十万元以上未满五十万元者年纳二百五十元;

(七)五十万元以上未满一百万元者年纳三百元;

(八)一百万元以上未满二百万元者年纳三百五十元;

(九)二百万元以上未满五百万元者年纳四百元;

(十)五百万元以上未满一千万元者年纳四百元;

(十一)一千万元以上未满二千万元者年纳七百五十元;

(十二)二千万元以上者年纳一千元。

二、事业费。由会员大会决议筹集之。

第四十八条 前条所规定之会费,由常务理事会根据各会员之资本额决定等级,提交理事会决议征收。但有特殊情形时,得由理事会商得各自会员之同意后,酌量增收之。

第四十九条　会员于入会时依上列之规定先行缴纳会费一切。嗣后于每年会员定期大会前一个月内,缴纳该年会费,但必要时得按月分缴。

第五十条　会员出会时会费概不发还。

第五十一条　会计年度以每年一月一日始至同年十二月三十一日止。

第五十二条　本会经费之预算成立与决算审核,须经会员大会决议之。

第五十三条　本会之预算决算每月须编辑报告刊布之,并呈由社会运动指导委员会浙江省分会备案。

第七章　附　　则

第五十四条　本章程未规定事项悉依商会法及商会法施行细则之规定办理之。

第五十五条　本章程如有未尽事宜,经会员大会通过,并呈报社会运动指导委员会浙江省分会修改之。

第五十六条　本章程呈准社会运动指导委员会浙江省分会备案施行。

资料来源:满铁上海事务所调查室第八系编:《中支惯行调查参考资料》(第1辑),第200~206页。

山东临清商会

第一节　宗　　旨

甲、商会之设,首以联络商情为第一要义。无论行商坐贾本籍外籍,凡营商于州者,遇事须同心协力、公同和商,不可仇视同行,异视外籍,徒便私图,不顾公义。

乙、讲求商业。所营货物何处行销、何处畅销及货物良窳、获利厚薄,均须详细考求,以期算无遗策。

丙、保持商务。有利者共谋兴之,有害者共谋去之,互相维持,宜相保护,不可存损少利己之心,蓄立异矫同之见。

第二节　用　　人

甲、先于各行商业中,公举熟习商务且公正廉明为众所信服者一人或二人为各行总董,主持会中一切事宜。至工业中人现在无多,不能另立一会,应附商会一体办公。

乙、分别各行,各举分董一人,主持一行之事。如小贸不能自立一行,可附他行,共举一人,以为分董。凡各行有应议应办之件,由各行告知各分董,会同总董齐集公所,大家会议,议定后行。

丙、用稍通文字、勤慎耐劳一人为司事,专办各行通报人会注册等事。

丁、用夫役二人,以为洒扫房院、看守门户及有事会议唤请总分董之用。

第三节 会 规

甲、无论何行何业,凡营商于此者,均须报明入会财东何人、掌柜何人、是何字号、资本多寡、开设年分,须一一详注于册,以便稽考。

乙、报名人入会后,各行各业如有须更改行规及议定价值等事,必须邀集总分董赴会公议,不准私自更章,致失立会本意。

丙、商家往来如有账目纠葛、口角争辩等事,不准遽尔兴讼,须邀集两造齐集公所,凭总、分董公平核算调处。如会中实不能为排解,准由总分董到署面禀,折开节略,本州立即口传到署,秉公断结,即据节略为断立案,并无须呈纸层叠,徒滋讼累。

丁、开设银钱铺号。现已饬令五家连环互保,方准出票,会中须并查明出票钱号、资本若干。如资本一万,只准出票五千,必使较成本有赢无绌,庶免亏骗倒歇之弊。倘或出票逾分,虽经互保,亦应饬将浮数票纸先行收回。

第四节 会 期

甲、每月初一、十五两日,总分董必须轮到公所,本州亦必亲到考询一切。凡有商务应议应办事件,总分董即可面陈本末,本州当为酌定,立予施行。

乙、总分董添五日须有一二人到会,如有应议应办事件,立即公平妥议,不得故意推延及有徇隐偏向等弊。

丙、各行如有重大事件,关系商务全局,必须大家公议者,须择日先期知会各行,并总分董齐集公所会议,不得诿延不到。此为特会,与常会五日一期者不同。

第五节 经 费

甲、现在试办,诸宜从简,会中不备饭食,仅供到会茶水,约计司事、夫役工食等项,每月不过需京钱三四十串谱,应由总、分董在各行酌量捐备,拟有名大铺月捐京钱二百、一百文谱,小铺五十文谱,以足敷用为止,不得藉此苛派勒索。如有格外苛勒情事,准各行指名控告,立即严办。其每月会中用钱若干,月底由司事开缮清单,张贴公所,俾众共悉,不得稍有含混。

乙、商家常例,各行皆有公积,藉备本行公事支用,此项应由各行自行议办,但应报明商会公所,另注册档,以备查考,将来如有轇轕,总分董庶可照册核办。

第六节 劝 惩

甲、总分董果能血心办事，始终不懈，于会中商务实能维持振兴，著有成效者，本州当详请抚宪或局宪给予奖札，以示鼓励。

乙、各商如能劝招股分，筹集巨资，创设各种公司者，与能参新法、出新智、创制各种新器、有裨利民用者，及创兴新巧工艺实能颉颃外人者，一经察报呈验到州，即由本州禀送各宪，转请抚宪咨明商部立案，给予专利凭限。

丙、各商有能捐资创立工艺学堂，或设各项试验场，如其有成，本州当为禀明各宪，转详抚宪委验，给咨商部，照章请予奖叙。

丁、各商如有不守会规、持强垄断、不顾公义、利己损人，一经查明，应由商会公同议罚。

戊、各商如有拖欠不还及因细故彼此争执，不先报知公所，妄行呈控或径斗殴者，应由商会公同议罚。

己、总分董议处各事总宜和平公允，如有纳贿徇私及意存偏向，致酿事端者，或被告发，或经查出，本州决不徇纵，轻则即行斥退，重则按照情罪轻重酌予惩创。

资料来源：庄维民编：《近代鲁商史料集》，山东人民出版社 2010 年版，第 486～489 页。

山东青岛商务公所

光绪三十年十二月开办，系由该埠商董万涌基等禀请设立。现已饬令遵照定章公举总理、协理，尚未禀复。办事规条列后：

第一条 如青岛商人欠内地商人银钱账目不还，应准内地商人赴总局呈控，并将往来交涉账目清单底账呈请总局查核。如果属实，行知青岛公所遵即理处。如青岛商人实系欠账，故意搪塞不还，即将欠账之人禀送德署，严行追讨，令其变产还偿。如内地商人诬控，将其实在诬控缘由禀请总局究办。

第二条 如内地商人欠青岛商人银钱账目不还，青岛公所查明实在情形，察请总局行知地方官严迫讨要，亦令变产还偿。如青岛商人诬控，将其实在诬控缘由行知青岛公所，禀送德署究办。

第三条 或由总局将债讨回,或由青岛公所将债讨回。每百元应否提出二十元,以十元归总局公费,以十元归青岛公所。公费之处伏请钧裁。

第四条 如内地商人亏欠内地【商人】银钱账目过多,故意藏匿青岛者,准其内地商人赴总局据实呈控,行知青岛公所,遵即禀请德署搜获,仍由青岛公所送交总局究办。

第五条 如青岛商人亏欠青岛商人银钱账目过多,故意藏匿内地者,准由青岛公所禀请总局通饬搜获,解交青岛公所理讨。如欠账之人容心诓骗,即行察送德署究办。

第六条 拟禀请德署发给青岛商务公所戳记一颗,以昭信守。并请总局行知各州县,如遇商人银钱账目词讼,照生员例,堂讯请免枷打,以存体面。如商人身犯重案,自应照例究办。

资料来源:庄维民编:《近代鲁商史料集》,山东人民出版社 2010 年版,第 489 ~ 490 页。

山东烟台商务总会

光绪三十年五月开办。现据六帮商董公举万丞奎基为总理,复举刘同知职衔兆嵩为协理。试办章程列后:

商会者,乃联络团体以兴本埠之商务也。烟台自奉宪设立商会以来,虽为开通风气,无非为保护商业起见,理宜确守商部奏定章程,不准沾染官场丝毫气习。现经本埠商董办理,尤当联合众情,藉纾商艰,凡大小铺户、商号,有事关商业以及银钱、货物账目,轇轕不清碍难了结者,均可呈请商会,公同酌议办理,免涉讼累。倘事关重大,未便擅专,仍宜随时禀请商部抚宪、道宪、商务总局暨地方官核办。庶上可以树商务之基础,下可以达商情之目的,振兴商业,保护商情,不至使商家无所凭依云尔。凡我同人其共鉴诸。

计开

司一、光绪三十二年奉宪委总理梁礼贤、协理刘兆嵩等与六帮商董会同试办,以一年为期,期满再行公举,禀请宪委祗遵。

司正、七月董事:运同衔东河试用同知万奎基、同知衔邹如彭、同知衔梁积泰、辛卯举人·前署福建建江场大使陈元煜、布理问衔迟其镜。

司二、八月董事：监生傅坤辉、同知衔于国琎、七品顶戴・从九职衔高芳龄、布理问衔李奎煜、按经历衔李佺。

司三、九月董事：监生李能弼、武生・守备职衔王家藩、花翎・运同衔梁志中、知府用候选同知张应东、布理问衔于春海。

司四、十月董事：候选县丞邓永龄、候选县丞金谦受、知县用前任唐山县教谕傅托秀、卫守备衔孙日温、布理问衔王者兰。

司五、冬月董事：举人・候选知县杨辅、布理问衔黄守廉、布理问衔姜鸿谟、布理问衔张家祉、六品衔指分江苏候补县丞王兆棠。

司六、腊月董事：守御所千总范绍颜、布理问衔孟昭范、监生赵维英、布理问衔杨信之、诗礼堂启事吴缉善。

办理商会洋商交涉：花翎・运同衔候选同知陈维书。

文案：岁贡生・蓝翎五品衔候选训导隋柏南。

一、商会兼理巡警局、涤净局、工程局事务，以卫市面，而清街道。该局倘有不遵规条办理扰累市面，许被扰者来会呈诉，以凭查办，而一事权。

二、商会所入之款皆入大庙公会，登簿收存支发，六帮商董轮月司查，俟年底结清，出入收支是否敷用，开列榜示，再由帮董签押后移交大庙下手值年之家收管，务须账目清楚，绝无丝毫弊窦，倘有亏短，随时补清。

三、每月逢五、逢十为商会集议之期，众商董均须来会议事。此外，阖埠商号执事人等有洞澈商业者，皆可来会入议，即外省商务亦可借资讲谈。至各种新闻时务官商报章，尤宜随时披阅，以广见闻，而廓商智。其不来者听之。

四、凡银钱账目来会理论者，必须其有呈词，虽不拘定格式，要必须叙明事故，确有执据、账簿中证为凭，方可借以考查。倘无凭可据，徒托空言者，概不便理论。

五、所呈事件须与本埠商业攸关，凡钱财、货物账目等件方可理论，其无关商业者，概不与问。

六、呈追账目欠项者，先须查明负债之家有无财产货物可抵，按照部破产律例办理酌发。若查明毫无财产备抵者，本会碍难追理，只可听凭各债主禀官究办。

七、凡来会呈诉者，会中司理呈词之人先将来呈详录号簿，存为底册。若事属细故，值月董事亦可随时妥议了结。但如何了结之处，须知会总理、协理，酌量可否，以便批发，注册备查。

八、有事关重大或呈诉之件未经议结者，应于集会之期，由总理、协理会同大众公议了断。倘有事属疑难屡讯未结者，可另外订期特会众董齐集开议，先将此项事件拟定一公正至当之宗旨，应否如此办结，先由众董各画一纸暗码，不写名字，只写应否二字，统交总理汇齐拆阅，以应字多者为凭，即照此完结。如书否字多者，必须另议，以昭公允。若经会中议定各该号商，各即须遵此完结。倘有不遵者，由会转详道宪、福山县究办。

九、凡呈追钱财欠款者，追出之款暂留存殷实之家，按月六厘起息，若不足六个月，以三厘起息。俟了结之后，仍归各该应得号户领去。惟公会中须照值百抽五提扣，过万两之外，以二厘五扣充公经费，其息银仍发归原主。

十、所有上宪札谕及公文等件，须俟总理、协理自行开拆，其木质关防一颗亦存总理、协理之处。倘有即发要务及禀复文移等件须用关防者，先由值月董事验明，再由总理、协理盖印发行，以昭慎重。

十一、商会本系大公无私之地，必须处事公正，不拘情面，方可服众。倘遇自己铺户内有应归商会理论之件，不拘总理、协理、董事，均须一体回避，听凭大众公议，不得以在会之人，大众致起庇护之意。至值月董事尤宜格外慎重，不得有询私偏袒及受人情托暗中庇助，或借商会欺压乡愚等事，倘有此项情节，辞谢出会，以昭大公。

十二、会中诸务，总理、协理或有办理失当，不洽舆情之处，各董事务须明言得失，以便更正。倘碍难明言，即祈函致或交总理处备览，以期择善而从，归于至公。

十三、凡值月董事，须每日来会办事，倘有事告假不来者，必须遣号内董事之人来会入议。所有画押签字等事，即为来人之责，不得以退商推诿，致误要公。倘来人办有差错，为司月董事是咎。

十四、会中若有存款，一概归入大庙公会值年之家收存。倘商会存项不敷支销，亦于大庙公会由公款内先行代为借付，惟须董事缮有图章、执照方准支取。至于值月者月底交代，必须算清出入诸项，签字于簿，移交下手，以昭分明。

十五、本街各商号、铺户、商客等，凡有租赁房屋、订立合同以及整理行规、重出条章、加增价目等件，均须来会议妥，盖用戳记，作为证据，方准照行。不准任意私行增加，致贻昂贵流弊。倘经商会议准盖印者，由本会酌其行规增加多寡，抽提小费，以补公用。

十六、会中请一通晓洋务之员，专司与各国领事税务司及洋商等来往交涉事宜。因商董多不通晓洋文洋话，碍难应酬外交，有人则接待周遍，庶不失中外之谊。

十七、会中雇用听差二名、巡丁二名，专为奔走供役、洒扫院落、修整几案等事,听凭各董事差用,以及伺候宾客往来诸役。倘有懈惰误公及招摇生事者,即行革逐。

十八、会中备购有新闻纸时务报诸书,众商董来此均可随便坐阅,以便讲求商务利益。惟所置新闻纸等件,只可在会阅看,不得携带,以免漏失。

十九、凡递有商务呈词必须理论者,应归值月董事等几人垂询,未司此月之人不得干预。倘事有碍难询悉之件,准于众董中择其能向事者代理垂询,以免众口纷纷,不成事体。

二十、前粗拟章程,嗣后如有未尽事宜,容当随时改正议增。

(丁进军编选:《晚清山东地方商会史料》,载《历史档案》1990 年第 4 期)

资料来源:庄维民编:《近代鲁商史料集》,山东人民出版社 2010 年版,第 490 ~ 493 页。

山东烟台商务总会章程

一、烟台向分六帮,每帮举董事一员。惟本帮商号居本埠之多数,自应共举十四员,概名曰本帮董事。每月逢五、逢十,各帮商董均到公所会议,若遇紧要事件随时知照集议。

二、凡公议事件,以众人意见相同者为准,援三人从二之例。倘各持一见各执一词,则由坐办委员秉公决议。若事关紧要,由坐办委员禀请商务总局东海关道宪转详商部抚宪核夺办理。

三、本商会延会计一员,凡有银钱账目是其专职;延文牍一员,凡有书函文件是其专职;另派书记二人,凡出入事件随时抄录;余派夫役八名,以供驱遣。但在会员役,均须洁已奉公,不得沾有司衙门习气。

四、凡入会商号如遇货物积压,需款周转者,即由商董数人出名,将其实况告知坐办委员,由委员代向官银分号及各钱庄,设法移借。俟货物行销后,如数归还,但须商董签名保证并须按月加息,至息银之多寡,随时议定。

五、入会各商如遇钱债纠葛,不得迳赴有司衙门,以免讼累;须先邀各商董到会评议,由坐办委员秉公调处;如遇词屈而顽梗不服者,或理曲而潜匿不见者,再由坐办委员移请地方官追惩。

六、烟台各商号，或系一人资本或合数人资本，往往设廛贸易迟至二三年之久，尚未订立合同议据，以致中途争执涉讼纠缠，即地方官亦无凭核办。现在设立商会自应破除积习，凡在商家必须于事前议定，订立合同，彼此签字，各自一纸为凭，方准营业。

七、烟台商号，惟钱行设有公所，其他尚未遍及，如遇会议事件，不论某帮某行暂时均在商会集议。

八、烟台巡警，系官商合办。如遇土棍蠹役凌辱商家，即速告知坐办委员，率同巡捕前往查办，以示保护。各商董平时到会，必须集众商榷，以便汇报商部核办。

九、商人如能仿照西法制造用物足以抵制洋货者，以及创造公司却有利益而限于资本者，应由各商董详定章程，禀请商务总局酌助股本以为通商惠工者劝。

十、各帮商董均已举定，如果在会出力，由坐办委员禀请商务总局东海关道宪，转详商部抚宪给予奖励，以为振兴商务之道。

十一、此项章程系就烟台情形遵照部定商会章程定议，如有未尽事宜，随时增入。

原载《南洋关报》1905 年第 3 期，第 62～63 页。

河北宣化县商会改组章程

第一条 本会遵照商会法暨商会法施行细则改组商会，并依商会法第五条第二项详拟章程，禀请核准以资遵守。

第二条 本会定名曰宣化县商会，其区域以本县行政区域为区域，事务所设立在本城南街火神庙内。

第四条① 本会常年经费依商会法第三十一条规定，由会员负担，仍就宣化城关商会各会董原担认之经费作为费用，不再另筹他款。仍定按月拟交以供会内茶水、纸笔、泰考、书报、会计、会夫等开支。

第五条 本会出入款项年前会议时，应先编定预算书，每月底总结一次，由会计造具决算，送由会长、副会长核阅签字；每届一季由会长、副会长召集会

① 原文没有第三条。

董会核一次；至年终则开特别会公同考核，并遵照商会法第三十二条将本会经费之预算、决算及事业之成绩，编辑报告刊布有之，并将成绩送请详咨备核。

第六条 请职员会议、每月两特别会议临时召集，以上三项会议悉按本会细则办理，全体会员人等一律遵守。

第七条 会长有统核全会一切事务之责；副会长有帮同会长核办一切事务之责；会董遇事会议有悉心讨论各抒所见之责；行董有遇事报告本行事宜并调查本行状况之责；至于庶务、书记等员因会内经费不足，不另聘雇会董，仍旧担负均作为名誉职不支薪水，其权限除会议发言外，有稽核会计、总结流水账薄、开具榜示、经理一切之责。

第八条 本会无论何人，皆宜化除私见，谋赞公益企业商务之发达，保全会之名誉；倘有徇庇偏执、营私舞弊或有不正当之行为者，宜援照商会法第三十条开会公议处分办理。

第九条 本会于商事公断处为设以前，遇有工商业争议事件，两造情愿在会评议者，得暂照商事公断处章程及细则办理；如两造仍未输服，应听由两造自赴法庭起诉，本会不再干预。

第十条 本章程如有未尽事宜应遵照商会法第二十八条规定办理。

原载《察省建设月刊》1931 年第 3 期，第 79 页。

河北赤城县商会章程

第一章 总 则

第一条 本会定名为赤城县商会。

第二条 本会以发展商民经济，增进商民智识及改善商民生活而图商业之发达，并协助政府关于经济贸易等政令之实施为宗旨。

第三条 本会设于城关镇所在地，以赤城县全县区为本会区域。

第二章 任 务

第四条 本会之任务列下：

一、关于金融调济事项；

二、关于货物流通事项；

三、关于评定物价事项；

四、关于商业贷款之推行事项；

五、关于商业及商民之调查统计事项；

六、关于政府机关之咨询及委托事项；

七、关于市场调整及商业发展改良推广事项；

八、其他有关商业商民事业。

第三章 会 员

第五条 返回本区域内之商民，赞同本会宗旨，经会员二人以上之介绍，经本会理事会之通过，得为本会会员。

第六条 凡有违反本会会章行为者，得由理事会提请会员大会分别予以警告或除名。

第七条 本会会员应享权利列下：

一、发言权及表决权，选举权被选举权；

二、本会所举办各种事业上之利益；

三、其他公共应享之权利。

第八条 本会会员应有下列之义务：

一、遵守本会会长及决议案；

二、担任本会所指派之职务；

三、缴纳会费。

第四章 组 织

第九条 本会以会员大会为最高权力机关，在会员大会闭会期间理事会代行其职权。

第十条 本会置理事九人、候补理事二人，并由理事推举理事长一人、常务理事二人，设常务监事一人、监事二人、候补监事一人，由会员大会选举之。

第十一条 本会按事务之繁简，得设书记一人或干事二三人，由理事会任用之。

第十二条 本会理监事均为义务职，职理事长及书记等酌议生活费。

第十三条 本会理监事任期均为二年，连选得连任之。

第十四条 本会理监事如有下列各款之一者应予解任：

一、不得已事故经会员大会议决准其辞职者；

二、旷废职务经会员大会议决令其退职者；

三、职务上违反法令或有其他重大不正当行为，经会员大会议决令其退职或由主管机关令其退职者。

第五章 职　　权

第十五条 本会会员大会之职权如下：

一、审议理事会监事会务报告；

二、通过本会章程；

三、选举理事监事；

四、决定经费预算；

五、其他重要事项之决定。

第十六条 本会理事会之职权如下：

一、对外代表本会；

二、对内处理一切会务；

三、召集会议；

四、执行会员大会议决案；

五、核准会员入会；

六、办理监事会移付执行案件。

第十七条 本会事理事之职权如下：

一、执行理事会议决案；

二、办理日常事务；

三、召集理事会议。

第十八条 本会监事会之职权如下：

一、监察会员履行义务事项；

二、经济之稽核事项；

三、办理其他有关监察事项。

第十九条 本会常务监事之职权如下：

一、执行监事会决议案；

二、召集监事会议；

三、办理日常事务。

第六章 会　　议

第二十条 本会会员大会每年举行一次，必要时经呈准召开临时会。

第二十一条 本会理事会监事会每月开会一次，必要时均得举行临时会。

第七章 经　　费

第二十二条 本会经费从下各款充之：

一、会员入会费一万元及常年会费五千元；

二、补助费；

三、自由费；

四、基金挚费。

第八章　附　　则

第二十三条　本会各项办理细则另定之。

第二十四条　本会章程如有未尽事宜，得提会员大会决议修正后呈准县政府县党部备案。

第二十五条　本会章程经会员大会之通过，呈请县政府核准县党部备案后施行。

资料来源：张家口市档案馆藏，档案号：旧 2－2－422，第 22～28 页。

贵州安顺县商会章程

（民国三十一年）

第一章　总　　则

第一条　本章程依据修正商会法施行细则订定之。

第二条　本会定名为安顺县商会。

第三条　本会图谋工商业及对外贸易之发展、增进工商业公共之福利为宗旨。

第四条　本会以安顺县行政区域（为）事务所，设于东马路商会原址。

第二章　任　　务

第五条　本会之任务如下：

一、筹议商业之改良及发展事项；

二、关于商业之征调及报告事项；

三、关于国际贸易之介绍及指导事项；

四、关于商业之调处及公断事项；

五、关于商业之证明事项；

六、关于统计调查编纂事项；

七、得设办商品陈列所、商业补习学校或其他关于商业之公共事业，但须经该管官署之核准；

八、遇有市面恐慌等事，有维持及请求地方政府维持之责任；

九、办理合于第三条所揭宗旨之其他事业。

第六条 本会举办之事业,应由执行委员会计划办理,但其重要者,须经会员大会决定之。

第七条 本会得就有关商业之事项建议于中央或地方行政官署。

第八条 本会应答复政府及自治机关之咨询,接受其委托。

第三章 会 员

第九条 本会会员分下列两种:

一、公会会员。凡本区域内商业各同业公会依法加入本会为会员者属之;

二、非公会会员。凡本区域内无同业公会之商业、公司、行号,经依法登记者,单独加入本会为会员者属之。

第十条 公会会员及非公会会员,均得举派代表出席,本会称为会员代表。会员代表以中华民国人民在二十岁以上者为限。

第十一条 会员须遵守本会章程,服从本会决议案,并按时缴纳各种会费。

第十二条 会员非公会解散、或公司行号迁移其他区域、或废业、或受永久停业之处分者,不得退会。

第十三条 公会会员代表由各该业同业公会就委员中举派,至多不得逾五人;非公会会员代表每公司行号一人,以主体人或经理人为限。

第十四条 有下列各款情事之一者,不得充本会会员代表:

一、背叛国民政府经判决确定或在通缉中者;

二、曾服公务而有贪污行为经判决确定或在通缉中者;

三、褫夺公权者;

四、受破产之宣告尚未复权者;

五、无行为能力者;

六、吸食鸦片或其他代用品者。

第十五条 会员代表经会员举派后,应给以委托书,并附具履历送经本会审查合格后方得出席。出席代表有表决权、选举权、被选举权。

第十六条 会员代表之表决权、选举权比例于其缴纳会费单位额,由所派之代表单独或共同行使,每一单位为一权。公会会员代表之表决权、选举权以其所缴会费,比照单位计算权数。会员代表因事不得出席会员大会时,得以书面委托会员代表代理之。

第十七条 会员代表得由原举派之公会会员或非公会会员随时撤换之,并由书面通知本会。但当选为本会职员者,非有依法应解任之事由,不得将其撤换。

第十八条 会员代表丧失国籍或发生第十四条所列各款情事之一者,原举派之会员应撤换之。

第十九条 会员代表有不正当之行为致妨害本会名誉、信用者,得以会员大会之决议,通知原推派之会员撤换之。

前项撤换之代表自除名之日起三年以内不得充任会员代表。

第四章 组织及职权

第二十条 本会设执行委员十九人、监察委员七人,由会员大会就代表中用无记名连举法选举之,以得票最多数者为当选。

选举前项执行委员、监察委员时,另选候补执行委员五人,候补监察委员□人。遇有缺额,依次递补,以补足前任任期为限,未递补前不再列席会议。

第二十一条 本会设常务委员七人,由执行委员会就执行委员中用无记名连举法互选,以得票最多数者为当选。

第二十二条 本会设主席一人,由常务委员中用无记名单记法选任,以得票满投票人之半数者为当选。若一次不能选出,应就得票最多数之二人决选之。

第二十三条 执行委员及监察委员均为名誉职。

第二十四条 执行委员及监察委员之任期均为四年,每两年改选半数,不得连任。

前项第一次之改选以抽签定之,但委员人数为奇数时,留任之人数得较改选者多一人。

第二十五条 主席及常务委员缺额时,由执行委员会补选之,其任期以补足前任任期为限。

第二十六条 本会委员有下列情事之一者应即解任:

一、会员代表资格丧失者;

二、因不得已事故经会员大会议决准其辞职者;

三、旷废职务经会员大会议决令其退职者;

四、于职务上违背法令、营私舞弊或由经济部或由地方最高署令其退职者。

第二十七条 本会事务所得酌设办事员。

第二十八条 执行委员会依本章程之规定及会员大会之议决行使职权。

第二十九条 监察委员会之职权如下:

一、监察执行委员会执行会员大会之决议;

二、审查执行委员会处理之会务;

三、稽核执行委员会之财政出入。

第五章 会 议

第三十条 会员大会分定期会议及临时会议两种,均由执行委员会召集之。定期会议每年开会一次;临时会议于执行委员会认为必要或经会员代表十分(之)一以上之请求或监察委员会函请召集时,召集之。

第三十一条 会员大会之决议,以会员代表表决权过半数之出席,出席权数过半数之同意行之。出席权数不满过半数者得行假决议,在三日内将其结果通告各代表,于一星期后二星期内重行召集会员大会,以出席权数过半数之同意对假决议行其决议。

第三十二条 下条各款事项应由会员代表大会决议之:

一、变更章程;

二、会员或会员代表之处分;

三、委员之解职;

四、清算人之选任及关于清算事项之决议。

第三十三条 执行委员会每月至少开会一次,监察委员会每两月至少开会一次,执行委员、监察委员开会时,不得委托代表出席。

第三十四条 执行委员会开会时,须有委员过半数之。

第三十五条 监察委员开会时,须有委员过半数之出席,临时互推一人为主席,以出席委员过半数之同意,决议一切事项。

第六章 经费及会计

第三十六条 本会经费分下列两种:

一、事业费:

甲公会会员以其公会所收入总额十分之一充之;

乙非公会会员比例于其资本额缴纳之每单位(元)。

二、事务费:

由会员大会议决经地方主管官署核准筹集之。

第三十七条 会计年度以每年一月一日始至同年十二月三十一日止。

第三十八条 本会预算、决算及其事业之成绩,每年须编辑报售刊布之,并呈由地方主管官署转呈省政府转报经济部备查。

第七章 附 则

第三十九条 本章程未规定事项,悉依修正商会法及修正商会法施行细则之规定办理之。

第四十条 本章程如有未尽事宜,经会员大会之决议,呈准安顺县党部、县政府修改之,并逐级转报中央社会部及经济部备案。

第四十一条 本章程呈准安顺县党部及县政府备案施行并逐级转报。

（见9－1－29－71至84）

资料来源：《民国安顺县商会档案史料汇编》，民族出版社2011年版，第45～49页。

贵州安顺县商会各业同业公会临时公约条例

（民国三十八年）

一、拥护政府改币所颁法令，各业会员应一致奉行。

二、为适应地方需要，现在市面流通之滇铸龙元半开（即小洋），除烧泡打滥及旗子半开不用外，其余不分新老闷哑，一律行使。

三、各业会员所订交易契约，有本公约实行以后，应遵守公约办理收交。

四、各业会员如有违反本公约者，由仲裁委员会酌情调处，其调处方式分为三种：1. 警告；2. 酌处违约金；3. 送请政府惩办。

五、本公约除联合公告外，并呈报政府备案。

六、本公约于三十八年七月二十二日开始实行。

（见9－1－121－18）

资料来源：《民国安顺县商会档案史料汇编》，民族出版社2011年版，第80页。

云南嵋峨县商会章程

第一条 本会依照商会法设之定名为嵋峨县商会。

第二条 本会以发展振兴并改良促进工商业为宗旨。

第三条 本会区域以嵋峨县所属之区域为限。

第四条 本会事务所设于县城内旧设之平民工厂。

第五条 本会设会长一人、副会长一人、会董二十人，均为名誉职。

会董由会员投票选举，会长、副会长由会董投票互选，但须年在三十岁以上之会员始有被选会董之权。

第六条 除前条职员外，得酌设书记、庶务、会计等员，由会长任雇酌给薪工。

前项之书记、庶务、会计等事务得以一人或二人兼任之。

第七条 会长、副会长、会董之任期、解职等事宜悉依商会法及其施行细则所规定者办理。

第八条 会长主持全会事务，副会长协助之，会长缺席时副会长代行其职权，会董有参与及协助会务之权责。

第九条 书记、庶务、会计均秉承会长办理会内一切事务。

第十条 关于本会之职务依商会法第十六条之规定办理之，凡不属于职务内之事概不干预（如须附设商事公断处，则本条条文即应改为关于本会之职务依商会法第十六条第一款至第六款、第八款、第九条办理之，凡不属于职务内之事概不干预）。

第十一条 除前条规定外，凡关于工商业之应行整顿保护及应兴应革事项为本会之力所不及者，随时请求地方官查核办理。

第十二条 本会议分定期会议、特别会议两种。定期会议分年会、职员会，年会每年举行二次，职员会每年举行三次或四次，特别会议无定限遇重要事项发生时行之。

第十三条 本会经费分为事务所用费、事业费两种。除事业费得另行筹集外，其事务所用费悉由会内职员及会员负担之。

第十四条 本会事业之成绩及经费之预算、决算每年均编辑报告宣布之，其办事成绩并报由地方官转呈咨部查核。

第十五条 本会暂不设立商事公断处，凡遇工商业者之争议请求本会调处时，本会得切实调查秉公调处，如不依调处时听其向地方官厅起诉。如须附设商事公断处，则本条又应即改为本会附设商事公断处，凡遇工商业者之争议请求本会调处时，即由公断处切实调查秉公调处，如不依调处时听其向地方官厅起诉。

第十六条 本会处理各事得另订办事细则。

第十七条 本章程未经规定事宜，悉依商会法及其施行细则办理之。

第十八条 本章程如有未尽事宜，得依商会法第二十五条之规定，会议增删修订，呈奉核准行之。

资料来源：《云南实业公报》1925年第35期，第7~9页。

云南彝良县商会章程

第一条 本会依照商会法改组定名为彝良县商会。

第二条 本会以振兴商务促进改良工商业为宗旨。

第三条 凡彝良县属之区域,除牛街县佐所属区域归牛街商会外,悉为本会所属之区域。

第四条 本会区域内若发生与牛街商会区域内有关系之商事,得与牛街商会协商,或归牛街商会办理或归本会办理之。

若两会对于前项之规定有争执时报由地方官决定之。

第五条 本会事务所设于县城内正大街禹王宫。

第六条 本会设会长一人、副会长一人、会董十七人、特别会董三人,均为名誉职。

第七条 本会除前条规定外,得设书记及会计、兼庶务一人,杂役二人,由会长分别任雇酌给薪工。

第八条 会长、副会长、会董之选举,特别会董之推选,以及解任退职等事宜,悉依商会法及其施行细则所规定者办理。

第九条 会长主持全会事务,副会长协助之,会长缺席时副会长代行其职权,会董有参与协助会务之权责。

第十条 书记、会计、庶务均秉承会长分别办理应办一切事宜。

第十一条 关于本会之职务,悉依商会法第十六条之规定办理,凡不属于职务内之事概不干预。

除前项之规定外,凡关于工商业之应行整顿保护及改良事项得随时请求地方官查核办理。

第十二条 本会会议分定期会议、特别会议两种。定期会议分年会、职员会,年会每年一次,职员会每月举行四次。

特别会议无定限,遇事关重要时行之。

第十三条 关于本会内部办理各事及会议事项,另以细则规定之。

第十四条 本会经费分事务所用费、事业费两种,除事业费得另行筹集外,其事务所经费悉由会员负担之。

第十五条 本会事业之成绩及经费之预算、决算每年均编辑报告刊布之,其办事成绩并报由地方官转呈咨部查核。

第十六条 本会应暂不设立公断处，凡遇工商业者之争议求本会调处时，本会得切实调查秉公调处；如不依调处时，听其向地方官厅起诉。

第十七条 本章程未经规定事宜悉依商会法及其施行细则办理。

第十八条 本章程如有未尽事宜得依商会法第二十八条之规定会议议决增删修订，呈奉核准行之。

第十九条 本章程自呈奉核准之日施行。

原载《云南实业公报》1924 年第 25 期，第 122～124 页。

云南墨江县商会章程

第一条 本会定名为云南墨江县商会。

第二条 本会以振兴商务改良促进工商业为宗旨。

第三条 本会区域以墨江县属之区域为限。

第四条 本会事务所设于县城内。

第五条 本会设会长一人、副会长一人、特别会董三人、会董十五人，均为名誉职不支薪水。

会董中会员投票选举会长、副会长由会董投票互选，特别会董由会董推选。

第六条 本会除前条规定职员外，得设文牍兼书记、庶务、会计等二人，杂役二名。

前项职员得以实业所人员兼任或暂缺之。

第七条 会长、副会长、会董之选举、特别会董之推选以及任期辞职等事宜悉依商会法及其施行细则办理。

第八条 会长主持全会事务，副会长协助之，会长缺席时副会长代行其职权，会董有参与及协助会务之权责。

第九条 书记、庶务、会计秉承会长分别办理应办一切事宜。

第十条 关于本会职务依商会法第十六条之规定办理，凡不属于职务内之事概不干预。

除前项之规定外，凡关于工商业之应行整顿保护及应兴应革事项为本会之力所不及者，得随时请求地方官查核办理。

第十一条　本会会议分定期会议、特别会议两种。定期会议分年会、职员会，年会每年举行一次，职员会每星期日举行。

特别会议无定限，遇事关重要时行之。

第十二条　本会经费分事务所用费、事业费两种，除事业费得另行筹集外，其事务所用费悉由会员负担之。

第十三条　本会事业之成绩及经费之预算、决算每年均编辑报告刊布之，其办事成绩并报由地方官转呈咨部查核。

第十四条　本会暂不设立公断处，凡遇工商业者之争议请求本会调处时，本会得切实调查秉公调处，如不依调处时听其向地方官厅起诉。

第十五条　本会处理各事得另订办事细则。

第十六条　本章程未经规定事宜，悉依商会法及其施行细则办理。

第十七条　本章程如有未尽事宜，得依商会法第二十八条之规定会议议决，增删修订呈奉核准行之。

第十八条　本章程自奉核准之日施行。

原载《云南实业公报》1924年第24期，第12页。

云南璧山县商会章程

第一章　总　　则

第一条　本章程依据《修正商会法》及《修正商会法施行细则》订定之。

第二条　本会定名为璧山县商会。

第三条　本会以图谋工商业及对外贸易之发展，增进工商业公共之福利为宗旨。

第四条　本会以县行政区域为区域。

第二章　任　　务

第五条　本会之职务如下：

一、筹议工商业之改良及发展事项；

二、关于工商业之征调及通报事项；

三、关于国际贸易之介绍及指导事项；

四、关于工商业之调处及公断事项；

五、关于工商业之证明事项；

六、关于统计之调查编纂事项；

七、得设办商品陈列所、工商业补习学校或其他关于工商业之公共事业，但须经该管官署之核准；

八、遇有市面恐慌等事，有维持及请求地方政府维持之责任；

九、办理合于第三条所揭宗旨之其他事项。

第六条 本会举办之事业应由执行委员计划办理，但其重要者须经会员决定之。

第七条 本会得就有关工商业之事项建议于中央或地方行政官署。

第八条 本会应答复政府及自治机关之咨询，并接受其委托。

第三章 会 员

第九条 本会会员分下列两种：

一、公会会员：凡本区域内工业、商业及输出业各同业公会依法加入本会为会员者属之；

二、非公会会员：凡本区域内无同业公会之工业、商业、输出业公司行号或他区域之工厂所设售卖场所经依法登记者单独加入本会为会员者属之。

第十条 公会会员、非公会会员均得举派代表出席本会，称为会员代表。会员代表以中华民国人民年在二十岁以上者为限。

第十一条 会员须遵守本会章程，服从本会决议案，并按时缴纳各种会费。

第十二条 会员非公会解散或公司行号迁移其他区域或废业或受永久停业之处分者不得退会。

第十三条 公会会员代表由各该业同业公会就委员中举派之，至多不得逾五人；非公会会员代表每公司行号一人，以主体人或经理人为限。

第十四条 有下列各款情事之一者不得充本会会员代表：

一、背叛国民政府经判决确定或在通缉中者；

二、曾服公务而有贪污行为经判决确定或在通缉中者；

三、褫夺公权者；

四、受破产之宣告尚未复权者

五、无行为能力者；

六、吸食鸦片或其他代用品者。

第十五条 会员代表经会员举派后，应给以委托书并附具履历送经本会，审查合格后方得出席，代表有表决权、选举权及被选举权。

第十六条 会员代表之表决权、选举权，比例于其缴纳会费单位额，由所派之代表单独或共同行使之，每一单位为一权。

公会会员代表之表决权、选举权以其所缴会费比照单位计算权数。会员代表因事不能出席会员大会时，得以书面委托他会员代表代理之。

第十七条 会员代表得由原举派之公会会员或非公会会员随时撤换之，并应书面通知本会。但当选为本会职员者，非存依法应解任之事由，不得将其撤换。

第十八条 会员代表丧失国籍或发生第十五条所列各款情事之一者，原举派之会员应撤换之。

第十九条 会员代表有不正当之行为致妨害本会名誉信用者，得以会员大会之议决通知原推派之会员撤换之。

前项撤换之代表，自除名之日起三年以内，不得充任会员代表。

第四章 组织及职权

第二十条 本会设执行委员十五人、监察委员七人，由会员大会就代表中用无记名选举法选任之，以得票最多数者为当选。选举前项执行委员、监察委员时应另选候补执行委员五人，候补监察委员三人，遇有缺额依次递补，以补足前任任期为限，未递补前不得列席会议。

第二十一条 本会设常务委员五人，由执行委员会就执行委员中用无记名选举法互选之，以得票最多数者为当选。

第二十二条 本会设主席一人，由执行委员会就当选之常务委员中用无记名单记法选任之，以得票满投票人之半数者为当选；若一次不能选出，应就得票最多数之二人决选之。

第二十三条 执行委员及监察委员均为名誉职。

第二十四条 执行委员及监察委员之任期均为四年，每二年改选半数，不得连任。

前项第一次之改选以抽签定之，但委员人数为奇数时，留任者之人数得较改选者多一人。

第二十五条 主席及常务委员缺额时，由执行委员会补选之，其任期以补足前任任期为限。

第二十六条 本会委员有下列各款情事之一者应即解任：

一、会员代表资格丧失者；

二、因不得已事故经会员大会议决准其辞职者；

三、旷废职务经会员大会议决令其退职者；

四、于职务上违背法令、营私舞弊或有其他重大之不正当行为，经会员大会议决令其退职或由经济部或由地方最高行政官署令其退职者。

第二十七条 本会事务所得设办事员。

第二十八条 执行委员会依本章程之规定及会员大会之议决行使职权。

第二十九条 监察委员会之职权如下：

一、监察执行委员会执行会员大会之议决；

二、审查执行委员会处理之会务；

三、稽核执行委员会之财政出入。

第五章 会 议

第三十条 会员大会分定期会议及临时会议两种，均由执行委员会召集之。定期会议每年开会二次，临时会议于执行委员会认为必要或经会员代表十分之一以上之请求或监察委员会函请召集时召集之。

第三十一条 会员大会之决议以会员代表表决权过半数之出席，出席权数过半数之同意行之，出席权数不满过半数者得行假决议，在三日内将其结果通告各代表，于一星期后二星期内重行召集会员大会，以出席权数过半数之同意对假决议行其决议。

第三十二条 下列各款事项决议以会员代表表决权数三分二以上之出席，出席权数三分二以上之同意行之，出席权数不满三分一者，得以出席权数三分二以上之同意行假决议，在三日内将其结果通告各代表，于一星期后二星期内重行召集会员大会，以出席权数三分二以上之同意对假决议行其决议：

一、变更章程；

二、会员或会员代表之处分；

三、委员之解职；

四、清算人之选任及关于清算事项之决议。

第三十三条 执行委员会每月至少开会一次，监察委员会每两月至少开会一次。

执行委员、监察委员开会时不得委托代表出席。

第三十四条 执行委员会开会时须有委员过半数之出席，出席委员过半数之同意方能决议，对否同数取决于主席。

第三十五条 监察委员会开会时须有委员过半数之出席，临时互推一人为主席，以出席委员过半数之同意决议一切事项。

第六章 经费及会计

第三十六条 本会经费分下列两种：

一、事务费

甲　公会会员以其公会所收入会费总额十分之一五充之;

乙　非公会会员比例于其资本额缴纳之,每单位十五元。

二、事业费出会员大会议决,经地方主管官署核准筹集之。

第三十七条　会计年度每年1月1日始至同年12月31日止。

第三十八条　本会预算决算须经会员大会之议决。

第三十九条　本会之预算、决算及其事业之成绩,每年须编辑报告刊布之,并呈出地方主管官署转呈省政府转报经济部备案。

第七章　附　　则

第四十条　本章程未规定事项悉依《修正商会法施行细则》之规定办理之。

第四十一条　本章程如有未尽事宜,经会员大会之决议,呈准璧山县县政府修改之,并逐级转报中央社会部及经济部备案。

第四十二条　本章程呈准璧山县党部及璧山县县政府备案施行,并逐级转报中央社会部及经济部备案。

资料来源:李文海主编:《民国时期社会调查丛编(一编)》,福建教育出版社2014年版,第181~184页。

厦门总商会章程

(1928年)

第一章　总　　纲

第一条　本会定名为厦门总商会。

第二条　本会以提倡国货、振兴实业、联络商人情感、团结商人力量、图谋增进工商业之公共福利及对外贸易之发展为宗旨。

第三条　本会会所设于厦门岛美街。

第二章　会　　务

第四条　本会之会务如下:

(一)谋商业之改进及安全,关于商工法规及商业事项得建议于行政官厅;

(二)调处本会区域内当事人或官厅委托关于商业上之争议事项;

(三)答复官厅或其他团体或个人所咨询商业上之各事项,但对于个人或非法人团体,除会员外得不置答;

(四)受官厅或其他团体或个人所委托调查商业事项,或证明其商品之产地及价格等等,但对于个人或非法人团体,除会员外得不予办理;

(五)调查商业之状况及统计;

(六)受商人之委托办理商业登记事项;

(七)办理商品查验及商事公告事项;

(八)受当事人或官厅之委托办理商业清理事项;

(九)关于中央行政长官或地方行政长官委托之事件,有必要时得临时召集会员大会公(共)同处理之;

(十)因赛会得征集属于商业之物品;

(十一)关于市面恐慌等事,有维持及请求地方行政长官维持之责任;

(十二)得设立商品陈列所、商业学校或其他关于商业之公共事项,但须呈由地方政府核准;

(十三)办理其他商业上一切兴利除弊事项。

(前项第二、四、五、七、八各款得征收费用,但会员委托时得免费或减费)

第三章　会员资格

第五条　会员无定额,凡本埠商人具有下列资格之一者皆得为本会会员:

(一)公司本店或支店之职员为公司之经理人者;

(二)独立经营商业或为该店之经理人者;

(三)各业所举出之代表为各业之号东或经理人者。

第六条　一公司或一商店得出一人为会员,一会员得代表两个以上之公司或商店,但其选举权及议决权仍以一权为限。

第七条　有下列各款之一者,虽合第五条之资格亦不得为本会会员:

(一)褫夺公权者;

(二)受破产之宣告确定后尚未撤消者;

(三)有精神病者;

(四)营业不正当者;

(五)有外国籍者。

第四章　会员权限

第八条　会员之权限如下:

(一)会员有选举权及被选举权,但被选人年龄须在廿一岁以上;

(二)会议有议决权及建议权;

（三）会员于法定会期外遇有重要事项经会员20人以上之签名提议，得开临时会；

（四）会员有监督会务之权。

第五章　会员之出会与入会

第九条　凡具有第四条所列各款之一者，得由各业或本会会员两人代填志愿书，以书面介绍送由常务委员会交付审查合格通过后，给予入会证书。

第十条　会员愿出会者须声明实在理由，具出会书送由常务委员会议决核准后方得退出本会。

第十一条　会员有下到各款之一者，经会员三人以上之举发查有实据，由执行委员会议决令其出会：

（一）犯第六条所列各款之一者；

（二）有破坏本会之行为者；

（三）各业代表人违背本条前列各款之规定，经通告令其撤换而不于所定期间内撤换者；

（四）旷弃职务者；

（五）欠缴会费至一年以上者。

第六章　委员会之组织

第十二条　执行委员额定49人，为执行委员会；监察委员额定23人，为监察委员会。如遇出缺时，应由各该业另行选补之。

第十三条　常务委员额定7人，为常务委员会。

第十四条　本会主席委员额定3人，为主席团。

第十五条　本会依事务上之必要得设置各股委员会，由常务委员会提交执行委员会通过之。

第七章　委员之职务及任期

第十六条　执行委员会有执行一切会务之权，监察委员会有策进及纠正一切会务之权。

第十七条　常务委员会有执行日常会务之权。

第十八条　常务委员会有延聘、雇用及辞退办事人之权。

第十九条　主席团对外代表本会。

第二十条　各股委员执行各股特定事务，对于重大事项须商由常务委员会办理。

第廿一条　各委员均以二年为一任期，任满再被选者得连任，中途递补者以补足前任之任期为限。

第廿二条 每届改选须新委员就职后旧委员方得解职。

第八章 办 事 员

第廿三条 本会设总干事及秘书各一员、干事若干人,分理会务。

以上所有职员由常务委员会分别延聘雇用之。

第九章 选 举

第廿四条 本会行分业单选法:由各业会员选出委员72人,由各委员互选执行委员49人、监察委员23人。

第廿五条 各业委员分配额由执监联席会于未选举前揭发公布,各业分配名单揭布后,会员认为有异议时,得于一星期内请求更订。

第廿六条 常务委员由执行委员互选之,主席团委员由常务委员互选之。

第廿七条 选举常务委员用双记名投票法,由选举人到会行之。

第廿八条 选举以得票多数者当选,票数相同以抽签定之。

第廿九条 常务委员当选后非有正当理由不得辞职。

第卅条 常务委员选举后应即日通知各当选人,各当选人受通知后一星期内如有不就任之声明者,得以票数次多者递补之。

第卅一条 委员出缺由各该业另行选补之;主席团委员及常务委员出缺则举行补选。

第卅二条 本会各委员举定后,除造具姓名、年龄、籍贯、住址、商号清册,呈由地方最高行政长官转呈工商部备案外,得即行就职并将就职日期呈请转报,其期满连任或中途补充者亦同。

第十章 会 议

第卅三条 会议之种类如下:

(一)会员大会每年举行一次,于2月间行之,议决预算、决算及其他重要事项;

(二)执行委员会于每月第一星期内举行一次,议决执行本会一切事务;监察委员会于每月底举行会议一次,策进及纠正本会一切事务;遇必要时执行委员及监察委员得开联席会议;

(三)常务委员会每星期举行一次。

第卅四条 执行委员会认为必要或会员代表20人以上认为重要事件,均得召集会员临时大会。

第卅五条 会员大会除关于变更会章以会员三分之二以上之到会得到会者三分之二以上之同意方得议决外,其他一切事项,有会员三分之一以上之到会方即行议,得到会者过半数之同意即为议决。

第卅六条 执行委员之开议及议决适用前条之规定，但下列各款须有三分之二以上之到会方得开会，三分之二以上之同意方得议决。

第卅七条 会议由主席团委员定期召集。

第十一章 会 费

第卅八条 本会经常费由各业共同负担。每业所纳若干视其所派得委员之名额而定：派委员一名者全年应纳会费100元，派委员二名者全年应纳会费150元。

第卅九条 会员入会每人每年应缴会金一元，由各业征收汇缴本会。

第四十条 凡未组织同业团体之会员分甲、乙、丙三种缴纳会金。甲种每人每年应缴会金12元，乙种应缴会金8元，丙种应缴会金4元。俟团体成立后依照第卅八条及第卅九条之规定担负会费。

第十二章 会 计

第四十一条 会计年度以7月1日始至翌年6月30日止。

第四十二条 常务委员会应依会计年度分别编制预、决算交执行委员会审查，填具意见书，提出会员大会议决之。

第四十三条 会员大会对于预算有增减削除之权。

第四十四条 预算得设预备费。

第四十五条 预算未议决前或不议决时，常务委员会得照上年度预算施行，但大会不足法定人数时由执行委员会代行议决。

第四十六条 预、决算及事业之成绩由常务委员会报告于大会并编辑刊布之。

第四十七条 本会收付经主席及财政委员之签字或盖印方为有效。

第十三章 附 则

第四十八条 本章程如有应订细则，由执行委员会议决施行，其有关于各股者由各股另订之。

第四十九条 本章程如须修改时，须经会员大会议决并呈地方行政官署转呈工商部、省政府备案。

第五十条 本章程由地方行政官署转呈省政府核准，并转报工商部备案之日起施行。

原载《厦门总商会特刊》，1931年2月。

资料来源：《厦门商会档案史料选编》，鹭山出版社1993年版，第98～104页。

厦门市商会章程

(1946 年 3 月 25 日会员大会通过)

第一章 总 则

第一条 本章程依据修正商会法及修正商会法施行细则订定之。

第二条 本会定名为厦门市商会。

第三条 本会以图谋工商业及对外贸易之发展,增进工商业公共之福利为宗旨。

第四条 本会以厦门市行政区域为区域,事务所设于中山路。

第二章 任 务

第五条 本会之职务如下:

(一)筹议工商业之改良及发展事项;

(二)关于工商业之征调及通报事项;

(三)关于国际贸易之介绍及指导事项;

(四)关于工商业之调处及公断事项;

(五)关于工商业证明事项;

(六)关于统计之调查编纂事项;

(七)呈经主管官署核准后,得设办商品陈列所、工商业补习学校或其他关于工商业之公共事业;

(八)遇有市面恐慌等事,有维持及请求地方政府维持之责任;

(九)办理合于第三条所揭示宗旨之其他事项。

第六条 本会举办之事业应由理事会计划办理,但其重要者须经会员大会决定之。

第七条 本会得就有关工商业之事项建议于中央或地方行政官署。

第八条 本会应答复政府及自治机关之咨询,并接受其委托。

第三章 会 员

第九条 本会会员分下列两种:

(一)公会会员:凡本区域内工业、商业及输出业各同业公会依法加入本会为会员分属之;

(二)非公会会员:凡本区域内无同业公会之工业、商业、输出业、公司行号或他区域之工厂所设售卖场所，经依法登记者单独加入本会为会员属之。

第十条 公会会员及非公会会员均得举派代表出席本会，称为会员代表，会员代表以中华民国人民年在20岁以上者为限。

第十一条 会员须遵守本会章程，服从本会决议案，并按时缴纳各种会费。

第十二条 会员非公会解散、或公司行号迁移其他区域、或废业、或受永久停业之处分者，不得退会。

第十三条 公会会员代表由各该同业公会就理监事中举派之，至多不得逾五人；非公会会员代表每公司行号一人，以主体人或经理人为限。

第十四条 有下列各款情事之一者，不得充本会会员代表：

（一）背叛国民政府经判决确定或在通缉中者；

（二）曾服务而有贪污行为经判决确定或在通缉中者；

（三）褫夺公权者；

（四）受破产之宣告尚未复权者；

（五）无行为能力者；

（六）吸食鸦片或其他代用品者。

第十五条 会员代表经会员举派后应给予委托书，并附具履历送经本会审查合格后方得出席；出席代表有表决权、选举权及被选举权。

第十六条 会员代表之表决权、选举权，比例于其缴纳会费单位额，由所派之代表单独或共同行之，每一单位为一权。

非公会会员代表之表决权、选举权，以其所缴纳会费比照单位计算权数。

会员代表因事不能出席会员大会时，得以书面委托他会员代表代理之。

第十七条 会员代表得由原举派之公会会员或非公会会员随时撤换之，并应书面通知本会。但当选为本会职员者，非有依法应解任之事由不得将其撤换。

第十八条 会员代表丧失国籍或发生第十四条所列各款情事之一者，原举派之会员应撤换之。

第十九条 会员代表有不正当之行为致妨害本会名誉信用者，得以会员大会议决通知原推派之会员撤换之。

前项撤换之代表，自除名之日起三年以内不得充任会员代表。

第四章 组织及职权

第二十条 本会设理事9人、监事3人，由会员大会就代表中用无记名选举法选任之，以得票最多数者为当选。

选举前项理监事时,另选候补理事4人、候补监事1人,遇有缺额依次递补,以补足前任任期为限,未递补前不得列席会议。

第二十一条 本会设常务理事3人、常务监事1人,由理事、监事用无记名选举法分别互选之,以得票最多数者为当选。

第二十二条 本会设理事长1人,由理事会就当选之常务理事中用无记名单记法选任之,以得票满投票人之半数者为当选,一次不能选出应就得票最多数之二人决选之。

第二十三条 理事及监事为名誉职。

第二十四条 理事及监事之任期均为四年,每二年改选半数,不得连任。

前项第一次之改选以抽签定之,但理监事人数为奇数时,留任之人数得较改选者多一人。

第二十五条 理事长及常务理事、常务监事有缺额时,分别由理、监事会补选之,其任期以补足前任任期为限。

第二十六条 本会理事、监事有下列情事之一者,应即解任:

(一)会员代表资格丧失者;

(二)因不得已事故,经会员大会议决准其辞职者;

(三)旷废职务,经会员大会议决令其退职者;

(四)于职务上营私舞弊或有其他重大之不正当行为,经会员大会决议令其退职,或由社会部或地方最高行政官署令其退职者。

第二十七条 本会事务所得酌设秘书1人至2人,干事5人至7人,工役若干名,由理事会分别聘雇之。

前条办事人员得视实际需要分科办事,其分科细则由理事会议订之。

第二十八条 理事会依本章程之规定,及会员大会之议决,行使职权。

第二十九条 监事会之职权如下:

(一)监察理事会执行会员大会之议决;

(二)审查理事会处理之会务;

(三)稽核理事会之财政出入。

第五章 会 议

第三十条 会员大会分定期会议及临时会议两种,均由理事会召集之。定期会议每年开会二次;临时会议于理事会认为必要或经会员代表十分之一以上之请求或监事会函请召集时召集之。

第三十一条 会员大会之决议会员代表表决权过半数之出席,出席权数过半数之同意行之。出席权数不满过半数者得行假决权,在三日内将其结果通告各代表,于一星期后二星期内重行召集会员大会,以出席权数过半数之同意对假决权行其决议。

第三十二条 下列各款事项之议决,以会员代表表决权数三分之二以上之出席,出席权数三分二以上之同意行之。出席权数不满三分二者,得以出席权数三分二以上之同意行假决权,在三日内将其结果通告各代表,于一星期后二星期内重行召集会员大会,以出席权数三分二以上之同意对假决议行其决议:

(一)变更章程;

(二)会员或会员代表之处分;

(三)理事监事之解职;

(四)清算人之选任及关于清算事项之决议。

第三十三条 理事会每月至少开会一次,监事会每两月至少开会一次。

理事、监事开会时,不得委托代表出席。

第三十四条 理事会开会时,须有理事过半数之出席,出席理事过半数之同意,方能议决;可否同数时,取决于主席。

前项会议由理事长主席,理事长缺席时由常务理事互推一人为主席。

第三十五条 监事会开会时,须有监事过半数之出席,由常务监事主席,以出席监事过半数之同意决议一切事项。

第三十六条 本会必要时得组织商业调处公断委员会,由理事会聘请会内外人士 5 人至 9 人组织之。

第六章 经费及会计

第三十七条 本会经费分下列两种:

(一)事务费。

甲 公会会员以其公会所收入会费总额十分之二充之;

乙 非公会费比例于其资本额缴纳之,每单位拾元。

(二)事业费。

由会员大会议决,经地方主管官署核准筹集之。

第三十八条 会计年度以每年 1 月 1 日始至同年 12 月 31 日止。

第三十九条 本会预算须经会员大会之议决。

第四十条 本会之预算、决算及其事业之成绩,每年须编辑报告刊布之,并呈由地方主管官署转呈省政府转报社社会部备案。

第七章 附 则

第四十一条 本章程未规定事项,悉依修正商会法及修正商会法施行细则之规定办理之。

第四十二条 本章程如有未尽事宜，经会员大会之决议，呈准厦门市党部及厦门市政府修改之，并逐级转呈社会部备案。

第四十三条 本章程呈准厦门市党部及厦门市政府备案施行，并逐级转报社会部备案。

资料来源：《厦门商会档案史料选编》，鹭山出版社 1993 年版，第 104 ~ 110 页。

厦门市商会理事会办事细则

(1946 年 5 月 17 日第 5 次理事会议通过)

第一条 本细则依本会章程订定之。

第二条 本会理事长综理会务，指挥监督所属职员；常务理事襄助理事长，办理会务。

第三条 理事长之下，分设秘书室及商务、财务、组训等三科。

秘书室设秘书 1 人、总干事 1 人、干事 2 人、事务员 1 人，各科设主任 1 人，必要时酌设事务员。各科承理事长之命，受常务理事及秘书之指导，办理主管事项。

第四条 各科室职掌如下：

秘书室：

(一)撰稿文稿，审核文件；

(二)案卷之管理；

(三)典守印信；

(四)召集会议，保管会议记录；

(五)管理人事；

(六)其他不属各科会事项。

商务科：

(一)关于筹议工商业之改良及发展事项；

(二)关于工商业之征调及通报事项；

(三)关于工商业之证明事项；

(四)关于国际贸易之指导及介绍事项;

(五)关于工商业之调查统计及编纂事项;

(六)关于会营事业事项;

(七)关于商品陈列所事项。

财务科:

(一)事务费及事业费之筹集征收事项;

(二)预算之编拟及决算之编制事项;

(三)关于庶务事项;

(四)关于公益事业及救济事项;

(五)关于会产事项;

(六)关于其①他会议出纳事项。

组训科:

(一)关于会员进退之登记事项;

(二)关于同本公会之组织事项;

(三)关于会员之训练事项;

(四)关于会办学校及补习班讲习所事项;

(五)法令规章之搜集保管事项;

(六)本会负责人对外发表之文件;

(七)其他会员福利事项。

总干事指导干事、事务员之工作,除特要外,对外代表理事长出席各种会议。

第五条 本会设商业调处公断委员会,办理关于会员纠纷及工商业纠纷之调处公断事项,以委员 9 人至 13 人组织之,并由本会指定 1 人为主任委员,设干事 1 人,承办会内事务。

第六条 本会得视实际需要,设立各种委员会,以处理临时举办之重要事项。

第七条 本会例会每星期举行 1 次,讨论并议决一切会务,必要时得另行召开临时会议。

秘书、主任,总干事得列席理事会议。

第八条 各科室会经办事项,须于每次例会提出报告。

第九条 本会经费收支,应按月编制收支报告表,送监事会审核。每年年终应制成决算书表,送交监事会审核后报告于会员并呈报主管官署。

第十条 本会会务状况及事业之成绩,每年应编印报告书刊布于会员并

① 原文为“实”。

呈报主管官署。

第十一条 本会收文,应由收发人员随到随予登记,送理事长核开后,由秘书室分类,发交各主管科室会办理,各科室会应随到随办,不得延压。

第十二条 本细则如有未尽事宜得经理事会议决修正之。

第十三条 本细则经理事会议决呈报厦门市政府备案施行。

资料来源:《厦门商会档案史料选编》,鹭山出版社 1993 年版,第 110 ~ 112 页。

厦门市商会常务委员会议事细则

(1946 年)

第一条 常务委员会以本会常务委员组织之。

第二条 常务委员会议决下列事项:

(甲)各商业团体提议事件;

(乙)执监委员提议事件;

(丙)其他团体及个人事件经常务委员多数附议者。

执监委员提议案时,至少须有二人以上之连署方生效力,并须于先日将案交会,由会分送各常务委员预阅,开会时本人须出席说明理由,如遇有紧要事件,亦得临时提议,惟须出席常务委员人____以上附议,议案方得成立。

第三条 会期分为常会与临时会两种。常会于每星期四行之;临时会遇有重要事件发生,得由值日常务委员或执监委员 5 人以上提议召集之。

第四条 会议时至少须有常务委员过半数出席方得开议,但不及法定人数时亦得开谈话会,惟不得表决案件。

第五条 开会时以值日常务委员为主席,如值日常务委员不能出席时,得就出席之常务委员推举 1 人为主席。

第六条 讨论议案时不得 2 人同时发言,如遇有此项情事,主席得分别前后,请一方面暂行停止。

第七条 议案付表决时须出席常务委员半数以上赞成方得通过,可否同数时,取决于主席。

第八条 议案应付审查者,得举审查员审查之,俟报告后再行表决。

第九条 开会时常务委员如有特别事故须先退席者,应先向主席声明,得主席同意方得退席。

第十条 开会时常务委员如遇有事关本人须避嫌退席者,主席得请其暂时退席,待表决后议他案时再请其复席。

第十一条 常务委员如遇有事故不能出席,得具函委托他常务委员代表,但所代表以一人为限。

第十二条 常务委员遇有事故他往,时间在一月以上者,得具函通知本会。

第十三条 常务委员不得兼充本会有给职员。

第十四条 本细则如有未尽事宜,得由常务委员会修改之。

资料来源:《厦门商会档案史料选编》,鹭山出版社 1993 年版,第 112～113 页。

厦门鼓浪屿商会章程

(1946 年)

第一章 总 则

第一条 本章程依据修正商会法施行细则订定之。

第二条 本会定名为厦门市鼓浪屿区商会。

第三条 本会(以)图谋工商业及对外贸易之发展,增进工商业公共之福利为宗旨。

第四条 本会以厦门市行政区域,事务所设于鼓浪屿泉州路 73 号。(原文如此)

第二章 任 务

第五条 本会之职权如下:

一、筹议工商业之改良及发展事项;

二、关于工商业之征调及通报事项;

三、关于国际贸易之介绍及指导事项;

四、关于工商业之调处及公断事项;

五、关于工商业之证明事项;

六、关于统计之调查编纂事项；

七、得设办商品陈列所、工商补习学校或其他关于工商业之公共事业，但须经该管官署之核准；

八、遇有市面恐慌等事，有维持及请求地方政府维持之责任；

九、办理合于第三条所揭示宗旨之其他事业。

第六条 本会举办之事业应由执行委员会计划办理，但其重要者须经会员大会决定之。

第七条 本会就有关工商业之事项建议于中央或地方行政官署。

第八条 本会应签复政府或自治机关之咨询并接受其委托。

第三章 会员

第九条 本会会员分下列两种：

一、公会会员：凡本区域内工商业及输出业如同业公会依法加入本会为会员属之；

二、非公会会员：凡本区域内无同业之工业商业输出业公司行号或他区域之厂所设售卖场所，经依法登记者单独加入本会为会员者属之。

第十条 公会会员及非公会会员均得举派代表出席本会，称为会员代表。会员代表以中华民国（国民）年满20岁以上者为限。

第十一条 会员须遵守本会章程，服从本会决议案并按时缴纳各种会费。

第十二条 会员非公会解散或公司行号迁移其他区域或废业或受永久停止之处分者，不得退会。

第十三条 公会会员代表由各业同业公会就委员中举派之，至多不得逾5人；非公会会员代表每公司行号一人，以主体人或经理人为限。

第十四条 有下列各款情事之一者不得充为本会会员代表：

一、背叛国民政府经判决确定或在通缉中者；

二、曾服公务而有贪污行为经判决确定或在通缉中者；

三、褫夺公权者；

四、吸食鸦片或其他代用品者；

五、无行为能力者。

第十五条 会员代表经会员举派后，应给以委托书，并附其履历送经本会审查合格后方得出席。出席代表有表决权、选举权及被选举权。

第十六条 会员代表之表决权、选举权，比例其缴纳会费单位额由所派之代表单位或共同行使之，每一单位为一权。

公会会员代表之表决权、选举权，以其所缴会费比照单位计算权数。

第十七条 会员代表因事不能出席会员大会时得以书面委托他会员代表代理之。会员代表得由原举派之公会会员或非公会会员随时撤换之,并应书面通知。本会职员者非有依法应解任之事由,不得将其撤换。

第十八条 会员代表丧失国籍或发生第十四条所列各款之一者,原举派之会员应撤换之。

第十九条 会员代表有不正当之行为致妨害本会名誉信用者,得以会员大会之议决通知原推派之会员撤换之。

前项撤换之代表自除名之日起3年以内不得充任会员代表。

第四章 组织及职权

第二十条 本会执行委员9人,监察委员3人,由会员大会就代表中无记名式选举法选任之,以得数最多者为当选。

选举前项执行委员、监察委员时另选候补执监委员____人,遇有缺额依次递补,以补足前任任期为限,未递补前不得列席会议。

第二十一条 本会设常务委员____人,由执行委员就执行委员中用无记名选举法互选之,以得票最多数者为当选。

第二十二条 本会设主席1人,由执行委员就当选之常务委员中用无记名单记法选任之,以得票满投举人之半数者为当选,若一次不能选出,应就得票最多数之2人决选之。

第二十三条 执行委员及监察委员均为名誉职。

第二十四条 执行委员及监察委员之任期均为4年,每2年改选半数,不得连任。

前项第一次之改选以抽签决之,但委员人数为奇数时,留任者之人数得较改选者多1人。

第二十五条 主席及常务委员缺额时,由执行委员会补选之,其任期以补足前任任期为限。

第二十六条 本会委员有下列情事各款之一者应即解任:

一、会员代表资格丧失者;

二、因不得已事故经会员大会议决准其辞职者;

三、旷废职务经会员大会议决令其退职者;

四、于职务上违背法令营私舞弊或其他重大之不正当行为经委员大会议决令其退职,或由经济部或由地方最高行政官署令其退职者。

第二十七条 本会事务所得酌设办事员____人。

第二十八条 执行委员会依本章程之规定及会员大会之议决行使职权。

第二十九条 监察委员会之职权如下：

一、监察执行委员执行会员大会之议决；

二、审查执行委员会之会务；

三、稽核执行委员会之财政出入。

第五章 会 议

第三十条 会员大会分定期会议及临时会议两种，均由执行委员会召集之。定期会议每年开会____次，临时会议于执行委员会认为必要或经会员代表十分之一以上之请求或监察委员会函请召集时召集之。

第三十一条 会员大会之决议以会员代表表决数过半数之出席，出席权数过半数之同意行之；出席权数不满过半数者得行使假决议，在3日内将其结果通告各代表，于一星期后二星期内重行召集会员大会，以出席数过半数之同意对其假决议行其决议。

第三十二条 下列各款事项之决议，以会员代表表决数三分二以上之出席，出席权数三分二以上之同意行之。出席权数不满三分二者，得以出席权数三分二以上之同意行假决议，在3日内将其结果通告各代表，于一星期内或二星期内重行召集会员大会，以出席权数三分二以上之同意对其假决议行行使决议：

一、变更章程；

二、会员或会员代表之处分；

三、委员之解职；

四、清算人之选任及关于清算事项之议决。

第三十三条 执行委员会每月至少开会一次，监察委员会每月至少开会一次，执行委员、监察委员不得委托代表出席。

第三十四条 执行委员会开会时，须有委员过半数之同意，方能议决，可否同数，取决于主席。

第三十五条 监察委员会须有委员过半数之出席，临时互推一人为主席，以出席委员过半数之同意议决一切事项。

第六章 经费及会计

第三十六条 本会经费分下列两种：

一、事务费。

甲 公会会员以其公会所收入会费总额十分之____充之。

乙 非公会会员比例于其资本额缴纳之，一单元____元。

二、事业费：由会员大会议决筹集之。

第三十七条 会计年度以每年1月1日始至同年12月31日止。

第三十八条 本会预算须经会员大会议决。

第三十九条 本会之预算、决算及其事业之成绩，每年须编辑报告刊布之，并呈由主管官署转呈省政府转经济部备案。

第七章 附 则

第四十条 本章程未规定事项悉依修正商会法及修正商会法施行细则之规定办理之。

第四十一条 本章程如有未尽事宜，经会员之决议，呈准市政府市党部修改之，并逐级转报中央社会部及经济部备案。

第四十二条 本章程呈准厦门市政府备案施行，并逐级转报中央社会部及经济部备案。

说明：本章程条文与非常时期人民团体组织法规定抵触者，不适用之。

附录：伪厦门市商会章程

第一章 总 纲

第一条 本会定名为福建省厦门市商会。

第二条 本会以图谋工商业及对外贸易之发展，增进工商业公共之福利为宗旨。

第三条 本会之区域以本市市政府所辖之区域为区域。

第四条 本会事务所设于本市大汉路，门牌三五一号。

第二章 会 员

第五条 本会会员分为下列二种：

一、同业公会会员；

二、商店会员。

前项会员均得举派代表出席，本会称为会员代表。

第六条 本会会员代表，以在本区域内经营商业之中国人民，年在25岁以上者为合格。

第七条 会员代表之举派依下列规定办理之：

一、公会会员每会员举派1人；但其最近之平均使用人数超过11人者，就其超过之人数满11人得增加代表1人；惟其代表人数至多不得逾21人。

二、商店会员的法人，或别无同业，或虽有同业而不满7家，不能有同业会员之组织者，得为本会商店会员，每店举出代表1人。但其最近之平均使用人数超过11人者，就其超过人数每满11人得增加代表1人；惟其代表人数不得逾3人。

第八条 有下列各款情中之一者，不得充任会员代表：

一、褫夺公权者；

二、有反动之行为者；

三、受破产之宣告尚未复权者；

四、无行为之能力者。

第九条 会员代表得由原举派之公会会员或商店会员随时撤换之。但已当选为本会职员者，非有依法应解任事由不得将其撤换。

第十条 会员入会手续如下：

一、经二会员之介绍；

二、理事会之核准；

三、填写入会志愿书及调查表；

四、缴纳入会金；

五、领取会证及有关文件。

第十一条 会员退会手续如下：

一、填具退会理由书；

二、撤销该会入会时一切证件；

三、有欠费者缴清欠费；

四、经理事会之通过。

第十二条 会员代表有不正当行为致妨害商会之名誉信用者，得以理事会之议决将其除名，开分别其情节之重轻予以处分，并通知原举派之会员。受除名处分之会员代表，由除名之日起三年以内不得充任会员代表。

第十三条 会员应享之权利如下：

一、第四章所列举各项事业上之利益；

二、发表权、表决权、选举权、被选举权，但表决数与选举权，每会员代表各一权。

第十四条 会员应尽义务如下：

一、第四章所列举各项事业上之义务；

二、服从本会议决案；

三、遵守关于商会之现行法规。

第三章 职 员

第十五条 本会设常务主席1人、常务理事2人、理事6人、候补理事3人、监事3人、候补监事2人，由会员代表中用无记名选举法选任之。

理事监事各组织该委员会，其组织系统如下表：

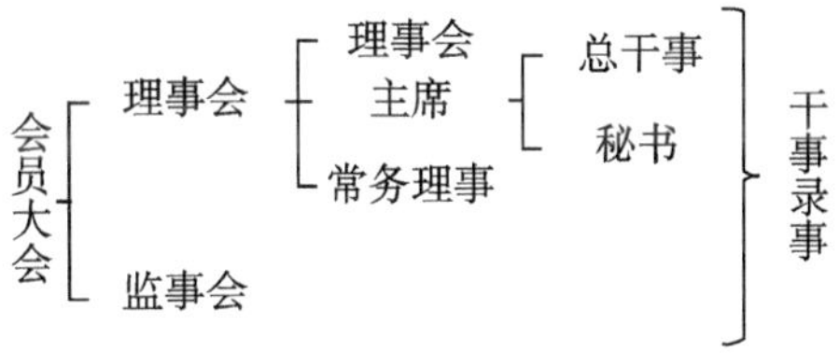

第十六条　会员大会之职权如下：

一、接受常务主席及理监事会之报告；

二、变更或修改本会章程；

三、选举理监事及候补理监事；

四、理监事之解任；

五、清算人之选任及关于清算事项之决议；

六、经费预算；

七、分事务所设立之决定；

八、其他重要议案之决定。

第十七条　理事会之职权如下：

一、执行会员大会议决案；

二、支配本会经费及财政；

三、决议第四章所列举各项事务。

第十八条　监事会之职权如下：

一、稽核本会财政；

二、审查本会会务之进行情形；

三、依据本会会章弹劾会员或职员违背会章之决定。

第十九条　常务主席职权如下：

一、对外代表本会；

二、执行理事会之议决案，并指挥事务员办理会务；

三、任会员大会主席，如因事故不能出席由常务理事代行其职务；

四、召集理事会并任主席。

第二十条　理事及监事任期均为2年，得连选连任之。

第二十一条　理事监事遇故离任，由各该候补连监事依次递补，其任期以补足原任之任期为限；常务主席及常务理事因故离职时，由理事会选补。

第二十二条　本会依法改组或改选时，由现任职员负责办理，如届期不能完成，即不能继续行使其职权。

第二十三条 理事监事均为名誉职。

第二十四条 事务所得酌用事务员如下：总干事 1 人、秘书 1 人、干事 3 人、录事 2 人，其名额及薪金由理事会拟定，常务主席聘任之。

第四章 职 务

第二十五条 本会应办之事务如下：

一、筹议工商业之改良及发展事项；

二、关于工商业之征询及通报事项；

三、关于国际贸易之介绍及指导事项；

四、关于工商业之调处及公断事项；

五、关中工商业之证明及鉴定事项；

六、关于工商业之统计调查编纂事项；

七、关于主管机关委办事项；

八、举办商品陈列所、商业学校或其他关于工商业之公共事业，但须经主管机关核准；

九、维持或请求地方政府维持市面恐慌事项；

十、办理合于第二条所提示宗旨之其他事项；

十一、就有关于工商业之事，得建议于中央或地方行政官署。

第五章 会 议

第二十六条 本会会员大会分为定期会议与临时会议二种，均由理事会召集之。定期会议每年至少开会一次，于 15 日前通知之；临时会议于理事会因紧急重大事项，认为必要或经会员代表十分之一以上之请求或监事会之函请时召集之。

第二十七条 本会会员大会之决议，以会员代表过半数之出席，出席代表过半数之同意行之；出席代表不满过半数者得行假决议，将其结果通知各代表，于一星期后二星期内重行召集会员大会，以出席代表过半数之同意将假决议行其决议。

第二十八条 第十六条二、四、五、六各项之决议，以会员代表三分二以上之出席，出席代表三分二以上之同意行之；出席代表逾过半数而不满三分二者，得由出席三分二以上之同意行假决议，将其结果通告各代表，于一星期后二星期内重行召集会员大会，以出席代表三分二以上之同意将假决议行其决议。

第二十九条 理事会每月至少开会二次，监事会每月至少开会一次，其决议皆以理事过半数之出席，出席理事半数之同意行之；常务会每星期开会一次。

第三十条 各项会议情形，应随时通告会员知照。

第六章 经 费

第三十一条 本会经费分下列两种：

一、事务费由会员入会金及特别费充之；

二、事业费由会员大会议决筹集之。

第三十二条 事务费筹集办法规定如下：

一、会员入会金：

每会员缴纳国币2元，每加派一会员代表加纳国币1元；

二、会员年金分为下列三种：

甲等每会员年纳国币12元；乙等每会员年纳国币6元；丙等每会员年纳国币3元。但同业公会所派会员代表，其代表额不满50元者，应由该同业公会缴足50元，其全会会员资本金未满1万元者，减半征收之。

三、特别费：

本会遇有特别事应需之款，不在预算内者，应经会员大会决议筹集。如会员大会不及召集时，得经理事会议决先向会员筹集，但仍提交下次会员大会追认之。

第三十三条 本会会计办法规定如下：

一、本会经费之支配应有预算决算；

二、事务费每月理事会决算，并送交监事会审核后公布之；

三、一切经费预算决算，每年由理事会编制经监事会审查；

四、修改预算书，应由会员大会或理事会决定之；

五、监事会审查范围以不超出预算者为度；

六、收支各款须经主席签名盖章方能发生效力；

七、如有会员代表十分之一以上之连署请求，得选派代表核之；

八、存款如逾百元以上者，宜存贮本会指定银行或商店。

第三十四条 会员退会或除名，其所缴各费概不发还。

第七章 附 则

第三十五条 本会办事细则，依据本会章程规定之。

第三十六条 本会章程依据《商会法》及其施行细则并参酌本会情况制定，经会员大会通过呈由主管官署转呈国民政府工商部核准后施行之。

第三十七条 本章程如有未尽事宜，须由会员大会修正，呈经主管官署转呈国民政府工商部核准后施行之。

资料来源：《厦门商会档案史料选编》，鹭山出版社1993年版，第118～133页。

旅港潮州八邑商会章程

第一章 大 纲

第一条 命名:本会以籍隶潮安,澄海,饶平、潮阳、揭阳、普宁、惠来,丰顺八邑旅港侨商组织而成,故定名旅港潮州八邑商会。

第二条 宗旨:本会以研究商务,联络乡谊,维持公益为宗旨。其职务依商会法所定之规则行之,唯以不背本港律例为限。

第三条 会址:本会会址在本港德辅道西。

第四条 会员:本会会员无定额,凡籍隶潮州八邑(八邑之名见第一条)侨港之商号或个人,如为正当营业及品行端正,表同情于本会者皆得为本会会员,唯须得本会会员二人介绍,经董事会通过,方能加入。

第五条 职员:本会职员董事四十员,就中举出正会长、副会长,正司库、副司库、核数员各一员,另干事十二员,内分法律二员、审查二员,交际四员、调查四员:会员亦得被举。以上皆义务职。司理兼文牍一员、书记兼庶务会计一员、什(杂)役二名、伙夫一名,以上人员,皆由会长聘雇,唯薪水由会长酌定,须经董事会通过。如有特别事故须援助理者,由会长于董事或会员中选任,或董事会推举。又如遇必要时得举名誉会长以资指导。

第六条 任期:本会所有各职员任期皆以二年为一届。期满被举亦得连任。

第七条 会费:本会会费分基本金、常年费、特别捐、董事特别捐四种(各费皆照港纸征收)。凡入会时应纳基本金五元、常年费五元,嗣后每年纳年费五元,于每年阳历八月一日一次缴足。会董则每届加捐董事特别捐五十元,以示热忱而厚本会经费。如会内同人等有特别捐助,无论多少,皆极欢迎。

第八条 出会:本会同人如有欠交本会常年费一年者,得停止其选举及被选权。如积欠二年者,应受除名之处分:若有可原之处,及其人愿将以前所欠之会费交时,可依旧为本会会员。

第九条 惩罚:本会会员及职员如有藉本会名义在外招摇,有碍本会名誉,或不遵守本会章程者,一经查有确据,即开特别会讨论除名。至开议时,得董事会过半数董事出席,三分之二通过,则将其除名。如系职员,其额缺由董事会照章选举顶补,而任期则按照前任接算。至本会聘雇各员如有违章及碍本会名誉情事,查有确据,得由会长辞退之。倘会长瞻徇情面不即辞退,可由董事照章请求开会,得过半数董事出席,多数通过,亦得辞退之。

第二章　选　　举

第一条　每届选举董事,在同人大会之期(即阳历七月二十号),先期两星期由本会备函通告全体会员,依期到会投票,并将会员人名录及选举票封交各会员填举,以备到会时投入票箱。如本人不暇,可托同人代投,唯须于封面盖章或签名以凭核查;如无盖章或签名,该票作废。

第二条　本会正副会长、正副司库、核数员等职员,于董事举出后五日由董事亲自出席投票互举。另于董事或会员中举十二位为干事(干事名称见第一章第五条)。以上所有各职员,须全体董事人数四分三出席,方能选举。如该董事因事不能亲自出席者,得委派代表出席投票选举,唯本人须于封面盖章或签名,以昭慎重。

第三条　各董事举出后,即由各董事互推三位代表全体签立证书,送与正副会长、正副司库、核数员及各干事。

第四条　各当选人自受当选之通知三日内,倘不愿就职,或中途因事缺职,皆得以原日选举时票数次多者补充之。

第五条　每届新职员举出后,旧职员即将一切经办事务于就职日移交新任职员接理。

第六条　会长、董事、干事等职员举出后,定于该年阳历八月一日在本会所举行就职礼。

第七条　名誉会长以名誉孚着有功勋于本会,由董事十人提出,董事会全体过半数通过者,作为合格。

第三章　权　　责

第一条　会员有选举、被选举及向本会条陈意见、咨询事件竖投词请愿之权。

第二条　会董有提议及决议事项、与监察会内一切人员、查核进支数目之权。

第三条　正副会长对内主持全会会务,发展本会精神;对外有代表本会全体之责。

第四条　副会长协助正会长办理一切会务,正会长因事离港时,得代行其职权。

第五条　正司库有管理收支银两及清理数目之责。

第六条　副司库有帮助正司库管理本会收支银两,并督理会内一切进支数目之责。

第七条 核数员专任检查一切收支数目。

第八条 各干事承会长之委托,分任各股事务。当会议时,亦得列席会议,其表决权兴董事等。

第九条 司理秉承会长,照章执行会内一切事务。

第十条 文牍专任本会来往文牍并掌管一切文件。

第十一条 书记专任缮写本会文件及帮助文牍员管理一切文牍。开会时,记录提议、决议各事。

第十二条 庶务兼会计办理本会一切庶务,登记出入数目。

第十三条 以上各职员如有因事离港,不能执行职务时,应具函请假。至聘雇各员如告假时期过长,须请由董事会派员代理。

第十四条 名誉会长有指导本会一切事务之责。

第四章 会 期

第一条 本会会员大会之期,即在每届选举会董之日(该年阳历七月二日),是日宣布上届办理经过情形及财政进支数目。

第二条 本会于每年阴历正月初二日为董事团拜期。

第三条 本会于必要时得举行同人恳亲会,以联络感情。

第四条 本会于阳历每月五号为会董常会。

第五条 如遇特别事故,即由会长临时召集,或由会董五人或会员二十人以上联署亦得开临时会议,其程序悉照本会之会议规则执行。

第五章 财 政

第一条 本会银两出入单据,悉由正副会长及正副司库中得三人签名方生效力。四人中,二人离港,则由值任董事公推二人,合四人共签名始能有效,并由本会将此办法向交易之银行或商号声明。

第二条 本会钱银存贮(储)何号,由司库拟定后,交由董事会讨论通过方得执行,他日即有损失,亦有众负责。

第三条 本会费用除由董事会核算决定外,倘有特别用途过二百元者,须开董事会讨论通过,方得开支。

第四条 副司库当督促会计于每月将前月收支数目列明,交核数真查核,无讹后,提交董事会察阅;至每届交待时,编列成册,再交核数员核妥无讹后,印送各会员查阅,以昭信实。

第五条 本会款项除存贮(储)小数在会计员处应支外,余应交与正司库存贮(储)生息。

第六章　会议规则

第一条　每月董事会常会,先期三日由本会将所议各事,备函通知各董事。倘有特别会议,得即日分发传单通告。

第二条　关于会员之条陈或请愿。得由会长分别交股审查,或径列入议案于开董事会时提出讨论;唯开议时,该条陈者,只可旁听。

第三条　会议时,以会长主席;如会长因事缺席时,由副会长代之;倘副会长亦缺席,则由到会会董互推一人为临时主席。

第四条　凡会董如属商号会议时,得派代表出席;如属个人,则应亲自出席,不能委派他人。

第五条　凡议案,须得出席会董过半数通过,方能有效。通过手续,或举手、或投黑白珠取决。如赞成与反对人数相等,则由主席再举一手或投一珠以决定之。

第六条　凡议案,如与出席人私事有关者,本人应行避席,俟决定后方能回座。

第七条　凡同人于提议或讨论事项时,须起立,徐徐陈说,不得坐谈,不得漫(谩)骂。

第八条　凡叙会时,倘有在场喧哗,妨碍本会秩序者,主席得随时制止;如不服制止,得令其退席,以维秩序,或摇铃宣布散会,更期再议。

第九条　凡董事会议决各案,应由会长执行。

第十条　每次议决事件,应置簿眷锋,以备查考。

第七章　会所规则

第一条　本会所内,除各员役外,闲杂人等不得驻宿。

第二条　在本会所内,不得作有犯香港禁例之事。

第三条　本会议案文件数目,同人欲参阅时,须得会长同意,唯不得携离会所,以防遗失。

第四条　本会所物件,须示爱惜,以保公物。

第五条　本会所内,不得任意吐唾,以保公众卫生。

第八章　褒奖规则

第一条　凡捐款十元以上者,则将芳名登报及标列会所。

第二条　凡捐款五十元以上者。除将芳名登报及标列会所外,并送金色四角徽章一枚,以作纪念。

第三条　凡捐款一百元以上者,除将芳名登报及标列会所外,并送金色六角徽章一枚,以作纪念。

第四条 凡捐款在三百元以上者,除将芳名登报及标列会所外,并送金色六角徽章一枚,扩大照相光面玻璃镜一个,并将芳名志叙镜中,以垂纪念。

第五条 凡捐款在五百元以上者,除将芳名登报及标列会所外,并送真金八角徽章一枚,扩大照像花边玻璃镜一个。

第六条 凡捐款在一千元以上者,除将芳名登报及标列会所外,并送真金特别徽章一枚、扩大照像车花五色玻璃镜二个,一悬本会,一送本人,并加赠银杯一个。

第七条 凡捐款在五千元者,即开董事会讨论如何酬报办法,以表崇敬。

第八条 凡捐送物品与本会,其价与上列各项相等者,亦依上例酬赠之,以资纪念。

第九条 凡同人历任本会董事四届者。应将其六寸半身照像汇列镜中,悬诸本会,以资纪念。

第十条 凡职员对于本会有特别勋劳者,得由值任董事会议定褒奖办法。

附则:以上各章程如有未尽之处,应行增删者。先期二礼拜由本会通知全体会员开同人大会取决,唯须得出席同人过半数之同意方有效。

原载赖连三著,李龙潜点校:《香港纪略(外二种)》,暨南大学出版社 1997 年版,第 73～80 页。

资料来源:周佳荣:《香港潮州商会九十年发展史》,中华书局(香港)有限公司 2012 年版,第 275～278 页。

黑龙江哈尔滨总商会章程

一、哈埠已奉政府训条间作自辟商埠为水陆交通上之中心点,将处来商务日臻繁盛,亟□遵照部章设立总商会以保全商途上之公共利益。

二、华界、租借界各华商无论何行何业,所有自立各本业公所均应归属总商会联为一体,以尽合群之义。其旧设之商业公所应遵照部章改为哈尔滨总商会,以一事权其傅家店,原有之公议会亦应归并本总会,俾坚团体传家店应请改名为东哈尔滨,以免歧而为二。

三、工商本□同体哈埠所有工人为数甚多,应自立工人会外应将该工人会

□隶总商会之下，以便彼此互相维持、保全公共之利益。

四、无论何行何业均应各立公会，立定章程，附属于总商会管辖之下结成一绝大唯一之团体，以增进商途上无量幸福。

五、无论何项生理均须报明总会注册，以便汇报商部备查。

六、遵照部章设立总理协理暨各义务员，以办理一切商务上巨细事件。

七、吉江两省各城埠应设分会与哈埠联为一体，不得歧异。

八、凡商、工两民如受有屈理报明商会查核属实，由会中领袖及义务员评定办法，与各官府直接以维持商工界之发达。

九、从速建造商会总公所一处以办理商务事宜。

十、派员调查两省各埠商品出产销场并催令迅立分会。

十一、总会会员及办事方法悉仿上海总商会章程斟酌办理。

十二、总会设立之日应由关埠商人公举总理，以下办事各义务员举定之后，呈报商部批准请给关防照章，任事未奉批准以前作为试办关防，未经请给以前仍用旧日商业公所图章办理各事。

十三、所有一切经费应由总会定期开议择善而行。

十四、凡非自理商务只身远来之人在各商号或洋人所开之行店服务任专者，如系工人入于工人会，如系商务准其赴总会报名注册列为会友，□其品誉日隆并可举充会员工人会隶属商会管辖之下，如有才望出众之人亦可举充会员，但所举之人不得逾于商人中三分之一。

十五、商学为商战之利器，亟应实力振兴农、工两项。尤为商人出货之源，亦应极力提倡农、工各学，俟总会设立后即行推广商业学堂□农工实业馆冀人才辈出。

十六、研究会为商务亟要之举应由总会各员设法举贤。

十七、调查为最切实要之点宜从迅拣派实行。

十八、游历为商途上极重之事宜拣选□达之人，赶速趋行先赴内省各大埠游历一周，藉以联络各商会互通声气，然后再赴南洋一带，次及日本暨欧洲各国。

十九、本埠向无报馆风气，不开商会既工亟应设立日报□智而广见闻。

二十、京津及内地各省官商各设讲报所，风气大开进步甚速。吉江两省各官府近更实力仿行商会，有应尽之义务宜极力提倡，视为当务之急。

二十一、本埠各商户由应遵制长方式龙文黄色国旗二面。凡遇万寿令节及寻常特别之庆典，各于本号门首敬谨悬挂以表爱国之意。

以上所订简章系略举大凡，其有未尽事宜随时公同酌增。此项章程应随公举人员名册禀件报明商部暨两省军宪及本管之各署局存案备查。

资料来源:《秦报》1907 年第二十二期第一册,第 31~32 页。

商民协会章程

商民协会系本国民革命之宗旨、改善商民之组织,集合在帝国主义与军阀压迫下之商民使之有完善之组织、伟大之力量,以谋商民痛苦之解除而增进其幸福,兹将其组织章程分列于下。

第一章 会 员

第一条 凡居住中国之商人不论性别凡年龄在十六岁以上依照本会章程、遵守本会纪律、履行本会决议案者,皆得为本会会员。但有下列条款之一者不准加入:

(一)帝国主义之走狗、现任之买办、现任牧师及入外国籍;

(二)军阀之走狗、劣绅贪官污吏。

第二条 入会手续

(一)须有会员二人负责之介绍;

(二)填写入会志愿书;

(三)经该地商民协会会员大会过半数之通过;

(四)领取会员证章。

第三条 会员权利如下:

(一)有请求本会向政府力争取消该行苛税杂捐之权利;

(二)会员有受屈事情有请求本会力争伸雪之权利;

(三)会员与会员间发生争执时,有请求本会代为排解之权利;

(四)土货商会员如土货出品达到足供该地销售有余时,有请求本会通令该行会友一致不卖该地品价相同之洋货之权利;

(五)在本会已有合作银行设立之处,会员有享受最低利息借债之权利;

(六)在本会已有报纸杂志等设立之处,会员有享受廉价广告之权利;

(七)在本会已有购买合作社设立之处,会员有享受廉价买货卖货之权利;

(八)在本会已有商业学校设立之处,会员及其子弟有享受入学免费或减费之权利;

（九）在本会已有智德体美育等娱乐机关设备之处，会员有享受应用之权利；

（十）在会员大会中会员皆所发言权、建设权、表决权；

（十一）会员有选举及被选举本会职员或代表之权。

第四条 会员义务如下：

（一）要遵守本会章程；

（二）要遵守本会决议；

（三）要按月缴纳月费；

（四）要依时间到会；

（五）不得勾结帝国主义者、军阀、贪官污吏或土豪劣绅；

（六）不得压迫工人农民。

第五条 会员如有不履行第四条所列各义务者，轻则予以警告，次则停止其应享之权利，重则除名出会。

第二章 组 织

第六条 本会组织以县及市为单位，一县或一市有多数商民发起组织时，得呈请省或中央之执行委员会审查认可派员到该县或市依章筹备之。

第七条 一省有三个以上县（或市）成立商民协会时，得组织全省商民协会。

第八条 全国有三个以上省（或独立市）成立商民协会时，得组织全国商民协会。

第九条 每县（或市）商民协会成立之始须同时组织该县（或市）所属各乡镇及各行商分会。

第十条 各县墟镇中其有商业特别繁盛商店及商民特别多经中央或省认为重要区域者，得作为市商民协会由中央或省派员组织之，直辖于省商民协会，市与县商民协会同等。

第十一条 巨大都市或商埠经中央认为有组织独立商民协会时得有中央派员组织之，此独立市商民协会直辖于中央与省商民协会同等。

第十二条 本会组织系统如下：

（一）全国商民协会；

（二）全省（或独立市）商民协会；

（三）全县（或市）商民协会；

（四）某地或某行商民协会分会。

第十三条 本会权力机关如下：

(一)管理全国商民协会,全国商民协会。

(二)管理全省者,全省商民协会。

(三)管理全县者,全县商民协会。

(四)管理分会者,全县商民协会分会。

第十四条 各下级会须受上级会管辖。

第十五条 各级会代表大会或会员大会须选出执行委员组织执行委员会执行会务,选出纪律裁判委员执行纪律,并各选出候补委员。

第十六条 各级会之候补委员得出席于各该级会识,但只有发言权无表决权。

第十七条 各级会之执行委员及纪律裁判委员遇故缺席或离任时,即以候补委员依次充任之。

第三章 全国商民协会

第十八条 本会最高机关为全国代表大会,常会每年举行一次,但中央执行委员会认为必要或有省(或独立市)商民协会三分之一以上之请求时,得召集临时全国代表大会。

第十九条 全国代表大会日期及重要议题须于三个月前通告各会员。

第二十条 全国代表大会之组织法、选举法及各地方应派代表之人数由中央执行委员会规定之。

第二十一条 全国代表大会之职权如下:

(一)接纳及实行中央执行委员会及其他中央各部之报告;

(二)修改本会章程;

(三)决定全国商民运动之计划;

(四)选举中央执行委员、候补中央执行委员、中央纪律裁判委员、候补中央纪律裁判委员。

第二十二条 中央执行委员及中央纪律裁判委员之人数由全国代表大会决定之。

第二十三条 中央执行委员会之职权如下:

(一)对外代表本会;

(二)监督及指导全国各下级会;

(三)组织各地方下级会;

(四)组织中央机关各部;

(五)支配会费及财政;

第二十四条 中央执行委员会每星期至少开会一次。

第二十五条 中央执行委员互选常务委员七人执行日常会务。

第二十六条 中央执行委员会得分设各部以分配工作,其组织法由中央执行委员会决定之。

第二十七条 全国代表大会闭会期间,中央执行委员会应召集各省执行委员会及其他直辖之独立市或市县执行委员会开联席会议或代表会议一次。

第二十八条 中央执行委员会须将其工作经过情形每月通告一次与各省或独立市执行委员会。

第二十九条 中央执行委员会得遣派中央执行委员或各部职员分赴各地帮助各地商民组织商民协会。

第三十条 中央纪律裁判委员会之职权如下:

(一)监督中央执行委员会执行代表大会之议决;

(二)审查中央执行委员会各部部员之勤惰;

(三)稽核中央执行委员会之财政出入;

(四)监督及指导各级会执行会务;

(五)接受各下级会所上诉之案件仲审判之。

第四章 省(或独立市)商民协会

第三十一条 全省(或独立市)代表大会每年举行一次,但遇中央执行委员会训令或所辖县执行委员会(或独立市之重要分会)三分之一以上请求时得召集临时全省(或全独立市)代表大会。

第三十二条 全省(或全独立市)代表大会之组织法、选举法及人数由省执行委员会审定后经中央执行委员会核准施行。

第三十三条 全省(或全独立市)代表大会接纳及实行省(或独立市)执行委员会及其各部之报告,决定本省(或本独立市)会务进行之策略,选举执行委员、纪律裁判委员及其候补委员,并决定其人数。

第三十四条 省(或独立市)执行委员互选常务委员五人执行日常会务。

第三十五条 省(或独立市)执行委员会之职权如下:

(一)组织各县及各市会(或独立市内之重要分会)并指挥其活动;

(二)组织该执行委员会内各部分配工作;

(三)支配会费及财政。

第三十六条 省(或独立市)执行委员会每月须将活动经过情形报告中央执行委员会一次,通告县会(或独立市内之重要分会)一次。

第三十七条 省(或独立市)执行委员会每星期至少开会一次。

第三十八条 全省(或独立市)代表大会闭会期间,省(或独立市)执行委员会应召集各县执行委员会及其他直辖之市执行委员会(或独立市内之重要分会)开联会议或代表会议一次。

第三十九条 省(或独立市)纪律裁判委员会之职权如下:

(一)监督省(或独立市)执行委员会执行省(或独立市)代表大会之决议;

(二)审查省(或独立市)执行委员会各部员之勤惰;

(三)稽核省(或独立市)执行委员会之财政出入;

(四)监督县会及市会(或独立市之重要分会)等下级会执行职务;

(五)接受各下级会所上诉之案件并审判之大会,每半年举行一次,若遇省执行委员会调令或所属分会执行委员会三分之一以上之请求得召集临时全县或全市代表大会。

第四十条 县(或市)执行委员会认为必要时或有该县(市)会员过半数之请求时,亦得召集临时全县(市)代表大会。

第四十一条 县(或市)代表大会之组织法、选举法及人数由县(市)执行委员会审定后经省执行委员会核准施行。

第四十二条 县(或市)代表大会接纳及实行县(或市)执行委员会及其各部报告决定本县(市)会务进行之计划,选举县(或市)执行委员、纪律裁判委员、及其候补委员,并选赴省代表会议之代表。

第四十三条 县(或市)执行委员之选举由会员以行头为单位每行选举一人,但一行人数在一百人以上则每百人得添选一人。

第四十四条 县(或市)执行委员互选常务委员三人,执行日常会务。

第四十五条 县(或市)执行委员设立全县各墟镇与各行分会,并指挥其活动及组机该委员会内各部(但须得省执行委员会之核准)支配会费及财政。

第四十六条 县(或市)执行委员会须每两星期将其工作经过情形报告执行委员会一次。

第四十七条 县(或市)执行委员会每两星期开会一次。

第四十八条 县(或市)商民协会为本会最重要之基本组织,会员人数至少须在二百人以上,并须经省执行委员会或中央执行委员会之批准方得成立。

第四十九条 县(或市)商民协会得斟酌地方情形设立下列各部执行下列各事项:

(一)仲裁部——办理排办解会员与会员或与非会员之一切争执事宜;

(二)宣传部——办理宣传三民主义及商民协会政策事宜;

(三)合作部——办理创设合作银行等合作事宜;

(四)教育部——办理创设商业学校、补习学校、国货陈列所及其他智德体育机关事宜；

（五）组织部——办理组织各乡各墟及各行分会事宜。

第六章[1] 分　　会

第五十条 分会为本会最上层组织，由县（或市）商民协会直接派员组织之。

第五十一条 凡有五十家商店以上之市镇及凡有五十家商店以上之行头皆得组织分会。

第五十二条 分会受县（或市）商民协会直接之指挥执行下列任务：

（一）实行协会决议口号；

（二）排解会友纠纷；

（三）创办商民学校阅书报等机关；

（四）兴办合作事业；

（五）征求新会员。

第五十三条 分会得设执行委员、纪律裁判委员若干处理会务，其人数由县会决定。

第五十四条 分会执行委员会每二星期至少要开会一次及向县会报告工作情形一次。

第五十五条 分会会员大会每半年举行一次讨论会务进行计划及选举该分会委员。

第七章　任　　期

第五十六条 中央执行委员省（或独立市）执行委员、县（或市）执行委员任期均为一年，分会执行委员任期半年。

第五十七条 中央纪律裁判委员、省（独立市）纪律裁判委员、县（或市）纪律裁判委员任期均为一年，分会纪律裁判委员任期半年。

第八章　纪　　律

第五十八条 本会各级代表大会或执行委员会之决议，会员须一致服从。

第五十九条 下级会须服从上级会，否则上级会得取销或改组之。

第六十条 会员对于下级执行会之决议有抗议时，如有五分之一赞成者得联署提出于上级会判决之，但在抗议期间仍须服从各该下级会之决议。

第九章　经　　费

第六十一条 本会以下列各项收入为会费：

---

[1] 原文标题即如此，没有第五章。

(一)会员入会费;

(二)会员月费;

(三)特别捐与借款。

第六十二条 会员月费之多寡视各地商民状况如何由县执行委员会决定之,但(入会费)普通商民最高不得过五元,商店职工不得过一元,小贩不得过五角;(月费)普通商民最高不得过一元,商店职工不得过三角,小贩不得过二角。

第六十三条 本会如遇有特别事故必须举行特别捐及借款以作经费时,得由该级会代表大会过半数之决议举行之。

第六十四条 会员如遇失业时得请求减免月费,惟须得所属分会或县执行委员会之许可。

第六十五条 本会收入所得依照下列原则支配之:

十分之二用于分会,十分之五用于县(市)商民协会,十分之二用于省(或独立市)商民协会,十分之一用于全国商民协会。

第十章 章程之实施

第六十六条 本章程自公布日起施行。

第六十七条 本章程如有不妥处得提出全国代表大会修正之。

原载《银行周报》1927年第11卷第14期,第53~58页。

安徽芜湖总商会章程

第一章 总 则

第一条 本会依商会法第五条后段,暨安徽建设所呈准实业部修正之安徽省蚌埠、芜湖、安庆各总商会暂行章程之规定,定名为芜湖总商会。

第二条 本会在维新政府未颁布总商会组织章程以前,遵照安徽建设所呈请 实业部修正之安徽省蚌埠、芜湖、安庆各总商会暂行章程(以下简称暂行章程)办理。

第三条 本会以芜湖县治之区域为区域,会所仍设在花津桥前县商会原址。

第四条 本会事务所附设于本会会所内。

第二章 职　　务

第五条 本会之职务如下：

一、筹划繁荣工商业及设计调济发展等事项；

二、关于工商业咨询及通报事项；

三、关于国际贸易之介绍及指导事项；

四、关于工商业纠纷之调查及评价事项；

五、关于工商业证明及鉴定事项。

第三章 会员出会、入会及除名

第六条 凡芜埠各同业公会、各公司行号、各工厂而系正当营业者，皆应向本会登记加入本会为会员。

但凡会员入会后非有出会之必要情形以书面请求经会员会许可者，不得自由出会。

第七条 凡会员查有商会法第十三条或暂行章程第十六条规定情形之一者，应受除名之处分。但受破产之宣告者，倘已复权及经理之商店倒闭其债务已清偿者，不在此限。受褫夺公权之宣告者，在判决未确定时亦同。

第四章 职　　员

第八条 本会会长一人对外代表本会，对内总揽一切会务。

副会长一人务协助会长办理本会一切事务。

会长有事故时副会长代表之，副会长有事故时以常务董事年长者代表之，但均应先以事由通知常务董事会。

第九条 本会董事二十一人，监察七人。

前项董事应互推常务董事七人。

第十一条 董事会每月第一星期之星期一及第三星期之星期一各开常会一次。

前项会议日期倘为休假日，顺延至翌日开会。

第十二条 常务董事应常川在会代行董事会职权。

第十三条 监察会每月月终开会一次，有调查本会财务状况及查核簿册文件之权。

第十四条 会长、副会长、董事、常务董事、监察均为义务职。

第十五条 会长由常务董事中选任之，常务董事由董事中互选之，董事、监察均于会员代表中有暂行章程第十八条所规定之资格者选任之。

第十六条 职员选举概用记名联记法选任之，以得票最多数者为当选，但不得按业分派或分业自选。

第十七条 本会候补董事九人、候补监察三人，均以次多数者为当选。遇有缺额按照得票多寡依次递补，票数目者以抽签定之，其任期以补足前任任期为限。

第十八条 本会职员选举时，应于选举期日前备文呈请县政府，转呈安徽建设所派员监察。

第十九条 董事、监察任期均为四年，每二年改选半数得连选连任。

第二十条 职员有商会法第二十二条及暂行章程第二十七条各该款情形之一应豫解任者，应召集会员代表会遵照商会第二十八条及暂行章程第三十二条议决行之。

第五章 会 议

第二十一条 本会会议分会员大会、董事会、常务董事会、监察会。

第二十二条 会员大会每年开会一次，必要时得开临时会，均由董事会议决召集之。

第二十三条 会员大会之召集于会期十五日前登报或以书记通知行之。

第二十四条 会员大会之主席得由常务董事推选主席团轮流担任之，董事会、常务董事会均以会长为主席，监察会主席由察监互推一人任之。

第二十五条 董事会监察会之决议均以过半数之出席，出席过半数之同意行之。常务董事会之决议仍应提请董事会追认，但重大事件须召集临时董事会处理。

第六章 经费及会计

第二十六条 本会事务费于每会计年年度开始前一月，由董事会综计代表人数及其所代表之资产额，按照预算体察情形完比例分担之。办法提交会员大会议决行之。

第二十七条 在依前条办法未确定前，经会员大会之议决得以其他方法征收会费。

第二十八条 本会事业费由会员大会议决筹集方法及其数额。

第二十九条 本会每年预算、决算应于每年终刊印布告，并呈报县公署，转呈安徽建设厅，转报实业部备案。

第三十条 各同业公会之经费由公会自行筹集，但须于每年年终向本会报告。

第七章 附 则

第三十一条 本章程经会员大会通过，呈请芜湖县公署，转呈安徽建设厅，转报实业部核准后施行。

第三十二条 本章程如有变更之必要时,得依商会法第二十八条及暂行章程第三十三条之规定变更之。

资料来源:满铁上海事务所调查室第八系编:《中支惯行调查参考资料》(第1辑),第317~320页。

湖北汉口市商会章程

第一条 本会依照国民政府商会法第五条之规定组织之,定名为汉口市商会。

第二条 本会以图谋工商业及对外贸易之发展、增进工商业公共之福利为宗旨。

第三条 本会以旧有汉口总商会所有之会址为会址,并继续管有其一切动产与不动产及公物账项。

第四条 本会之职务如下:

一、筹议工商业之改良及发展事项;

二、关于工商业之征询及通报事项;

三、关于国际贸易之介绍及指导事项;

四、关于工商业之调处及公断事项;

五、关于工商业之证明及鉴定事项;

六、关于工商业统计之调查编纂事项;

七、得设办商品陈列所商业学校或其他关于工商业之公共事业但须经主管官署之核准;

八、遇有市面恐慌等事有维持及请求地方政府维持之责任;

九、办理合于商会法第一条所揭宗旨之其他事项。

第五条 本会得就有关工商业事项建议于中央或地方行政官署,对于中央或地方政府或其他公共机关关于工商业事项之调查或咨询有答复之义务,并有接受政府委办事项之义务。

第六条 本会会员分下列两种:

一、公会会员;

二、商店会员。

前项会员均得举派代表出席本会称为会员代表。

第七条 会员有遵守本会章程与服从本会决议案之义务。

第八条 会员代表有提议权、表决权、选举权及被选举权。

第九条 凡愿加入本会者,须先向本会登记给予凭证。

第十条 会员代表以在本区域内经营商业之中华民国人民,年在二十五岁以上者为限。

第十一条 公会会员举派之代表由各该公会会员大会举派之,给以委托书并通知本会。

第十二条 公会会员之代表额应就各该公会所属商店之使用人综合计算之。

前项代表每公会举派一人,但其最近一年间之平均使用人数超过十五人者,就其超过之人数每满十五人得增加代表一人,惟其代表人数至多不得逾二十一人。

前项使用人数应由各公会先就其已经加入公会各同业商店逐一查明列册报告本会,一面并将未曾加入公会之各同业商店另造一册送会备查。

第十三条 商店会员每店得举派代表一人,其最近一年间使用人数如超过十五人时,按照本章程第十二条增加之,但至多不得过三人。

第十四条 第十二、十三两条所规定之代表资格以本身现在经营商业或有本章程第十六条之资格为限。

第十五条 公会举派代表超过一人以上时,应就所雇商业使用人较多之商店中举派之。

第十六条 凡本章程所称商业使用人以经理、伙友及直接在营业所服劳务者为限。

第十七条 有下列情事之一者不得充本会会员代表:

一、褫夺公权者;

二、有反革命行为者;

三、受破产之宣告尚未复权者;

四、有精神病者;

五、无行为能力者。

第十八条 会员代表得由原举派之公会会员或商店会员随时撤换之,但已当选为本会职员者非有依法应解任之事由不得将其撤换。

第十九条 会员代表丧失国籍或发生第十七条各款情事之一者,原举派之会员应撤换之。

第二十条 会员代表有不正当行为致妨害本会之名誉信用者，得以会员代表大会之议决将其除名，并通知原举派之公会或商店。受除名处分之会员代表自除名之日起三年以内不得充任会员代表。

第二十一条 本会执行委员由会员大会就会员代表中用无记名连举法选任执行委员十五人组织执行委员会，候补执行委员七人；监察委员七人组织监察委员会，候补监察委员三人。

前项候补执行委员及候补监察委员未递补前不得列席会议。

前项执行委员会及监察委员会办事细则另定之。

第二十二条 本会执行委员选出后，由执行委员中互选常务委员五人，再由常务委员中互选主席一人综理一切会务。

第二十三条 执行委员及监察委员任期均为四年，每二年改选半数，不得连任。

前项第一次之改选以抽签定之，但委员人数为奇数时留任之人数得较改选者多一人。

第二十四条 常务委员有缺额时，由执行委员会就执行委员中补选之，其任期以补足前任任期为限。

第二十五条 执行委员及监察委员均为名誉职。

第二十六条 委员有下列各款情事之一者应即解任：

一、因不得已事故经会员大会议决准其退职者；

二、旷废职务经会员大会议决令其退职者；

三、于职务上违背法令营私舞弊，或有其他重大之不正当行为经会员大会议决令其退职者，或由实业部或地方最高行政官署令其退职者；

四、发生商会法第十三条各款情事之一者。

第二十七条 会员大会闭会后以执行委员会为最高机关，其职权如下：

一、处理日常会务；

二、执行会员大会决议案；

三、召集会员大会之常会及临时会议；

四、对于会员大会常会报告会务；

五、执行政府颁定法律上所规定之一切职务；

六、遇有重大问题不能解决时须提交会员大会。

第二十八条 监察委员会之职权如下：

一、审查本会预算决算；

二、遇必要时得函请执行委员会召集临时会员大会。

第二十九条 本会因事务之繁简得置各项办事员，其名目、人数、薪资由执行委员会议定后提交会员大会通过之。

第三十条 会员大会分定期及临时会议两种。定期会议每年开会一次；临时会议于执行委员会认为必要时或经会员代表十分之一以上之请求或监察委员会函请召集时召集之。

第三十一条 会员大会之决议以会员代表过半数之出席，出席代表过半数之同意行之。出席代表不满过半数者得行假决议，将其结果通告各代表，于一星期后二星期内重行召集会员大会，以出席代表过半数之同意对于假决议行其决议。

第三十二条 下列各款之决议以会员代表三分二以上之出席，出席代表三分二以上之同意行之。出席代表逾过半数而不满三分之二者，得以出席代表三分二以上之同意行假决议，将其结果通告各代表于，一星期后二星期内重行召集会员大会，以出席代表三分二以上之同意对假决议行其决议：

一、变更章程；

二、会员或会员代表之除名；

三、职员之退职；

四、清算人之选任及关于清算事项之决议。

第三十三条 召集会员大会应于十五日前通知之，但有第三十一条第三十二条之情形或紧急事项召集临时会议时不在此限。

第三十四条 执行委员会每月开会二次监察委员会每月开会一次。

第三十五条 本会经费分下列二种：

一、事务费，由会员比例于其所派代表之人数及资本额负担之；

比例方法如下：

凡属公会会员入会时，每一会员除照缴登记费一元外，其按年认缴之事务费即照本会旧例分甲、乙、丙、丁、戊五等。甲等三十元，乙等二十四元，丙等十八元，丁等十二元，戊等六元，由各公会会员各按其资本额分别担认之。

凡属商店会员入会时，每一会员除照缴登记费一元外，其按年认缴之事务费即照本会旧例于前列五等之外特别担认以六十元为起点之数。

二、事业费，由会员大会议决筹集之。

第三十六条 本会经费之预算、决算及事业之成绩每年编制报告经监察委员会审查后刊布之，并分呈汉口市政府暨实业部备案。

第三十七条 本章程如有未尽事宜依照本章程第三十二条修改之。

第三十八条 本章程呈请汉口特别市党部及汉口市政府批准后实行，并呈实业部备案。

资料来源:《汉口商业月刊》1934 年第 1 卷第 1 期,第 91 ~95 页。

新疆迪化总商会章程

第一章　名称区域所在地

第一条　本总商会依民国四年十二月十四日公布之商会法第九章四十二条继续办理,依本法第三条变更名称曰新疆迪化总商会。

第二条　本总商会区域以迪化县之辖境为限。

第三条　本总商会设事务所于省城大兴巷之平安水会。

第二章　关于会董额数及选举之规定

第四条　本总商会选举悉依本法第十八、二十、二十一条之规定,选特别会董依本法十九条之规定,会长一人,副会长一人,会董五十人,特别会董四人,特别会董日后或有增添之时至多不过十人。

第五条　本总商会会员以合于本法第六条之规定者为合格;有本法第七条情事之一者不得为会员;自此次改组后,已入商会复欲辞出及未入商会愿叙入者,均经本总商会议决方为有效。

第六条　每届选举期依施行细则第五条之规定。

第三章　冠以职员权限及选任解任之规定

第七条　会长总理会务,代表会界全体,依法第十六条所列之九款及第十七条所列之二款办理;副会长协助会长,如会长有事故副会长代理之。

第八条　会董议决提议事项,陈述意见,筹划经费。

第九条　会长、副会长、会董任期依本法第二十三、二十四条之规定,解职处罚依本法第二十九条、三十条之规定。

第十条　本总商会事务所依本法第十五条之规定及施行细则、第七条之规定聘任各员文牍,办理文电稿件,书记经理案卷缮写文函,庶务管理收支款目及杂项事务人数随时议定至多不得过六人。

第四章　关于会议之规定

第十一条　本总商会定期会议于旧历每月初二日、十六日举行,会长布告半月内进行事件,提议半月内应办事件;职员全体会每年九月举行;年会有特别事项举行。特别会议依本法第二十七条办理,会议规则依本法第二十八条办理。

第十二条 每日会董四人轮流到会值班二小时,有轮班不克道会者,须先告假,设簿画到无故不到者,议定每次罚银壹元。

第五章 关于会计之规定

第十三条 本总商会依本法第三十二条、三十三条之规定,事务所用费以会员担任之。分会中商号为甲、乙、丙、丁四级,甲级每家每月担任八两,乙级四两,丙级二两,丁级一两,次月刊布前月出入粘壁,终编辑通年出入款项于报告书以备调查,除存案外另单粘壁。

第十四条 本总商会事业费须事项发生,临时开特别会议或商界一部分担任或全体担任,年终一并编入报告书存案以备调查。

第六章 关于调处工商业者争议之规定

第十五条 本总商会有争议处,凡他县两商会有事争议均有本总商会调处,俟设公断处后依施行细则第四条第二款均归公断处办理。

第七章①

第十六条 本总商会依本法附则第四十一条得组织全国商会联合会并联合会事务所,其章程依民国三年九月公布商会法第三章拟定。

第八章

第十七条 本总商会依本法施行细则第四条得附设公断处,俟成立后依民国三年九月公布之商事公断处之规定另拟章程。

第九章

第十八条 本总商会章俟批准施行,其未尽事宜得随时修改。

资料来源:天津市档案馆藏,档案号:401206800-J0128-2-002276-001

---

① 第七章、第八章、第九章,原文阙题。

二　产业协会章程

中国工业会章程

名义

第一条 本会定名为中国工业会。

宗旨

第二条 本会以研究工学提倡工业发达国民经济为宗旨。

第三条 本会职务如下:

一、调查工业原料;

二、调查工业状况;

三、研究各种工业学术;

四、研究本国工业兴衰原因;

五、研究世界工业大势;

六、研究劳动资本之关系;

七、编辑发行各种工业书报;

八、编定各种工业名词;

九、参定各种标准试验法;

十、建议兴革各种工业之利弊;

十一、备营业者各种顾问;

十二、为营业者介绍各种技师。

组织

第四条 本会设本部于北京,设支部于全国各处。

第五条 本会设名誉会长一人,公推有学识经验者任之。

第六条 本会设正会长一人,总理本会一切事务;副会长一人,协理本会一切事务。正会长有事故时,得代理其职权。

第七条 本会设评议干事二部。评议部筹稽核本会建设诸事,干事部掌管本会文书会计庶务招待诸事,设干事员八人。

会员之入会出会

第八条 凡合下列三项资格之一由会员二人以上介绍者,为本会会员:

一、学工学者;

二、经营工业者;

三、富有工业经验者。

第九条 会员如有不得已事故欲退会者,应将理由报告本会。

第十条 会员有不守规则及声明恶劣累及本会名誉者,应提议由会员公决除名。

会员之权利义务

第十一条 会员有选举被选举之权。

第十二条 会员有议事表决否决职权。

第十三条 会员有提议事件之权。

第十四条 会员有服本会章程之义务。

第十五条 会员有担任本会职务之义务。

第十六条 会员有创设支部之义务。

职员之选任及期限

第十七条 正副会长、评议员、干事员由全体大会投票公举评议会公推临时主席一人。

第十八条 职员任期均以一年为限连举连任。

第十九条 职员如有缺额以选举时次多数者补充。

会期

第二十条 本会会期共分三种:

一、大会每年二次春秋季举行;

二、评议会每月一次;

三、特别会无定次,遇有大事临时由评议会决议召集。

经费

第二十一条 本会经费共分三种如下:

一、会费。入会费每人一元,经常费每年每人二元;

二、特别捐。由会员有志者担任;

三、基金。由会员公议设法筹集。

附则

第二十二条 本会章程自发布之日即生效力,如有施行不便之处,经会员十人以上提议,得由大会共同议决修改。

第二十三条 本会北京本部暂设北京西四牌楼祖家街北京工业专门学校内。

第二十四条 各地创设支部其章程别定之。

原载《实业杂志》,1912 年第 129 期。

中国国际经济协会章程

第一章　总　　则

第一条　本会定名为中国国际经济协会。

第二条　本会以促进国际经济合作、协助我国国际经济关系之发展及共谋国际经济界同人之利益为宗旨。

第三条　本会会址设于国民政府所在地。

第二章　任　　务

第四条　本会之任务下列：

(一)促进国际经济合作；

(二)协助我国国际贸易之发展；

(三)协助华侨经济之发展；

(四)共谋国际经济界同人之利益；

(五)联络国际经济界同人之感情；

(六)举办与国际经济界同人共同利益有关之事业；

(七)交换国际经济资料；

(八)研讨国际经济学理；

(九)编印国际经济刊物；

(十)举办国际经济调查；

(十一)其他有关国际经济之事项。

第三章　会　　员

第五条　凡赞同本会宗旨由会员二人以上之介绍,经本会理事会之通过,得为本会会员。

第六条　凡有违反本会会章行为者,得由理事会提请会员大会分别予以警告或除名。

第七条　本会会员应享权利如下：

(一)发言权及表决权；

(二)选举权及被选举权；

(三)本会所举办各种事业上之利益；

(四)其他公共应享之权利。

第八条　本会会员应有下列之义务：

(一)遵守本会会章及决议案;

(二)担任本会所指派之职务;

(三)缴纳会费。

第四章　组　　织

第九条　本会以会员大会为最高权力机关,在会员大会闭会期间理事会代理其职权。

第十条　本会置理事十五人,候补理事七人,监事五人,候补监事二人,由会员大会选举之。组织理事会、监事会,理事会得互选常务理事五人组织常务理事会。

第十一条　本会置理事长一人,由常务理事互选之。

第十二条　本会理监事均为义务职。

第十三条　本会理监事任期均为一年连选得连任。

第十四条　本会理监事如有下列各款之一者应予解任:

(一)不得已事故经会员大会议决准其辞职者;

(二)旷废职务经会员大会议决准其退职者;

(三)职务上违反法令或有其他重大不正当行为,经会员大会议决令其退职或由主管机关备案令其退职者。

第十五条　本会设正副总干事各一人,由理事长派任之。

第十六条　本会设干事及助理干事若干人,由总干事指派之。

第十七条　本会得设置各种委员会。

第十八条　凡各地会员达三十人以上者,经本会核定后得设立分会其章程另订之。

第五章　职　　权

第十九条　本会会员大会之职权如下:

(一)审议理事会监事会之会务报告;

(二)通过本会章程;

(三)选举理事监事;

(四)决定经费预算;

(五)其他重要事项之决定。

第二十条　本会理事会之职权如下:

(一)对外代表本会;

(二)对内处理一切会务;

(三)召集会议;

(四)执行会员大会决议;

(五)核准会员入会;

(六)办理监事会移付执行案件。

第二十一条 本会常务理事会之职权如下:

(一)执行理事会决议;

(二)召集理事会会议。

第二十二条 本会监事会之职权如下:

(一)监察会员履行义务事项;

(二)经济之稽核事项;

(三)办理其他有关监察事项。

第二十三条 本会正副总干事秉承理事会办理本会一切事务。

第二十四条 本会干事及助理干事办理总干事交办一切事项。

第六章 会 议

第二十五条 本会会员大会每年举行一次,必要时得经呈准举行临时会议。

第二十六条 本会理事会监事会每三个月开会一次,常务理事会每月开会一次,必要时均得举行临时会。

第七章 经 费

第二十七条 本会经费以下列各款充之:

(一)会员入会费一百元及常年会费二十元;

(二)补助费;

(三)自由捐;

(四)事业益收;

(五)基金之孳息。

第八章 附 则

第二十八条 本会各项办事细则另订之。

第二十九条 本会章程如有未尽事宜,得提经会员大会决议修正后呈请社会部备案。

第三十条 本会章程经会员大会之通过呈请社会部核准备案后施行。

资料来源:北京市档案馆藏档号:J002-002-00198-0006

中国国际贸易协会章程

民国二十年一月十七日第一次会员大会修正通过

第一章　名　　称

第一条　本会定名为中国国际贸易协会,英文名称为 The Foreign Trade Association of China。

第二章　宗　　旨

第二条　本会以研究国际商业、发展对外贸易为宗旨。

第三章　工　　作

第三条　本会工作,暂以下列五项为范围:

(甲)关于国际贸易之调查及报告;

(乙)关于国际贸易之研究及统计;

(丙)关于国际贸易之宣传及联络;

(丁)关于国际贸易之设计及建议;

(戊)关于国际贸易之改进及发展。

第四章　会　　员

第四条　本会会员,分基本会员、赞助会员、及普通会员三种:

(甲)凡经营国际贸易及与国际贸易有直接关系、志愿负责维持本会者,得为基本会员;

(乙)凡赞同本会宗旨、并予以精神上及经济上之赞助者,得为赞助会员;

(丙)凡研究国际贸易、赞同本会宗旨者,得为普通会员,凡具有上列资格之团体、或个人,由会员二人以上之介绍,并经本会理事会之认可者,得为本会会员。

第五条　本会会员会费规定如次:

(甲)基本会员,团体每年纳一百元,个人每年纳三十元;

(乙)赞助会员,一次纳费五百元以上;

(丙)普通会员,每年纳费十元。

第六条　凡基本、赞助及普通会员,均有选举权及被选举权。

第七条　凡本会会员,均得受取本会出版物,及其他会员应享之权。

第八条　凡本会会员,均有缴纳会费,及辅助本会推广各项事业之义务。

第五章 组 织

第九条 本会组织系统如下：

理事会

理事长

常务理事

干事部

专业委员会

第十条 理事会为本会最高执行机关，由会员互选十七人组织之，任期一年，连举得连任。

第十一条 理事会设理事长一人，主持本会一切事务，常务理事四人，佐理本会一切事务，均由理事互推之。

第十二条 本会干事部设总干事一人，由理事会聘任之，秉承理事会办理本会一切事务。

第十三条 本会干事部得酌设若干股，每股设主任干事一人，干事若干人，其组织及办事细则，由理事会决定之。

第十四条 本会会员为研究各项实际问题起见，得按业分组设立专业委员会，遇必要时，得由理事会延聘会外专家参加研究。

第十五条 本会理事长及常务理事均为名誉职。

第六章 会 议

第十六条 本会每年开会员大会一次，开会日期，由理事会酌定之，遇有特别事件时，并得召集临时会。

第十七条 理事会每月开常会一次，由理事长召集之。

第七章 总 分 会

第十八条 本会总会设于上海，分会设于其他各通商口埠，分会之设立，须得总会许可，分会章程另定之。

第八章 经 费

第十九条 本会收入分下列三项：

（甲）会员会费；

（乙）特别捐，遇有特别需要时募集之；

（丙）补助费，遇必要时由本会呈请政府指拨。

第二十条 本会经费之预算及决算，由理事会审核，交由会员大会议决之。

第九章　附　　则

第二十一条　本章程由会员大会通过施行，如有未尽事宜，得由理事会提出，或会员十人以上之提议，交大会修改之。

原载《工商半月刊》1931 年第 3 卷第 6 期，第 92 ~ 99 页。

中国工商管理协会章程

第一章　名　　称

第一条　本会定名为中国工商管理协会，英文名称为"Chiua Tstitde of Sdautifi Manageneat"①

第二章　宗　　旨

第二条　本会以研究科学管理方法，增进工商业生产效率，实现民生主义为宗旨。

第三章　事　　业

第三条　本会事业，暂以下列二项为范围：

（甲）征集关于科学管理及事业合理化问题之研究资料；

（乙）讨论发表并实施改良工商管理之方法。

第四章　会　　员

第四条　凡具有下列资格之一：由会员二人以上之介绍，并经本会理事会之认可者，得为本会会员。

（甲）团体会员，赞成本会宗旨之工商业团体或机关；

（乙）个人会员，对于工商管理富有学识或经验者。

凡本会会员，均有选举权及被选举权。

凡本会会员，均得受取本会出版物，及其他会员应享之权利。

凡本会会员，均有缴纳会费，及辅助本会推广各项事业之义务。

第五章　组　　织

第五条　本会组织系统如下：

理事会　理事长

---

① 原文英文如此。

干事部

专门委员会

第六条 理事会为本会最高执行机关,由会员互选十五人组织之,任期一年,连举得连任。

第七条 理事会设理事长一人,主持本会一切事务,常务理事四人,佐理本会一切事务,均由理事互推之。

第八条 本会干事部,设干事长一人,由理事会聘任之,秉承理事会办理本会事务。

第九条 本会干事部,得视事务之繁简,分股办事,每股设主任干事一人,干事若干人,其办事细则另定之。

第十条 本会会员,为研究各项实际问题起见,得按业分组设立专门委员会,遇必要时,并得由理事会延聘会外专家参加研究。

第十一条 本会理事长常务理事及理事均为名誉职。

第六章 会 议

第十二条 本会每年开大会一次,开会日期,由理事会酌定,遇有特别事件时,并得召集临时会。本会会议细则另定之。

第七章 经 费

第十三条 本会收入分下列三项:

(甲)会费 团体会员,每年纳会费二百元,一百元,五十元,或二十五元,个人会员经每年纳会费十元。

(乙)特别捐 遇有特别基金,或其他需要时,募集之。

(丙)补助费由本会呈请政府指拨。

第十四条 本会经费之预算及决算,由理事会审核后,交由大会议决。

第八章 附 则

第十五条 本章程由大会议决施行,如有应增删处,得由大会议决之。

原载《江西省政府公报》第五期,第 12 ~ 14 页。

中国航空建设协会章程

行政院第二七三次会议决议修正通过

第一章　总　　则

第一条　本会由中国航空协会及全国航空建设会合并而成,定名为中国航空建设协会。

第二条　本会以集中全国官民力量,倡导社会,协助政府,充实空防,发展航空建设事业为宗旨。

第三条　本会设总会于南京,设分会于各省及直辖市,并得于各县市及海外侨民居留地方设立支会。

第四条　本会受行政院之指挥监督,办理下列各事务,但关于航空建设计划,应呈由行政院会商军事委员会处理之。

一、关于航空救国计划事项。

二、关于倡导社会各种航空建设事项。

三、关于航空建设基金之筹募保管及支配事项。

四、关于会员之征求事项。

五、关于飞机捐之征募事项。

六、关于培养训练及介绍航空人材事项。

七、关于民用航空事业之指导及协助事项。

八、其他前中国航空协会及全国航空建设会经办事项。

前项各款事业,由总会规定办法,经行政院之核定,由总会与各分会及支会分工合作。

第二章　组　　织

第五条　总会设会长一人,委员若干人,由行政院聘任之。

总会设常务委员五人至七人,由会长于委员中指派之,并于常务委员中指定一人为主任常务委员,报告行政院备案。

第六条　分会设会长一人,委员若干人,由总会聘任之,并于委员中指定三人至五人为常务委员,报告行政院备案。

第七条　支会之组织另定之。

第八条　总会及分会会长,委员,及常务委员皆为无给职。

第九条　总会设总干事一人,干事若干人,由会长派充之,并报告行政院备案。

第十条 分会设总干事一人,干事若干人,由分会会长派充之,并报告总会备案。

第十一条 总会及分会得分股办事,其办事细则,由总会订定,呈报行政院核准施行。

第三章 会 员

第十二条 本会会员分为个人会员及团体会员。

一、个人会员

(一)普通会员 年纳会费二元。(军警及学生减半)

(二)特别会员 年纳会费十元。

(三)名誉会员 年纳会费五十元。

(四)永久会员 一次纳足会费五百元以上。

二、团体会员年纳会费五十元以上。

第十三条 凡属中华民国国民,由会员二人之介绍,经会长之许可,照章纳费者,皆得为本会会员。

团体会员,以依法组织之团体,并经会长许可者为限。

第四章 财 务

第十四条 总会经费,由总会编制概算,依法呈请核定支付之。

第十五条 分会经费,由分会编制概算。呈由总会转请核定,在所收会费内支付之。

第十六条 分会所收之会费,经募之基金,及经收之各种飞机捐款,应于每月终报解总会,报解之前,应随收随送于当地之国家银行存储。

第十七条 总会所收各种捐款,会费,及基金,均应随收随送中央银行存储。

第十八条 各种捐款,会费,(除依本章程第十五条之规定外)及基金,应专用于航空建设事业,非经总会之决议,行政院之核准,不得动用。

第十九条 前中国航空协会及全国航空建设会所有财产,均由本会接收之。

第五章 附 则

第二十条 本章程未尽事宜,得由总会呈准行政院转呈,国民政府修正之。

第廿一条 本章程自国民政府核准之日施行。

原载《福建省政府公报》1936年第635期,第1~3页。

中国教育电影协会章程

中华民国二十一年七月八日本会成立大会通过
中华民国二十三年五月五日本会第三届年会修正通过

第一章

第一条 本会定名为中国教育电影协会。

第二条 本会以研究利用电影辅助教育宣扬文化,并协助教育电影事业之发展为宗旨。

第三条 本会之职务如下:

一、关于教育影片之研究及改进事项;

二、关于教育影片之编制事项;

三、关于教育影片之调查、统计及宣传事项。

四、关于与电影业合作制作教育影片事项。

五、关于建议于电影行政机关及处理电影行政机关之委托事项;

六、关于与国际教育电影机关协同进行事项;

七、关于教育电影之其他事项。

第四条 本会设于首都。

第五条 本会为谋教育电影事业之发展起见,得在各地设立分会,其章程另定之。

第二章 会　员

第六条 凡中华民国人民赞成本会宗旨合于下列各款之一者,均得为本会会员:

一、对于教育或文学艺术及科学等有专门研究者;

二、对于电影技术及电影事业有贡献及经验者。

第七条 本条会员之入会,须由本会会员二人以上之介绍,并经理事会之通过。

第八条 会员入会应缴入会费一元,每年应缴常年会费二元,其一次缴二十元以上者,为本会永久会员,免除常年会费。

第九条 会员于入会时缴纳各项会费后,由本会发给会员证,每年换发一次。

第十条 有下列情形之一查明属实者,不得为本会会员:

一、违反三民主义之言论或行动；

二、褫夺公权；

三、患精神病；

四、嗜好赌博或吸食鸦片。

第十一条　本会会员有妨碍本会会务进行或损害本会名誉者，经本会会员大会或代表大会之决议，令其退出本会。

第十二条　本国或外国人士，对于教育电影有特殊贡献或捐助本会经费三百元以上者，由本会理事会决议推举为本会名誉会员。

第三章　组　　织

第十三条　本会设理事二十一人，候补理事七人，组织理事会；监事七人，候补监事三人，组织监事会。

第十四条　本会理事监事及候补理事监事之选举，于会员大会或代表大会开会时，用记名连选法投票选举之，以得票数多数为当选。

前项选举为便利远道会员投票起见，得采用通信选举，但选举票须于会员大会或代表大会开会选举，以前寄到本会，投入票匮，逾时递到者无效。

第十五条　本会理事会设常务理事三人至五人，执行日常事务，由理事互选充任之。

第十六条　本会为办事便利起见得分设若干组，各组设主任一人，副主任二人，干事若干人，由理事会议推举之。

第十七条　本会监事会设常务监事二人监察本会一切事务，由监事互选充任之。

第十八条　理事会对于处理事项，应报告于监事会，以备考查。

第十九条　监事会如认为不应执行之件，得通知理事会停止进行。

前项监事会之通知，如理事会认为不能停止者，须开全体理监事会议解决之。

第二十条　理事监事每半年至少应各开全体会一次，凡理事监事会议以本会理事监事过半数之出席过半数之议决行之，会议时临时公推一人为主席。

第二十一条　理事监事任期一年连选得连任。

第二十二条　本会各组主任副主任干事等任期定为一年，其继续被选举者，得连任之。

第二十三条　本会职员均为名誉职，但特约及雇用者得酌给薪资。

第四章　会　　期

第二十四条　本会会员大会或代表大会于每年五月五日举行，但因事务上之便利,得由理事监事会议另定适当日期。

前项会员大会或代表大会须于一月前将会议事项日期地点通知各会员。

第二十五条 本会举行会员大会或代表大会时,理事监事报告过去一年之工作。

第二十六条 前条工作报告应记载之大要如下:

一、会务之进行;

二、职员之进退;

三、会报编辑状况;

四、一年间入会出会之会员情况;

五、款项收支报告;

六、其他应行报告事项。

第二十七条 本会遇有特别事件,经理事会议决,或全体会员十分之一以上之请求。

第二十八条 会员大会或代表大会之举行,须有本会会员或代表过半数之出席,但因远道或事实困难不能出席,得书面委托其他会员或代表代理出席。

第二十九条 大会之决议依出席过半数为准,可否同数由主席决定。

第三十条 会员或代表出席大会时,须携带会员证,方得入场。

第五章 经 费

第三十一条 本会经费除会员所纳会费外,政府补助费及私人捐款允之。

第三十二条 本会所有款项应有储于理事会指定之银行,收支各款,每月清算,每半年公布之。

第六章 附 则

第三十三条 本章程经会员大会议决呈经中央党部核准,并呈教育部备案。

第三十四条 本章程如有未尽事宜,由会员大会或代表大会修改之,但须呈经中央党部核准后,呈报教育部备案。

原载《湖南教育》1940年第9期,第56~63页。

中国全国工业协会章程

第一章 总 则

第一条 本会定名为中国全国工业协会。

第二条 本会以联合全国工矿业共谋发展为宗旨。

第三条 本会总会会址暂设于陪都所在地重庆。

第四条 各省市会员在五单位以上时得立分会,其章程及办法另定之。

第二章 任 务

第五条 本会之任务如下:

一、促进全国工业化;

二、促成商品标准化;

三、促进工业金融之发展;

四、劳工福利之增近;

五、事业保险及必要统制之推行;

六、工矿业之调查统计及编纂;

七、技工及劳工补习教育之办理;

八、工矿展览之举办;

九、请求政府对于生产事业之维护;

十、其他合于第二条宗旨项下之事项。

第三章 会员及会员代表

第六条 凡以中华民国资本有机械动力之设备,或平时雇用工人三十人以上,经营各项工矿之矿厂公司,不论公营或民营,除法令规定之国家专营事业外,均得为本会会员。前项会员推派代表一人出席本会为会员代表。

第七条 本会会员代表以工厂之经理人,主体人或负责职员充任之。

第八条 本会会员代表以有中华民国国籍年在二十岁以上者为限。

第九条 有下列情事之一者不得为会员代表:

一、背叛国民政府经判决确定或在通缉中者;

二、曾服公务而有贪污行为经判决确定或在通缉中者;

三、褫夺公权者;

四、受破产之宣告尚未复权者;

五、无行为能力者;

六、吸食鸦片或其他代用品者。

第十条 会员代表丧失国籍或发现前条各项情事之一时,其所属之矿产公司应撤换之。

第十一条 会员代表有不正当行为致妨碍本会名誉信用者,得以会员大会之议决通知原推派之会员撤换之。

第十二条 会员推派代表时,应给以委托书,并填具履历,以书面通知本会,经审查合格后方得出席会议。改派时亦同。

第十三条 会员之表决权选举权,由其所派之代表行使之。会员代表因事不能出席会员大会,得书面委托其他会员代表代理之。

第四章 组织及职权

第十四条 本会设理事二十一人至三十一人,组织理事会,监事七人。均由会员大会就代表中用有记名连举法选举之。选举前项理事监事时,应以理事之次多数九人为候补理事,监事之次多数三人为候补监事。遇理监事有缺额时依次递补。其任期以补足前任任期为限。

第十五条 当选理监事及候补理监事之名次,依得票多寡为序,票数相同者以抽签定之。有缺额时由理事会补选之,其任期以补足前任期为限。

第十七条 理事会就当选之常务理事中,用有记名单记法选任理事长一人,以得票满投票人之半数者为当选。若一次不能选出时,应就得票多数之二人决选之。

第十八条 理事会之职权如下:

一、执行会员大会决议案;

二、召集会员大会;

三、执行法令及本章程所规定之任务。

第十九条 常务理事之职权如下:

一、执行理事会议决案;

二、处理日常事务。

第二十条 监事之职权如下:

一、监察理事会执行会员大会之决议;

二、审查理事会处理之会务;

三、稽核查理事会之财政出入。

第二十一条 理事监事之任期均为一年每年改选一次,得连选连任。

第二十二条 理监事有下列情事之一者应即解任:

一、会员代表资格丧失者;

二、因不得已事故经会员大会议决准其辞职者；

三、处理职务违背法令营私舞弊或有其他不正当行为者。

第二十三条 本会理监事均为名誉职。

第五章 会 议

第二十四条 本会会员大会分定期会议及临时会议两种。均由理事会召集之。定期会议每年开会一次。临时会议与理事会认为必要，或经会员代表二十人以上请求或监事函请召集时召集之。

第二十五条 召集会员大会，应于十五日前通知之。但因紧急事项召集临时会议时不在此限。

第二十六条 本会会员大会开会时由常务理事组织，主席团轮流主席。

第二十七条 本会会员大会之决议，以会员代表过半数之出席，由出席代表数过半数之同意行之。

第二十八条 本会理事会每月开会一次。

第六章 经费及会计

第二十九条 本会入会费每会员国币一千元，于入会时一次缴纳之。

第三十条 本会会费每月国币二百元。

第三十一条 会员停业或因故退出本会时，其已缴会费概不退还。

第三十二条 本会会计年度以每年一月一日始，至同年十二月三十一日止。

第三十三条 本会经费之决算于每年年度终了一个月以内编制报告书，提出会员大会通过刊布并呈报社会部备案。

第三十四条 本会举办公益事业时，其费用得由理事会之决议由会员中募集之。

第七章 附 则

第三十五条 本章程经会员大会议决呈请社会部经济部备案施行，修改时亦同。

资料来源：天津档案馆藏档号：j0128－2－003230－005

中国生产促进会章程

弁言

溯自七七事变,抗战军与同人等鉴于救亡图存抗战建国策之完成,殆以促进生产增强国力实属刻不容缓之图,爰于民国二十七年三月间,在武汉创立本会。数年以来,努力推进工作,稍有贡献,所以能获政府当局及后方产业界之重视者以此。但瞻前顾后,本会所负责任实觉益形艰巨。值兹召开第三届会员大会修订章程之际,特将本会今后业务重心概述如次,盖以示本会员今后努力工作之方向也。本会业务原分总务、事业、研究、服务四组,兹即就此四组业务列举纲要如下:

(甲)总务组

一、充分吸收国内技术专家及各界热心生产事业人士为本会会员,并加强其联系与合作。

二、尽量征求各生产机构加入本会为团体会员。

三、健全并增设各地分会俾能协助总会就近与各界取得密切联络以发扬光大本会事业。

四、设立生产联谊社。

(乙)事业组

一、尽量设法使大量游资投资于国内生产事业。

二、加强产业团体开之联系与合作并领导产业界之合理发展。

三、推行生产标准化运动。

四、倡导产业界之生产运销与资金合作运动。

五、曾办本会直辖之各种实验工厂及农场矿场等。

六、进行吸收外资与外国专门人才及工具以建立战后之新式生产事业。

(丙)研究组

一、征集及整理全国各种资源统计等资料。

二、调查统计国外生产状况。

三、研究目前生产事业困难问题及其解决方案。

四、研究战后复原经济建设问题及方案。

五、设立科学研究所及培养科学人才。

六、编印各种科学书籍及刊物。

七、研究得以配和国策之生产事业政策与方案。

八、拟编各种生产事业计划书。

九、举办各种生产品展览会与陈列室。

(丁)服务组

一、经常作本会团体会员之访问,并加强其联系,

二、健全本会关于技术法律及会计等顾问组织,以应团体会员之需要。

三、尽量协助本会团体会员与金融界发生密切联系,益增资金周转之便利。

四、调解劳资纠纷及为各团体会员介绍技师技工等人才。

五、协助团体会员向政府各主管机构办理各项登记及申请物资等公事手续。

六、设法解决团体会员所感受之各种政治经济及技术上困难问题。

以上所列仅为各组业务之荦荦大者。其间如有问题更大,而非可由本会独立举办者,则当秉承政府各主管部份之指导协助与社会各界之合作共同举办之。其或非可于短时期内达到者,则今年不成期之以明年,明年不成期之者将来。总之抗战六年,余国人已一致公认,吾国如欲造成真正富强之国家,自非努力发展国内生产事业不为功,亦唯有使我国生产力能与世界各强国之生产力相等,则国家民族始能立于永久共存共荣地步。但以此原则衡视我国目前生产现状,则我国今后之努力,固就应千百倍于今日,同人等自维能力有限,尚望国内先进君子多加指导,并戳力参加本会组织,以共同推此生产巨轮前进,则抗战建国之目的庶无豸乎!

资料来源:重庆市档案馆[档号]02190001000060000008

中国实业共济会章程

第一章 会　纲

第一条 本会以集合五大民族,共筹振兴实业,开拓国家之富源,发展民生之经济为宗旨。

第二条 本会期在协谋共济,故定名曰中国实业共济会。

第二章 会　务

第三条 本会事务概要分列于下:

甲、研究。本会征集科学家经验家共同研究实业之政策、学艺办法及各项利弊,以为改良进行张本。其应办事宜如农事试验场、工业试验所、商事研究所均当次第设立。

乙、调查。国内国外之贸易商情。制造工艺出产物品,金融机关实业教育,拓殖事业,以及国内应办各事宜,并筹办方法,均由本会调查员实地调查,分造表册,报告本会(有分会处所即由分会调查员担任其责)。

丙、联络。凡各地农工商会、各项公司、各项公所、实业学校、制造家营业者,及海外侨商,或由专员前往联络,或由书函直接询问,总期情谊交孚,声气相感,群策群力,共策进行(外国各实业界本会均有联络之义务)。

丁、维持。凡农工商各界,如有外界侵害及营业上之障碍,本会均有维持之义务。

戊、辅助。各项实业银行及互相贷借资金会社,本会应联合各团体及资本家次第筹办以资辅助。

己、指导。各处如有应办事业尚未开办,或已办事业尚待扩充改良者,凡本会研究调查所得,每月编辑报告书,并发刊日报杂志,及发明新理书籍以为各界指导考镜之资。

庚、介绍。凡有发明新制或改良土货,及仿造洋货,本会均力为介绍于各团体,并登广告于本会日报杂志中,以扩充销售贩运之路。

辛、提倡。凡事业较大需赀较巨者,本会得联合各团体及资本家,共同提倡,筹设公司,或模范工场,及模范贩卖店,以开风气。

第三章　会　　员

第四条　本会并无政治上关系,不分种族,不拘党派,凡民国人民有志实业者,经本会会员二人以上之介绍,均得为本会会员。

第五条　凡品望卓著,富于学识经验,及热心提倡各项实业者,本会得举为名誉会长副会长及名誉赞成员。

第四章　职　　员

第六条　总会公举正会长一人,副会长二人,理事八人,评议员十二人。

第七条　干事共分四部:

一、调查部;

二、交际部;

三、撰述部;

四、庶务部。

每部分举若干人。

第八条　分会支会各举会长一人,干事若干人。

第五章　会　　费

第九条　本会会员不取入会金,所有常年经费由会员量力捐助,不捐者听。

第十条　本会名誉员及会外各会社热心乐助之款,其声明专供特别用项者,不作寻常开支。

第六章　会　　期

第十一条　本会会期分四种如下:

一、全体大会。每年一次,于五月间举行;

二、常会。每年二次于四月十月间举行;

三、职员会。每月一次于第二星期日举行;

四、临时会。遇有特别事件随时举行。

第七章　会　　所

第十二条　总会设于天津,分会设于各省会。各商会并蒙□各处支会设于各府州县乡镇。

第八章　会　　规

第十三条　凡本会会员不得以个人意见冒用本会名义与人订立字据及通发书信办理事件。如有不守规约及败坏本会名誉者,应即公布除名。

附　　则

第十四条　本会办事细则及分支会通则,由总会陆续拟定议决公布。

第十五条　本会章程如经会员全体三分之一以上提议,经多数公决者得修正之。

原载《山西实业报》第 1 卷第 8 期,第 11 ~ 16 页。

修正中国蚕丝协会章程

第一章　总　　则

第一条　本会定名为中国蚕丝协会。

第二条　本会以促进蚕丝事业之发展为宗旨。

第三条　本会总会会址设于上海。

第二章　事　　业

第四条　本会之任务如下:

一、关于蚕丝产制技术之研究改进事项;

二、关于蚕丝生产分配消费之调查统计及陈列事项；

三、关于蚕丝事业经营之设计改进事项；

四、关于蚕丝事业资金筹集之协助事项；

五、关于蚕丝原料器材之共同购买及产品推销之协助事项；

六、关于蚕丝教育之设计改进协助事项；

七、承受政府对于蚕丝事业之协助及咨询事项；

八、接受会员之请求解决有关蚕丝问题；

九、蚕丝参考资料之搜集保管及编纂印刷事项；

十、其他有关促进改善全国蚕丝事业之建议事项。

第三章　会　员

第五条　本会会员分下列三种：

一、个人会员　凡曾从事于蚕丝事业之人员，经会员二人以上介绍，填具入会书，并经理事会通过得为本会个人会员。

二、团体会员　凡蚕丝研究改进及业务团体经会员二人以上介绍，填具入会书，并经理事会通过得为本会团体会员。

三、赞助会员　凡国内外具有学识资望赞助本会事业之人员，经本会会员十人以上介绍，并经理事会通过得为本会赞助会员。

第六条　本会个人会员及团体会员于入会时，应缴纳入会费，每年应缴纳常年会费，其数额由本会理事会决定之。

前项常年会费如一次缴足十年者，以后免予缴纳。

第七条　会员有发言、表决、选举、被选举及其他公共应享之权利。

第八条　会员有遵守会章，服从决议案，担任本会指定之任务，及缴纳会费之义务。

第九条　本会会员如有违反本会章程，或决议案，或损害本会名誉者，得由理事会提经会员大会，按情节之轻重，决议提出警戒或除名。

第四章　组织及职权

第一〇条　本会以会员大会为最高机关，其职权及任务如次：

一、选举理监事；

二、讨论会务决定进行方针；

三、修正会章；

四、审查本会业务及财务报告；

五、宣读及讨论学术论文；

六、决定本会之成立及解散；

七、其他重要事项。

第一一条 本会设理事四十五人，候补理事二十五人，监事二十五人，候补监事十五人，分别组织理事会及监事会。理事监事任期均为一年。候补理监事以补足原任任期为限，均由会员大会选举，连选得连任。

第一二条 理事会之职权如下：

一、对外代表本会；

二、执行会员大会决议案；

三、召集会员大会；

四、计划并办理上列第四条列举各事项；

五、编制预算决算及业务财务报告。

第一三条 理事会互推常务理事十五人其职权如下：

一、代表理事会；

二、执行理事会议决案；

三、召集理事会；

四、处理日常事务。

第一四条 本会由全体理事就常务理事中推选理事长一人，综理本会会务。副理事长一人，辅助理事长处理会务，并于理事长因故不能执行会务时，代行其职务。必要时得由理事会就赞助会员中推选一人为名誉理事长，名誉理事若干人，赞助本会发展会务。

第一五条 监事会职权如下：

一、监察本会会务之进行；

二、稽核本会之财务；

三、监察会员履行义务。

第一六条 监事互推常务监事三人其职权如下：

一、代表监事会；

二、执行监事会议决案；

三、召集监事会。

第一七条 理事会为便利推进会务，设总干事、副总干事各一人，处理日常会务。并分设总务、研究、编审、辅导四组，必要时得经理事会决议增设之。

第一八条 各组设主任干事一人，均由常务理事会任用之。其下各设干事五人至七人，秉承主任干事处理指定事宜，并得视事务之繁简酌设办事员，及雇员各若干人，均由总干事提请理事会任用之。

第一九条 本会为事实上之需要，得由理事会决议设置各种委员会，就全体会员中推定之。

第二〇条 本会得在各地设立分会,或地方通讯干事,其分会组织章程及通讯办法另订之。

第五章 会 议

第二一条 本会会员大会每年开会一次。但理事会认为必要或会员十分之一以上之请求,表明会议目的及召集理由时,得由理事会召集临时大会。

第二二条 理事会监事会每半年开会一次。常务理事会每月开会一次。但遇必要时得开临时会议。

第二三条 本会会议规则另订之。

第六章 经 费

第二四条 本会经费来源如下:

一、会员入会费及常年会费;

二、会员捐款;

三、关系机关或团体之补助费;

四、其他收入。

第七章 附 则

第二五条 本章程如有未尽事宜得提请会员大会修改之。

第二六条 本章程经会员大会通过呈报主管官署核准后施行,其修正时亦同。

原载《蚕丝杂志》1948 年第 2 卷第 6 期,第 186 ~ 187 页。

中国验船协会章程

第一章 总 则

第一条 本会定名为中国验船协会。

第二条 本会以增强船舶安全及效率为宗旨。

第三条 本会设总会于上海。

第四条 本会得设立分会其章程另定之。

第二章 任 务

第五条 本会任务如下:

一、审订船级；

二、审核造船图样；

三、检验各种造船材料；

四、检查船舶机械船具及各种设备；

五、检验锚练钢索等项；

六、受政府或其他机关委托办理特定事项例如厘订载重线等；

七、发给各项证书；

八、与国际其他验船团体相互合作。

第三章　会　　员

第六条　凡具有下列资格之一者均得为本会会员：

一、曾任或现任航政、航业、造船业、制钢业或海上保险业之法定代表人者；

二、曾在国内外立案大学或专科学校之造船机械驾驶轮机或电机系毕业；而任大学教授、正工程师、船长轮机长满五年以上者；

三、凡在航政、航业、制钢业、海上保险业任主管职务满五年以上者；

四、凡经理事会决议推选为会员者。

第四章　组织及职权

第七条　本会设理事二十七人，候补理事九人，监事九人，候补监事三人，由会员大会就会员中选举之。

第八条　理事会设常务理事五人，常务监事一人，由理事及监事分别互选之。

第九条　理事会设理事长一人，由常务理事互选之。

第十条　本会设秘书长一人，由理事会选聘之。又职员若干人，由秘书长呈请理事会聘任之。

第十一条　本会设技术委员会或因需要得设其他委员会，其组织及职权另定之。

第十二条　本会设总验船师、总验机师各一人，由理事会选聘之检验师若干人，由总验船师、总验机师呈请理事会聘任之。检验师资格及办事细则另订之。

第十三条　本会得选聘顾问若干人，由理事会议决聘请之。

第十四条　理事会之职权如下：

一、执行会员大会决议案；

二、召集会员大会；

三、公布名项规章规范及办事细则；

四、执行法令及本章程所规定之任务。

第十五条 常务理事之职权如下：

一、执行理事会决议案；

二、处理日常事务。

第十六条 监事之职权如下：

一、监察理事会执行会员大会之决议；

二、审查理事会处理之会务；

三、稽核理事会之财政出入。

第十七条 理监事之任期为三年每年改选三分之一，以抽签定之，不得连任。

第五章 会 议

第十八条 本会会员大会分定期会议及临时会议两种。均由理事会召集之，定期会议每年开会一次，临时会议理事会认有必要或经会员代表二十人以上之请求，或监事人三人函请召集之。

第十九条 召集会员大会应于十五日前通知之，但因紧急事项召集临时会议时不在此限。

第二十条 本会会员大会开会时由理事长主席。

第廿一条 本会会员大会之决议，以会员代表过半数之同意行之。

第廿二条 本会理事会每两个月开会一次，常务理事会每月开会一次。

第六章 经费及会计

第廿三条 本会入会费每会员国币基数十元，于入会时一次缴纳之。

第廿四条 本会常年会费，每会员每年国币基数十元。

第廿五条 本会会计年度以每年一月一日始，至同年十二月三十一日止。

第廿六条 本会经费之决算于每年年度终了一个月以内编制报告书，提出会员大会通过刊布，并呈交通部备案。

第廿七条 本会举办公益事业时，其费用由理事会决议募集之。

第七章 附 则

第廿八条 本章程经会员大会议决呈请社会部交通部备案施行，修改时亦同。

资料来源：《中国造船》1948 年 9 月第 1 卷第 1 期，第 46～47 页。

中华民国盐业协会简章

中华民国盐业协会发起趣旨

榷盐旧制也,亦各国通有之制也。苟厘定税法不为厉,取诸民间不为苛,夫亦有裨于国,无病于民,何所不韪而裁之?乃若清朝榷盐,而限以引地,重以厘捐,则不可训矣。彼设卡署官重剥之下,委员胥役又皆以弊为利,遂至煎丁#丁、荡户等,茹苦而嗟无告。游手奸商枭贩等被驱而罹法网。苟有仁者起,其必首裁之。今兹我汉光复,一反专制之苛政,果以首裁厘捐,苏我民困是诚革命之大效也。虽然国家岁入以盐税为大宗,知其弊而裁之,而因噎废食,并除其榷盐之制,则今兹战事之经营,与夫战后之施设,需款恐巨,其何以济急而善后?为此发起本会以讨论利弊,熟筹补助,顾全国计造福民生,设机关部专负其责,异日者通过盐政之议案,与我民更始,而如文明各国得为自由之民,蔚成富强之国,庶不负今兹组织本会之旨也夫!

会　　则

第一章　名　　称

第一条　本会名曰中华民国盐业协会。

第二章　宗　　旨

第二条　本会研究盐业改良办法以期发达盐界之经济为宗旨。

第三章　会员资格

第三条　凡有学识及盐务经验者由本会会员介绍入会。

第四章　会员及会费

会员分为二种:

名誉会员　通常会员

第四条　名誉会员以有学识名望者或获特别捐助者充之。

第五条　凡通常会员交入会费二元,常年费二元。

第五章　职　　员

第六条　本会置职员如下:

会长,一名;

副会长,一名。

干事分为五部:

总务部，四名；

书记部，四名；

会计部，四名；

调查部，十名；

交际部，四名；

评议员，二十名。

第七条 以上职员公同推举以一年为任期但可再被选。

第八条 本会职员办事细则另行编订。

第六章 集 会

第九条 每年开总会一次，报告会务，更正会则，议论关于本会之利害重事，兼谈内外盐业上之事项。

第十条 关于本会之重要事件，因会长之意见，或有二十名以上之请求，可开临时总会。

第十一条 每月第一星期开讨论会一次。

第十二条 总会之议案时日及会场均预先通知。

第七章 报 告

第十三条 本会编辑会员之通信、论说及关于内外盐业上之事项，临时发刊。

第八章 经 费

第十四条 本会经费除收会员费外，如有不足之处由关系本会者担任之。

第九章 法 则

第十五条 凡本会会员有违背本会宗旨及破坏本会名誉者，得公决后请其退会。

第十章 附 则

第十六条 会员之质问由会长求有学识经验者说明之，或广求会员之解说以应答之。

但依质问之事项可得请求调查费用。

第十七条 凡应答质问者及寄有益论说稿者，赠与谢状或报酬。

第十八条 本会会则于总会时得出席员过半数之同意，可得变更之。

第十九条 本会事务所暂设在上海四马路望平街一六三号，如有函件捐款均请交此处。

原载《中国实业杂志》第三年第二期，第38~42页。

中华全国道路建设协会章程

第一条 定名 本会定名为中华全国道路建设协会。

第二条 宗旨 本会之宗旨专谋全国道路之早日建设,完成其事务范围如下:

(一)鼓吹提倡;

(二)实地测绘;

(三)代为筹募资本;

(四)介绍专门人才;

(五)受理建设道路各问题之咨询。

第三条 会员 会员不论国内外男女个人或团体,凡赞同本会宗旨经本会会员介绍皆得入会:

会员之区别如下:

(一)普通会员,常年会费一元;

(二)特别会员,常年会费五元;

(三)赞成会员,常年会费二十元;

(四)维持会员,常年会费五十元;

(五)名誉会员,常年会费百元以上者。

第四条 义务与权利

(一)会员有捐募会费及介绍会员之义务。

(二)会员有始终维持赞助本会一切进行之义务。

(三)会员有发起组织关于发展建设道路一切事业,及治路养路之必需机关(如组织道路储蓄银行与长途汽车公司及汽车工厂等类),惟协会只负提倡资助之责任,不得以会名会费投入任何营业股本,免蹈藉公渔利之积弊。

(四)会员有选举权及被选举权。

(五)会员对于建设道路确有专门识验者得由本会介绍出任工程要职。

(六)会员中职员会员对于建设道路进行事宜有成绩卓著者,得由协会呈请政府奖励表扬之。特捐巨款者亦然。

第五条 年会及临时会 本会于春季筹备开年会一次,其开会地点由执行董事会议决之。

本会得依执行董事会议决,或会员五十人之书面请求,得开临时会。

第六条 董事会 开年会前本协会应通信散居本外埠之全国各会员复函,举出董事百人,组织董事会。指定其中十五人为执行董事会,并由执行董事互选会长一人、副会长二人、书记一人、会计一人。

本会经执行董事会之议决得设委办会。

本会经大会或执行董事会之议决,得举名誉会长副会长及董事与顾问等。

第七条 报告 本会开年会时,应报告一年内之经过情形,外埠不能到会之会员,得于本会月刊中详察之。

第八条 分会 各处组织分会时,须遵本会所订分会之组织大纲方可承认。

第九条 附则 本章程如有未尽事宜,得董事会或会员五人以上之附署提出修改之。

原载《道路月刊》1922 年第 3 卷第 3 期,第 33 ~ 65 页。

中华全国铁路协会章程

第一章 会 名

第一条 本会曰中华全国铁路协会。

第二章 宗 旨

第二条 本会宗旨计分下列四项:

(一)协助铁路行政之进行。

(二)促进铁路学业之发达。

(三)灌输铁路普通之知识。

(四)融洽铁路同人之情谊。

第三章 会 务

第三条 本会事务计分下列五项:

(一)研究。本会事务所设备各种关于铁路之书籍图表以备会员随时研究。

(二)讲演。设立讲演团并邀请中外专斗名家讲演关于铁路之事项。

(三)调查。随时委托会员赴各处调查铁路建筑管理一切方法。

(四)编辑。按期发行会报及刊行关于路事之著作。

(五)建议。遇有铁路上重要问题本会得提出意见建议于政府。

第四章 会 员

第四条 本会会员计分下列四项:

（一）会员。凡在本国各路曾任及现任职事有专门学识经验者，及财产事业与铁路有关系者，由会员二人以上之介绍，经评议会议决得为本会会员。

（二）名誉会员。凡于路事有特别关系或劳绩者，本会得推荐为名誉会员。

（三）赞助会员。凡以资财或劳力特别协助本会者，得推为赞助会员。

（四）特别会员。凡与路事有关系之各机关，本会将推为特别会员，但须有一人为代表。

第五条 本会会员以会章为证。

第六条 凡未成年者，剥夺公权者，每在各路犯私罪者，不得为本会会员。

第七条 凡会员有损坏本会名誉者，一年以上不纳会费者，除名。

第五章 职 员

第八条 本会职员计分下列五项：

（一）会长。代表本会总理本会一切事务。

（二）副会长。辅佐会长，会长有事故时代理其职责。

（三）评议员。本会事项须经评议员会议决者如下：

一、关于本会章程第二条所列第四、第五事项；

二、关于第四条所列事项；

三、关于第七条所列事项；

四、关于第十四条所列事项；

五、关于第十八条所列事项；

六、关于第二十七条所列事项；

七、关于其他一切会中重要事项临时发生事项以及应行提议事项。

（四）干事。执行大会及评议员会议决之事项，其文书、会计、庶务、交际、调查、编辑等职，由会长指定之。

（五）聘用及雇用员。除以上各员外，本会关于编辑、缮写诸务，以及住所办事人员，得由干事请会长分别聘用雇用。

第九条 会长一员，副会长一员，大会时由会员于本会会员中投票公举，任期二年，但得连举连任。

第十条 评议员三十员，大会时由会员于本会会员中投票公举，任期二年，每年改选半数。

第十一条 干事由会长于会员中选派，以一年为任期，总干事一员，文书干事四员，会计干事三员，庶务干事四员，交际、调查、编辑各干事无定员。

第十二条 本会职员均不支薪，但聘用及雇用员应酌给薪费。

第六章　会　　所

第十三条　本会本部设事务所于北京办理本会事务。

第七章　支　　部

第十四条　本会渐次推设支部于各地方名曰中华全国铁路协会某支部。

第十五条　支部所在地须设立事务所办理支部事务。

第八章　会　　期

第十六条　每年六月开定期大会一次,报告会务,决议事项。

第十七条　召集定期大会须先期二十日以上,将会议事项、一时日处所通知各会员及各支部,并登报广告。

第十八条　遇有特别事件得开临时大会。但须经评论议员会之决议,或会员三十人以上之请求,始得召集。

第十九条　大会之决议依在场会员过半数为准,可否同数决之会长。

第二十条　评议员每月开会一次,以会长为议长其日由会长定之。

第二十一条　各支部关于会务进行以及一切兴革事宜,得派代表到席,于评议员会陈述意见,但无议决之权。

第九章　会　　费

第二十二条　会员各缴入会费二元,每年常年会费四元,常年会费分六月、十二月两次缴纳。

第二十三条　本会经费除会员缴纳会费外,如有热心提倡捐助款项者,本会当列入特别捐款。

第二十四条　凡名誉会员及会员中有一次缴纳五十元以上之会费者,均不须缴纳常年会费。

第二十五条　本会款项存储于会长指定之银行,收支各款每月结算,由会长核定,并于评议员会时提出公阅,其每年总结应于大会时报告之。

第十章　附　　则

第二十六条　本会章程非开大会时依在场会员三分之二以上之议决不得修改。

第二十七条　各支部按照本部所订支部通则自行编订,仍送本部核定修改时亦如之。

第二十八条　本会章程自二年六月二十九日修正实行。

资料来源:《铁路协会杂志》1913 年第 11 期,第 144 ~ 145 页。

中国航空协会四川省分会章程

第一章　总　　则

第一条　本会定名为中国航空协会四川省分会。

第二条　本会以遵行总理航空救国遗训,接受政府及总会之监督指挥,倡导全省民众发展航空充实国防为宗旨。

第三条　本会为贯彻上项宗旨起见,得拟具各种宣传及募款计划送请总会核定后施行。

第四条　本会依照总会章程,由总会派员,会同四川省政府、省党部、成都市商会、重庆市商会及各界领袖担任发起,并归纳其他团体共同组织之。

第五条　本会根据总会章程第五条之规定,于各县将市设立支会,其支会组织章程另订之。

第二章　会　　员

第六条　本会会员分为个人会员及团体会员两种:

甲　个人会员

(一)普通会员;

(二)特别会员;

(三)赞助会员;

(四)永久会员。

乙　团体会员

(团体会员规则另定之)

第七条　凡属中华民国国民照章纳费者得为本会会员。

(前项各种会员之权利义务另定之)

第三章　组　　织

第八条　本会理事会以二十五人组织之。

第一届理事得由本分会之发起人推举二十五人,报由总会核准聘任之。上项理事会应由总会派员会同当地高级机关指导成立。

第九条　自第二届起本会理事均由会员代表大会选举之,其任期为三年,但连举得连任。中间如有因故辞职或出缺时,应由理事会另推报请总会核准备案。

第十条　理事会之执掌如下:

一、关于执行会员代表之议决事项;

二、关于征募基金之一切筹划事项；

三、关于办理　总会之委托事项；

四、关于督促各支会之进行事项；

五、关于各支会筹募款项数目之审核及现金催解事项；

六、关于航空事业其他进行事项。

第十一条　本会设常务理事五人，执行理事会交办事件，及处理日常事务，其任期与理事会同。

第十二条　本会设秘书一人秉承常务理事会办理日常一切事项。

第十三条　本会设商务组织财务宣传四组，各组设主任一人，干事若干人，并设雇员若干人。

第十四条　本会为推进会务起见，经理事会议决得设各种委员会委员，由理事兼任或听请各种专门人员组织之。

第十五条　本会代表大会每年开会一次，理事会每月开会一次，常务理事会每星期开会一次，有特别事故得开临时会议。

（前项会员代表大会理事会及常务理事会议规则另定之）

第四章　会　　费

第十六条　本会会员纳费如下：

甲　个人会员

（一）普通会员，年纳常费二元（军警减半）；

（二）特别会员，年纳常费十元；

（三）赞助会员，年纳常费五十元；

（四）永久会员，整缴会费五百元以上；

乙　团体会员，年纳常费五十元以上。

第十七条　本会收集之会费及募得之捐款每两月结算一次，由本会办理一切航空事业，不得移作别用。

第五章　附　　则

第十八条　本章程经发起人会议通过呈请总会理事会核准施行。提交第一届会员代表大会追认之。

第十九条　本章程如有未尽事宜，得由本会会员代表大会修正，呈请总会理事会核定备案。

原载《航空生活》1936 年第 1 卷第 1 期，第 15 ~ 17 页。

中国全国工业协会天津区分会章程

民国三十五年四月二十日会员大会通过

第一章 总 则

第一条 本分会依据全国工业协会章程第四条规定,联合天津本市及河北省境内接近天津地区之工矿业组成之。

第二条 本分会定名为中国全国工业协会天津区分会。

第三条 本分会依据中国全国工业协会章程第二条之规定以共谋发展工矿事业为宗旨。

第四条 本会会址设于天津市。

第二章 任 务

第五条 本分会之任务如下:

一、协力全国工业协会促进全国工业化;

二、促成产品标准化;

三、促进工业金融之发展;

四、劳工福利之增进;

五、事业保险及必要统制之推行;

六、工矿之调查统计及编纂;

七、职业学校及技工劳工补习教育之筹办;

八、工矿展览之举办;

九、请求政府对于生产事业之维护;

十、其他关于第三条宗旨之事项。

第三章 会员及会员代表

第六条 本分会会员分:

一、团体会员;

二、普通会员;

三、赞助会员。

三种入会手续,应先填其入会申请书,并由会员两人之介绍,经理事会通过,给发入会证书后,方可取得会员资格。

第七条 凡天津市及河北省境内接近天津地区,包括有机械动力设备工厂之各工业同业公会,及其他曾经主管官署立案之各工业团体,均得为本分会团体会员。

第八条 凡在天津市暨河北省境内接近天津地区之中华民国资本,有机械动力相当设备,及平时雇用工人三十人以上,所经营各项工矿业之矿厂公司,曾向主管机关登记者,不论公营民营或法令规定之国家专营事业,均得为本分会,普通会员并依下列标准,厘定为三种资格:

一、凡机械设备满一百基伏安 K. V. A. 及资本满五百万元者得为甲种普通会员;

二、凡机械设备满三十基伏安 K. V. A. 及资本满一百万元者得为乙种普通会员;

三、凡机械设备满十基伏安 K. V. A. 及资本满五十万元者得为丙种普通会员。

凡机械设备不满十基伏安 K. V. A. 或平时雇用工人不满三十人者,应包括于各种同业公会内参加为团体会员。

第九条 凡热心赞助本分会各个公司机关团体均得为本分会赞助会员。

第十条 前项会员除赞助会员外,得推派代表出席本分会为会员代表其人数规定如下:

一、团体会员推派代表二人;

二、甲种普通会员推派代表三人;

三、乙种普通会员推派代表二人;

四、丙种普通会员推派代表一人。

第十一条 本分会会员代表以各团体负责人各厂矿公司经理人主体人及高级职员充任之。

第十二条 团体会员代表与普通会员代表不得从同一厂矿公司职员中推派。

第十三条 本分会会员代表以有中华民国国籍年满二十岁以上者为限。

第十四条 有下列情事之一者不得为会员代表:

一、背叛国民政府经判决确定或在通缉中者;

二、曾服公务而有贪污行为经判决确定或在通缉中者;

三、褫夺公权者;

四、受破产之宣告尚未复权者;

五、无行为能力者;

六、吸食鸦片或其他代用品者。

第十五条 会员代表丧失国籍或发现前条各项情事之一时,其所属之矿产公司应撤换之。

第十六条　会员代表有不正当行为致妨碍本会名誉信用者,得以会员大会之议决,通知原推派之会员撤换之。

第十七条　会员推派代表时应给以委托书,并填具履历,以书面通知本分会经理事会审查通过,用书面认可后,方得出席会议。改派时亦同。

第十八条　会员之表决权、选举权由其所派之代表行使之,每一代表人有一权。会员代表因事不能出席会员大会时,得书面委托其他代表代理之,但受委托者除本身外,以兼代理二人为限。

第四章　会员之权利义务与退会

第十九条　凡本分会会员得享受以下各项权利:

一、本分会所举办之各项福利事业;

二、本总分会所出版之各项刊物;

三、对于各项问题之咨询;

四、其他请求本分会协助之事项。

第二十条　凡本分会会员应遵守以下各项义务:

一、本分会会长及各项决议案;

二、缴纳会费;

三、其他会员应尽之义务。

第二十一条　凡本分会会员有下列各项事故之一者认为退会:

一、自动请求退会曾经理事会通过者;

二、业已停闭歇业者;

三、不遵守本分会会章及各项决议案经理事会通过者;

四、未能按期缴纳会费满一年者。

第五章　组织及职权

第二十二条　本分会设理事十九人,组织理事会。监事五人,组织监事会。均由会员大会就团体会员及各种普通会员代表人中用有记名连举法选举之。

选举前项理事监事时,应以理事之次多数五人为候补理事,监事之次多数二人为候补监事,遇理监事有缺额时依次递补,其任期以补足前任任期为限。

第二十三条　理事会设常务理事五人就理事会中用有记名连举法选举之。常务理事有缺额时,由理事会补选之。其任期以补足前任期为限。

第二十四条　理事会设常务监事二人,就监事中用有记名连举法选举之。常务监事有缺额时,由监事会补选之。其任期以补足前任任期为限。

第二十五条 理事会就当选之常务理事中,有用有记名单记法选任理事长一人,以得票满投票人之半数者为当选,若一次不能选出时,应就得票多数之二人决选之。

第二十六条 理事会之职权如下:

一、执行会员大会决议案;

二、召集会员大会;

三、执行法令及本章程所规定之任务。

第二十七条 常务理事之职权如下:

一、执行理事会议决议案;

二、处理日常事务。

第二十八条 监事之职权如下

一、监察理事会执行会员大会之决议;

二、审查理事会处理之会务;

三、稽核查理事会之财政出入。

第二十九条 理事监事之职权如下:

一、经常到会执行监事会职权;

二、列席常务理事会。

第三十条 理监事任期均为一年,每年改选一次,得连选连任。

第三十一条 理监事有下列情事之一者应即解任:

一、会员代表资格丧失者;

二、因不得已事故经会员大会议决准其辞职者;

三、处理职务违背法令营私舞弊或有其他不正当行为者。

第三十二条 本分会理监事均为名誉职。

第三十三条 本分会得延用书记会计事务员工友若干人,经理事会议定,由常务理事会任免之。

第六章 会 议

第三十四条 本分会会员大会分定期会议及临时会议两种,均由理事会召集之。定期会议每年开会一次,临时会议于理事会认为必要或经会员代表二十人以上请求,或监事会函请召集时召集之。

第三十五条 召集会员大会应于十五日前通知之,但因紧急事项召集临时会议时不在此限。

第三十六条 本分会会员大会主席团由大会推选之。

第三十七条 本分会理监事会每月开会一次。

第七章　经费及会计

第三十八条　本分会入会费规定如下：

一、团体会员一万元；

二、甲种普通会员二万元；

三、乙种普通会员一万元；

四、丙种普通会员五千元；

五、赞助会员自由认缴。

第三十九条　本分会会费规定如下：

一、团体会员每月四千元；

二、甲种普通会员每月六千元；

三、乙种普通会员每月四千元；

四、丙种普通会员每月二千元；

五、赞助会员自由认缴无定额。

第四十条　会员停业或因故退出本会时，其已缴会费概不退还。

第四十一条　本会会计年度以每年一月一日始，至同年十二月三十一日止。

第四十二条　本会经费之决算于每年年度终了一个月以内编制报告书，提出会员大会通过刊布，并呈报社会部备案。

第四十三条　本会举办公益事业时，其费用得由理事会之决议由会员中募集之。

第八章　附　　则

第四十四条　本章程经会员大会议决，呈请天津市社会局备案，实行并分呈河北省社会处，及报告全国工业协会备案。修改时亦同。

资料来源：天津档案馆藏［档号］j0128－2－003318－012

中国生产促进会台湾分会章程

一、定名　本分会依照总会章程第三条之规定，经总会理事会之决议而设立，定名为中国生产促进会台湾省分会。

二、宗旨　本分会以联合国内热心生产事业同志及产业团体，提倡科学促进生产以达建国之目的为宗旨。

三、会址　本分会设立于台湾省台北市中华路六〇号。

四、会员　凡赞助本会宗旨并有实行志愿之个人或团体，由会员二人以上之介绍，经理事会通过者得为本会会员。

本分会会员分特别赞助团体会员等数种，本分会会员均得享受下列各种权利：

(一)得优先参加本会所经营之各种事业及工作；

(二)得请本会作技术上之协助；

(三)得委托本会研究法律及保障法益问题；

(四)得请本会介绍工作；

(五)得请本会协助解决关于生产事业上之一切困难。

五、会费　本分会会员入会时应按下列规定缴纳入会费及常年费：

(一)个人会员

(甲)赞助会员，入会费贰千元，常年会费壹万元；

(乙)特别会员，入会费壹千元，常年会费贰千元；

(丙)普通会员，入会费贰百元，常年会费壹千元；

(丁)学生会员，入会费壹百元，常年会费贰百元；

(戊)职友会员，入会费贰百元，常年会费五百元。

(二)团体会员

团体会员，入会费壹万元，常年会费贰万元。

六、组织

(一)本分会设理事九人至十一人组织理事会，综理会务。理事由会员大会或会员代表大会选举之，理事中互选理事三人为常务理事，主持重要会务，并由各常务理事公推一人为理事长。

(二)本分会设监事三人至五人组织监事会，监察会务。监事由会员大会或会员代表大会选举之。

(三)理事之任期为二年，得连选连任。

(四)常务理事及理事长之任期与理监事同。

(五)本分会得由会员大会聘请名誉理事。

(六)本分会得由常务理事会聘请顾问。

(七)本分会设总干事一人，由理事长提请常务理事会通过任用之。总干事承理事长之命主持处理本会一切决议及日常事务。

(八)本分会设总务研究事业服务四组。每组设主任副主任各一人,由理事长提请常务理事通过任用之。各组主任秉承理事长之命,并受总干事之指导,分掌各该组事宜。各组主任以下之职员由理事长任用之。

(九)本分会为发展业务及研究学术起见,得设各种委员会,其章则另定之。

(十)本分会理事长理监事总干事各组主任及各种委员会负责人,均须呈报总会备案。

七、会议

(一)会员大会或会员代表大会每年举行一次。必要时得提前或展期召集之。会员大会为本会最高权力机关。

(二)会员大会或会员代表大会经理监事联席会议之决议,得临时召集之。会员代表大会之产生方法由常务理事会提请理事会决定之。

(三)理监事会每月开会一次。

(四)常务理事会每月开会两次,由理事长召集之必要时得召集临时会议。

(五)会员大会或会员代表大会应于开会两个月前,呈请总会派员出席指导。

(六)会员大会或会员代表大会决议案及理监事会决议事项,均须呈报总会备案。

八、报告　本分会工作计划与兴办事业及每月工作概况,应随时呈报总会备案。

九、经费　本分会事务上之开支以收入会费及捐款充之事业经费,由会员及会外筹之。会计各自独立,不得混杂挪移。

十、附记　本章程如有未尽事宜,得呈请总会修改之。

原载《台糖通讯》1947 年第 1 卷第 21 期,第 17 页。

中国实业会上海分会章程

第一章 总 纲

第一条 本会以合群策群力振兴全国实业为宗旨。

第二条 本会事务分列如下：

一、调查。各会员各就本地产物分类调查报告于本会其特别事件由本会选派会员前往调查。

二、研究。本会就调查所及研究办法为实力进行之预备。

三、协济。筹办劝业银行以资协济并为本会会员所发起之实业公司代集股份以速进行。

四、保护。对于事业则随时监察，设法维持；对于地方则结合团体，尽力自卫；对于国家，则要求提倡，得其保护。

第二章 会 员

第三条 凡本国人民有志实业，经会员二人以上之介绍，得本会职员会之认可，即可为本会会员。

第四条 本会对于实业各端均所注重，并无政治上关系，凡有志实业者皆得援引入会，实事求是，不分党派。

第三章 职 员

第五条 本会职员如下：

一、理事长一人；

二、理事四人；

三、会务部主任干事二人，交际科干事十二人，文牍科干事八人，会计科干事四人，编辑科干事八人，庶务科干事四人；

四、业务部主任干事二人，农业科干事四人，工业科干事四人，商业科干事四人，矿业科干事四人，铁道科干事四人，航船科干事若干人；

五、国货研究部主任干事二人，征集科干事四人，陈列科干事四人，广告科干事四人，输运科干事四人，驻外特派员若干人，各处特派员若干人。

第六条 本会职员由会员公举之。

第七条 本会职员一年一任，连举连任。

第四章 会 费

第八条 本会收入会费分列如下：

一、入会费。会员入会时各纳入会费一元；

二、常年费。会员常年费每年六元于二八、两月交纳；

三、特别捐。本会会员热心捐助本会之款收入特捐项；

四、补助金。本会会员发起之实业公司，得本会之赞助者岁由余利项下拨款补助。

第九条 本会常年经费以常年费特别捐及补助金充之。

第五章 会 所

第十条 本会设事务所于上海成都路四百二十号。

第六章 会 期

第十一条 每年开常年大会一次，本会会员全体与会。

第十二条 本会每月开职员会一次。

第十三条 如有特别重要事件或多数会员之提议事件，即开临时大会公决办法。

附 则

第十四条 本章程如经会员全体三分之一以上之提议，得重加修改议决施行。

原载《中国实业杂志》1914 年第 3 期，第 22～24 页。

中华民国铁道协会江北分会章程

第一章 名 称

第一条 本分会由江北铁道同人组织而成故定名中华民国铁道协会江北分会。

第二章 宗 旨

第二条 本分会照总会定章四大宗旨如下：

一、指陈铁道利弊；

二、监查铁道行政；

三、力图铁道发达；

四、统一铁道政策。

第三章 会 所

第三条 本分会会所暂附设清江铁路总局内。

第四章　会　　员

第四条　本分会会员资格如下：

一、普通会员，凡热心铁道事业与本会宗旨相合者，经本会会员介绍，皆得为普通会员；

二、名誉会员，凡赞助本会经费及尽特别义务者，经本分会会员公推，得为名誉会员。

第五章　组　　织

第五条　本分会组织分为二科七课：

（一）總務科
- 庶務課
- 文牘課
- 會計課
- 調查課
- 編輯課

（二）評議科
- 審查課
- 核議課

第六条　各科掌理事务如下：

總務科
- 關於會內外一切雜務事項
- 關於文牘收發擬稿記錄與會員册籍事項
- 關於金錢出納物品保存各事項
- 關於工務業務及鐵道調查一切事項
- 關於編纂報告及其稿文遞交總會事項

評議科
- 關於審查議案及報告一切事項
- 關於取決判決各事項

第六章 职 员

第七条 本分会职员如下：

会长，一人；

总务料长，一人；

评议科长，一人；

课员，若干人。

第七章 职务权限

第八条 本分会会长掌管分会一切事务有代表分会全体之权。

第九条 各科长率同课员专理各科事务。

第十条 各课员协助科长办理一部分之事务。

第八章 会 期

第十一条 会期分为四种：

一、定期会。每年举行二次，以三月、九月为会期；

二、特别会。凡遇紧要事件得开特别大会；

三、普通会。每月一次，研究关于铁道一切事件；

四、职员会。由会长招集，以事务之繁简而定开会之期数。

第九章 选 举

第十二条 本分会开定期会时，选举各职员用记名投票以得票之多寡取决。

第十章 任 期

第十三条 本分会职员以六个月为限，若再当选得连任。

第十一章 经 费

第十四条 本分会经费分为三种：

一、入会费。凡入本分会时须纳入会费三元。

二、经常费。凡普通会员每年应纳洋六元作为本分会经常费。

三、特别费。由普通会员或名誉会员特别捐助者。

第十五条 本分会金钱出纳责任，照总会定章报告账目则以开定期会时为准。

第十六条 若经费有冒滥亏短等事，会计员应负赔偿之责。

第十二章 本分会会员之权利及义务（照总会章程如下）：

第十七条 普通会员皆有选举及被选举之权。

第十八条 普通会员皆有稽查本分会金钱出纳之权。

第十九条 普通会员皆有请求开会之权（但须十人以上）。

第二十条 普通会员有发挥铁道政策或科学,有报告总会登报(或登杂志)鼓吹之权。

第二十一条 普通会员皆有担任本分会一切经费及遵守会章之义务。

第二十二条 普通会员皆有互相提携互相劝勉之义务。

第二十三条 普通会员如未被选举为调查课员时,而关于铁道事件亦应有调查之义务。

第二十四条 普通会员有失业者,本分会当函请总会尽力设法推荐。

第二十五条 名誉会员应享本分会一切特别权利。

第二十六条 名誉会员如洞悉各铁道情形及铁道上应办各事件,有随时报告本分会之义务。

第十三章 惩 戒

第二十七条 凡会员如有违背下列条件者应由本分会公决除名:

一、以个人而损害本分会全体名誉者;

二、未经众决冒用全体名义私发函件者;

三、经常费一年不缴者;

四、特别捐延长至六个月者。

第十四章 附 则

第二十八条 本分会章程自发布之日起即生效力。

第二十九条 本分会系报明总会成立所有章程及会员姓名册,应随时造报总会,以便转呈交通部查核备案。

第三十条 本分会暂定简章未臻完善,如会员十人以上提议时可随时修改。

原载《铁道》1912 年第 1 卷第 2 期,第 246 ~ 248 页。

中华民国铁道协会云南分会章程

第一章 总 则

第一条 定名 本会为中华民国铁道协会云南分会。

第二条 宗旨 本会宗旨分为四大网如下:

一、指陈铁道利弊;

二、监查铁道行政;

三、力图铁道发达；

四、统一铁道政策。

第三条 会员 本会员分为二种如下：

一、会员。凡曾受铁道专门教育，或现役铁道人员及热心铁道事业与本会宗旨相合者，经本会会员介绍皆得为会员；

二、名誉赞助员。凡赞助本会经费及襄助本会事业者，得为本会名誉赞助员。

第四条 事务所 暂设于云南铁路局内。

第二章 组 织

第五条 本会组织分下二部：

一、执行部，内分三科。

（一）总务科，分下四课：

1. 文牍课；2. 庶务课；3. 会计课；4. 交际课。

（二）调查科，分下二课：

1. 工务课；2. 业务课。

（三）编辑科，暂不分课。

二、评议部，暂不分科。

第六条 职员。本会职员如下：

会长一员，副会长一员；

总务干事长一员，文牍干事二员，会计干事一员，交际干事二员，庶务干事一员；

调查干事长一员，工务调查若干员，业务调查若干员，评议长一员，评议员六员；

编辑干事长一员，编辑若干员。

第七条 职权。本会职员权限如下：

一、会长总理全会事务，遇有对外事件经众议决得代表全体；

二、副会长协助会长办理全会事务，遇会长缺席时，得代理其职权；

三、各干事长专理各部事务；

四、各干事协助各干事长办理一部分之事务。

第三章 事 业

第八条 本会事业如下：

一、凡本省铁道行政本会，得举代表参议其间，或有时由本会提出议案；

二、凡本省建筑铁道需用人材时得由本会荐举；

三、承办汽车铁道、电车铁道；

四、筹办会报；

五、筹办图书室阅报室以为会员讨论之资料；

六、筹办专门铁道学校；

七、筹办建设公司及铁道银行。

第九条 各部干事分掌事务如下：

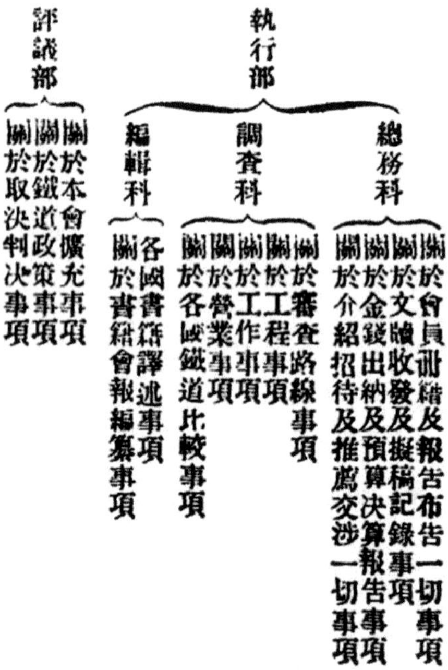

第四章 选举及任期

第十条 本会职员于开大会时用记名法投票选举，以得票多者为当选。

第十一条 本会职员以六个月为限，若再当选得连任一次。

第五章 会　　期

第十二条 本会会期分为四种：

一、定期大会每年举行二次，以二、八两月为会期；

二、特别会，凡遇紧要时间，得由会长临时招集；

三、例会每月一次，研究铁道一切进行事件；

四、职员会由会长招集，以事务之繁简而定开会之次数。

第六章 经　　费

第十三条 本会经费分为三种：

一、入会金，凡入本会时须纳入会金一元；

二、经常费，凡会员每年应纳常年捐二元作二次交纳，每大会时交纳一元；

三、特别费，无定额由会员或赞助员捐助者。

第十四条　本会收入款项应由总务科汇齐存贮于银行，除开会用费外特别用款至二十元以上者，须经评议部议决，方能取用。

第十五条　若经费有冒滥亏短等事，会计员应负赔偿之责。

第十六条　本会金钱出纳事务责成会计员每月决算一次，于开大会时提出度支表册报告各会员以便查核。

第七章　罚　　则

第十七条　凡会员有违下列各条者，由本会公决除名并视其轻重宣告其罪状：

一、以个人而损害本会名誉者；

二、未经公决冒用全体名义私发函件者；

三、两届不缴经费者。

第八章　附　　则

第十八条　本章程自经公决后即生效力。

第十九条　本会开办伊始，所拟章程未臻完善，得于大会时提出改定。

原载《铁道》1912 年第 1 卷第 2 期，第 242 ~ 244 页。

中华全国道路建设协会浙江分会
第一届征求会员大会简章

第一条　本会征求会员，依据会章第三条之规定征求之。

第二条　征求会员由本会组织征求队，敦请队长队员担任进行。

第三条　每队征求目的由正副会长酌定。征求期间以六星期为限。其在外县者，因通信需时得延迟二星期截止。

第四条　征求会员计算分数以大洋一元为一分，惟赞成会员（二十元）作二十五分，维持会员（五十元）作六十分，名誉会员（百元）作一百二十分。每征求员自开幕征求日起，每星期交会分数至少以十分为及格，介绍会员至少以五个人为及格。

第五条 各征求员每星期六日报告本会一次，以便列表公布。

第六条 各征求员所介绍入会会员，其愿书与会费由介绍人转交到会时，即发收据与会证。如会员愿直接交本会者听。但未交会费之愿书作为无效。

第七条 征求会闭幕后平时亦可介绍入会。

第八条 酬赠征求员之规定如下：

（一）征求员平均每星期能交十分以上者，赠阅月刊全年；

（二）征求员平均每星期能交二十分以上者，除照前项酬赠外，并将照相登列月刊以资纪念；

（三）征求员平均每星期能交五十分以上者，除照前项酬赠外，并将姓名分数镌刻铜牌永留纪念；

（四）征求员平均每星期能交百分以上者，除照前项酬赠外，并由本会特赠银质镀金感谢章一枚，以资纪念；

（五）征求员能于闭幕之前一日总计交到七百分以上者，除照本条第三项酬赠外，并由本会特赠金质感谢章一枚，磁制照相一枚，以资纪念；

（六）征求员能于闭幕之前一日总计交到一千分以上者，除照前项酬赠外，并由本会特制放大照相陈列会所，并呈部备案以资表扬；

（七）征求员能于征求期内征得五千分以上之会员，除照前项酬赠外，并由本会呈请大总统特别褒扬。

上列平均每星期征求之分数与总结分数，均以截止之日为限。

第九条 闭幕总结各员所得分数依次列表登报时，以分数最多与人数最多者各一人，除照前条各项应得之酬赠外，加给特别赠品。

第十条 会员特捐之酬赠规定如下：

（一）捐助会费一元以上者，赠阅月刊一册；

（二）捐助会费五元以上者，赠阅月刊半年；

（三）捐助会费十元以上者，除赠阅月刊全年外，并将姓名捐助登列月刊以资纪念；

（四）捐助会费二十元以上者，除照前项酬赠外，并将姓名照相印列月刊以资纪念；

（五）捐助会费五十元以上者，除照前项酬赠外，并赠银牌一枚，以资纪念；

（六）捐助会费百元以上者，除照前项酬赠外，并将姓名镌刻铜牌陈列会所，永留纪念；

（七）特捐会费五百元以上者均为本会永久会员，除照前项酬赠外，并将照相履历登载月刊，一面放大照相陈列会所，一面呈部备案以资表扬；

(八)特捐千元以上者,除照前项酬赠外,并呈请内务部特别褒扬;

(九)特捐万元以上者,除照前项酬赠外,并请大总统特别褒扬;

(十)特捐地基房屋,或捐资建筑本会之事务所与道路展览会之陈列室,及治路养路之图书馆,又捐助道路月刊社内应用之机械器具等,均由本会依照时价合成数目,呈请政府分别褒扬之,并将捐者之姓名名其建筑物。

第十一条 前条各项优加酬赠外,会员应享会章所载之一切权利。但除永久会员得永享各项利益外,凡届满足十二个月之会员非续缴会费者不能续享之。

第十二条 本简章只通用于本年本届之短期征求,平时征求会员通则由董事会议另订之。

第十三条 本简章自董事会通过后即筹备实行。

第十四条 本简章如有未尽事宜得有董事五人以上之提议公决修改之。

原载《浙江道路杂志》第一期,第3~5页。

中华全国道路建设协会浙江分会章程

第一条 本会依据中华全国道路建设协会之宗旨并取得证书在浙江省会正式组织成立。

第二条 本会定名曰中华全国道路建设协会浙江分会。

第三条 不论国内外男女个人或团体凡赞同本会宗旨经会员之介绍皆得入会。

会员之区别如下:

(一)普通会员,常年会费一元;

(二)特别会员,常年会费五元;

(三)赞助会员,常年会费十元;

(四)赞成会员,常年会费二十元;

(五)维持会员,常年会费五十元;

(六)名誉会员,常年会费百元以上者。

第四条 会员之义务权利如下:

(一)会员有捐募会费及介绍会员之义务;

(二)会员有始终维持赞助本会一切进行之义务,但不得以会名会费投入任何营业股本,免蹈藉公渔利之积弊;

(三)会员有选举权及被选举权;

(四)会员对于建设道路确有专门识验者,得由本会介绍出任工程要职;

(五)本会职员会员对于建设道路进行事宜有成绩卓著者,得由本会呈请政府奖励表扬之,特捐巨款者亦然。

第五条 本会设董事五十人,由大会选举,以得票多数者当选,并以次多数五十人作为候补董事。

第六条 由董事五十人组织董事会,为本会之代议机关,依据分会组织大纲第六条之规定,互选正会长一人,副会长二人,主待会务。其会议规则由董事自定义之。

第七条 本会经大会或董事会之议决,得举名誉会长、副会长及顾问。

第八条 本会为谋会务进行便利起见,依据分会组织大纲第六条之规定,得设总干事一人,干事若干人,组织干事部,为本会办事之机关。其办事规则与董事会联席会议订之。

第九条 本会董事会之议决得举名誉董事及名誉干事。

第十条 总干事由会长推举,但须得董举会之同意至干事由总干事聘任之。

第十一条 本会于每年四月十四日(即本会成立纪念日)开年会一次,并得由董事会议决或会员五十人之书面请求,得开临时会。

第十二条 各职员任期为一年,得连举连任。

第十三条 本章程如有未尽事宜得由大会修改之。

原载《浙江道路杂志》1923 年第 1 期,第 1 ~2 页。

中华全国铁路协会南京分会章程

第一章 总 则

第一条 本分会遵照中华全国铁路协会章程第六条之规定,名为中华全国铁路协会南京分会。

第二条 本分会以联络有志铁路事业者,研究铁路学术并协助铁路事业发展为宗旨。

第三条 本分会之职务规定如下：

一、关于铁路事业之研究设计及改进，提出意见，陈送本会，以资讨论事项；

二、关于铁路事业受本会委托调查报告及代办本会事项；

三、关于会员著作足资铁路实业文化之研究汇送本会以备采录加载月刊及专号事项。

第二章　会　　员

第四条 本分会遵照本会章程第七条之规定，凡合于下列各款之一者均得为会员：

一、曾任或现任铁路职务者；

二、有铁路专门学识或经验者；

三、热心提倡或赞助铁路事业者。

第五条 前条会员之入会须由会员二人以上之介绍。

第六条 本分会遵照本会章程第九条之规定，会员入会应缴纳入会费一元，暨每年缴常年会费二元，但学生会员每年只纳常年会费一元。

第七条 有本会章程第十一条所列情形之一者不得为会员。

第三章　组　　织

第八条 本分会设理事五人，候补理事三人，组织理事会。监察三人。候补监事二人，组织监事会。

第九条 本分会理监事候补监事之选举，于会员大会或代表大会投票选举之，以得票较多数为当选。

第十条 本分会理事会设常务理事一人，执行日常事务，由理事互选充任之。

第十一条 本分会分设文书会计庶务三股，每股设主任一人，由理事互选兼任之，所有本分会职员遵照本会章程第二十二条规定，均为名誉职。但特约及雇用者应酌给薪资。

第十二条 本分会监事会设常务监事一人监察一切事务，由监事互选充任之。

第十三条 本分会理事任期一年，得连选连任。各股主任任期亦为一年，如继续被推选者亦得连任之。

第四章　会　　期

第十四条 理事会每三个月各开常会一次，凡理监事会议以过半数出席，出席全数议决行之。

第十五条 本分会每年会员大会,应在本会会员或代表大会。

第十六条 本分会于本会大会时,遵照本会章程第二十六条之规定,摘要报告过去一年之工作。

第五章 经 费

第十七条 本分会所收之会费,除会员入会费须尽数缴送本会外,其所收会员常年会费半数缴送本会,半数留存为本分会经费之用。

第十八条 本分会每月收支经费等项须造具预算送请本会核准。

第六章 附 则

第十九条 本分会进行及处理会务时,有为本章程所未规定者,即遵照本章程相合之条文办理之。

第二十条 本章程由会员大会通过,经本会核定后,呈请南京特别市党部及市社会局备案施行。

第廿一条 本章程如有未尽事宜得随时呈请修正之。

原载《铁路协会月刊》1933 年第 5 卷第 10 期,第 34 ~ 36 页。

贵州建设协会章程

第一章 总 则

第一条 本会定名为贵州建设协会。

第二条 本会以研究及实践之精神发动社会力量协助政府促进贵州建设为宗旨。

第三条 本会会所设于贵阳市。

第四条 本会得于贵州省各县市设立分会。

第二章 任 务

第五条 本会任务如下:

一、关于本省建设之研究设计事项;

二、关于本省建设之调查统计事项;

三、关于本省建设之宣传报导事项;

四、关于本省建设之倡办协助联络事项;

五、关于各项建设人才之登记及职业介绍事项；

六、办理有关地方建设之委托事项。

第三章　会　　员

第六条　凡赞成本会宗旨经会员三人之介绍，并经理事会通过者，为本会会员。

第七条　本会会员有选举权发言权被选举权，及本会举办事业上一切应享之权利。

第八条　会员有遵守本会章程服从本会决□及缴纳会费之义务。

第四章　组　　织

第九条　本会设理事二十五人，候补理事九人，监事七人，候补监事三人，由会员大会选举之。

第十条　本会理事会得互选常务理事五人，处理日常事务，并互□一人为理事长，对外代表本会。

第十一条　本会监事互选常务监事三人，处理日常事务。

第十二条　本会理事会下设总干事一人，并设下列四组，分别办理各项事务：

第一组　掌理本会文书会计事务及不属于其他事项；

第二组　掌理本会登记调查统计及介绍事项；

第三组　掌理本会研究设计宣传及报导事项；

第四组　掌理关于建设事业之倡导联络及协助事项。

第十三条　各组设正副组长一人干事若干人，分别办理项各事务。

第十四条　本会总干事正副组长干事，由理员会就会员中推任之。

第十五条　本会得因事实之需要设置各种委员会，其设置办法由理事会订定之。

第十六条　本会理事均为名义职，任期二年，得连选连任。

第五章　会　　议

第十七条　本会会员大会每年举行一次，必要时得举行临时大会同理事会召集之。

第十八条　本会常务理事会每半月举行一次，理事会每月举行一次。

第十九条　本会监事会每两月举行一次。

第二十条　本会理监事会必要时得举行临时会议。其定期会□及临时会议均由理事长或常务监事分别召集之。

第六章　经　　费

第二十一条　本会经费如次：

一、会员入会费定为一千元由会员入会时一次缴纳；

二、会员会费定为每人每年二千元；

三、自由乐捐。

第七章　附　　则

第二十二条　本会办事细则及工作大纲另订之。

第二十三条　本章程如有未尽事宜得随时修改之。

第二十四条　本章程经会员大会通过经施行，并呈报中管机关备案。

原载《贵州建设月刊》第一卷第一期，第 50～51 页。

贵州建设协会（社会）（文化）（经济）（政治）建设研究委员会组织规程

第一条　贵州建设协会为推进本省社会、文化、经济、政治建设事业起见，特组织贵州建设协会（社会）（文化）（经济）（政治）建设研究委员会（以下简称本会）。

第二条　本会设委员十五人至四十五人，由贵州建设协会就会员中热心（社会）（文化）（经济）（政治）（建设）建设研究者聘任之，并互推二人为召集人（第一召集人及第二召集人）。

第三条　本会设秘书一人，由贵州建设协会聘任之，必要时得设置干事及雇员由贵州建设协会聘用之。

第四条　本会之任务如下：

一、社会

（一）转化社会风气以养成善良风俗之设计事项；

（二）建设公寓食堂及各种供应场所以改善一般社会生活之设计事项；

（三）协助推行各种社会服务事项之设计事项；

（四）其他有关社会之建设之设计事项。

二、文化

（一）协助发展学校教育之设计事项；

(二)推广社会教育及各种文化事业之设计事项;

(三)出版刊印之设计事项;

(四)其他##文化建设之设计事项。

三、经济

(一)创办各种企业之设计事项;

(二)发展农业经济之设计事项;

(三)协助各界完成各种经济建设之设计事项;

(四)其他有关经济建设之设计事项。

四、政治

(一)宣传三民主义及政令实施之设计事项;

(二)协助完成地方自治以实行宪政之设计事项;

(三)其他有关政经建设之设计事项。

第五条 本会每月开常务会一次必要时由召集人召集临时会议。

第六条 本会决议案及研究报告送请贵州建设协会常务理事通过施行。

第七条 本规程提请贵州建设协会常务理事会通过施行。

原载《贵州建设月刊》第一卷第一期,第507~508页。

河北经济协会章程

第一条 本会以调查研讨河北经济事业之发展,并应其必要,协助国内外资金之运用为宗旨,故定名曰河北经济协会。

第二条 本会应研究讨论接洽之范围限于下列各项:(甲)中央及地方政府所委托之河北经济及国内外经济事项;(乙)本会团体会员及个人会员建议之河北经济及国内外经济事项,以上事项除在平津两市及河北省者外,若事务性质与他省市有关联者,亦得与他省市公私机关协同办理。

第三条 本会会员,其资格列举如下:

(甲)平津两市商会之代表;

(乙)平津两市银行同业公会之代表;

(丙)各银行各实业公司之总经理协理经理;

(丁)经济专家。

具有上列资格之一,经会员二人以上之介绍,委员会之同意,得为本会会员。

第四条 本会由会员中推举委员九人,组织委员会;再由委员会推举三人为常务委员,综理会务。关于会员、委员、常务委员之职责,由委员会规定之。

第五条 本会委员之任期为一年,但得联举联任。

第六条 本会设专门委员会,聘请专家,主持调查研究及设计等事项,其章程由委员会规定之。

第七条 本会设秘书二人,掌理关于文书、会计、及庶务等事项,依事务之繁简,得酌用事务员,前项员额及报酬,由委员会规定之。

第八条 本会总会设于北平,即假北平银行同业公会为会址,将来认为必要时,并得在天津设立分会。

第九条 本会会员大会每年召集二次,定于一、七两月行之,由常务委员报告进行各事项;但遇有重要事件,经委员会之议决,得召集临时大会。

第十条 本会委员及常务委员,均为名誉职。

第十一条 本会经费分为募款及会费两项:

(甲)每年预算应需费用,由平津两市商会、银行同业公会、各银行、各事业公司设法募集;

(乙)每年各会员缴纳会费若干,其数目由委员会规定之。

第十二条 本会收支各款,每届年终,由委员会造具决算书报告大会。

第十三条 本会办事细则及议事规则,由委员会规定之。

第十四条 本章程经会员会议决通过,分别呈由河北省政府、平津市政府、转请行政院核准施行,嗣后如有应行修改之处,得由大会议决呈报政府备案。

原载《工商半月刊》1935 年第 7 卷第 20 期。

河南矿业联合会章程

第一章 总　　则

第一条 本会由全省各矿代表共同组织之,名曰河南矿业联合会。

第二条 本会以集思广益保障全省矿业共谋发展为宗旨。

第三条 本会成立后全省领照各矿得随时声请加入。

第四条 本会以互助精神于必要时得就各矿营业上及经济上筹设合作机关。

第五条 本会会址设于开封。

第六条 本会成立后应向官厅呈请备案。

第二章 会 员

第七条 各矿应推代表一人为本会会员,但资本在五十万元以上确系西法开采者,得增推代表一人与会。

第八条 本会会员皆有提案及表决权。

第九条 会员资格存废以各该矿权存在与否为标准。

第十条 会员个人行为及在会外之言论,本会不负责任。

第三章 会 议

第十一条 本会以全体代表大会为最高机关,得决议处理一切重要事宜。

第十二条 本会每年开全体代表大会(即常年会)一次,于国历七八月间先期三十日召集之。

第十三条 常年会外,遇有重要事宜关系共同利害者,得由常务委员定期召集临时会议。

第十四条 凡会议时就会员中公推一人为主席,会议期日得因事之繁简临时由大会决定。

第十五条 凡会议时以会员列席过半数开议,列席会员过半数同意为表决之准。可否同数取决主席。

第十六条 议决各案除紧要事项临时由大会推选代表办理外,其余交由常务委员执行之。

第十七条 本会议事细则另定之。

第四章 常务委员

第十八条 本会设常务委员五人,由会员用记名连记法投票选举之。以得票过出席会员之半数为当选。

第十九条 常务委员应常川驻省,依全体大会之决议办理对内对外各项事宜。

第二十条 常务委员任期二年,得连选连任。

第廿一条 常务委员会议以委员五人分期轮流为主席。

第廿二条 常务委员概不支薪,但得因情形酌给车费。

第廿三条 常务委员如有违法情事或日久放弃责任,得于开大会时刻意撤换之。

第廿四条 本会设候补委员五人于常务委员离职时依次递补,其选举法依第十八条之规定。

第五章 各部职员

第廿五条 本会设下列各部秉承常务委员会分别办事:

一、总务部:办理庶务会计及不属于他部事宜;

二、工程部:代办各矿工程计划及设置机械事宜;

三、文书部:办理文牍及编辑事宜;

四、监察部:稽查全会利弊及各矿报告事宜;

五、交际部:办理对外交际事宜。

第廿六条 各部设主任一人办事员若干人由常务委员同意任免之。

第廿七条 依事实上之便利各部主任得由常务委员兼任之。

第廿八条 各部主任办事员应日常到会服务,其薪费由常务委员会定之。

第廿九条 各部办事细则由各部主任拟定提交常务委员会议决。

第六章 经　费

第三十条 本会常年经费,各矿依下列标准摊任之:

一、矿区税十分之一,但探矿税则为十分之五;

二、出产价额二千分之一。

第三十一条 各矿应摊经费以三个月为一期,须于期内缴到本会。

第三十二条 各矿有经过两期以上不缴应摊经费者,撤销在会资格并停止其应享利益。

第三十三条 本会常年经费有余或不足时,得由大会提议增减之。

第三十四条 各矿于常年经费外如有特别捐助在百元以上者,本会得登报并通告各矿以宣扬之。

第三十五条 本会预算、决算应由常务委员编定提交常年会议决。

第七章 附　则

第三十六条 本章程未尽事宜遵照矿业条例暨河南暂行矿章办理。

第三十七条 本章程应行增减之处,得由大会出席会员三分之二以上之决议修正之。

第三十八条 本章程自议决呈请备案后施行。

原载《河南建设月刊》1929 年第 2 卷第 2 期,第 171 ~ 174 页。

湖北全省工业总会章程

第一章 宗　旨

本会以振兴工业、和合百工、保卫工人、增进工智、扩张工权为宗旨。

第二章 名　称

本会为全鄂工界所组织故名湖北全省工业总会。

第三章 地　址

本会暂以织布局内为会所，俟后择有相当地点再行迁移，且徐图推设分会于各县繁盛市镇。

第四章 入　会

凡湖北境内及旅居湖北业工与具有工业之学识者，皆可入会。惟入会后既得享受会员一切之权利，即须担任会员应尽之义务。

一、会员义务

（一）遵守本会规章；

（二）介绍工人入会；

（三）随时调查报告工业情形；

（四）研究改良工业；

（五）彼此交相规劝。

二、会员权利

（一）有选举被选举权；

（二）常受本会保护；

（三）能陈请提议事件。

第五章 选　举

一、本会正副会长由各会员投票次第选举，女界领袖由女会员公推。

二、会董由各工类投票公举，视执该工业人数之多少酌定会董数，举定后，由本会照会任职。

三、参议、书记、缮校、调查、庶务、会计、招待各员，或由会董兼充，或另行延订。临时公议酌夺。

四、凡欢迎工业、热心公益、实力赞成本会者，经各会董介绍由本会公同认可，即为名誉会员。

第六章 职　员

本会设正会长一人，副会长二人，名誉会长一人或数人。女界领袖一人，女界代表二人,参议四人,书记一人,缮校一人,会计一人,庶务一人,招待一人,各工类代表或会董二人,调查及名誉会董无定数。

第七章 服 务

一、正会长 总理会内一切应办事宜,并主掌进退赏罚之权。

二、副会长 协助正会长办理会内一切事宜,有会商正会长进退赏罚之权。

三、名誉会长 协助正副会长办理会内一切事宜,但不得有进退赏罚之权。

四、女界领袖 会合各会长总理会内女界一切应办事宜,有介绍报告发生意义并督率劝导之权。

五、女界代表 代表女界一切意义并协助女界领袖商议会内一切女界事宜,照章分途办理。

六、参议 参议会内一切已发生未发生及应办未办事宜,应如何进行善后,以补助会长之不逮。

七、书记 承会长义,主掌撰拟批答会内往来一切公文信件章程表册等类,并兼有掌管文件之责。

八、缮校 缮写往来一切公文信件章程表册等类,不得潦草乱改故意延搁。若文件过繁时,须帮助书记撰拟一切普通文稿以协理之,并有收发一切文件之责。

九、会计 掌管会内一切收支银钱预算决算账目登记造报等事,于每月报销时,造报二份,一份咨送实业司存案,一份存会备查。

十、庶务 置办会内应需对象,修理本会房屋器具,督率杂役料理检点,并检查饮食清洁与否。但须节俭公费,不得任意奢侈,有帮同会计清算账项之责。

十一、招待 招待会内往来一切会员来宾若正副会长不在会时有代表转述之责。

十二、各工类代表或会董 董理各分科一切应办事宜,并介绍报告各分科一切意义之发生。

十三、名誉会董 赞助各科代表或会董办理一切事宜,其权力义务与各工类代表或会董同。

十四、调查 依调查表规定事宜详细调查登记清楚,报告本会,并各携带日记登记关于本会一切应办事宜,而调查表所不及规定者,同时报告本会以备采择。

第八章 权　　限

一、凡有妨害工业发达之种种事项，经工人报告由本会调查属实者，可具书呈请都督或各司，设法维持，务期无碍于工业。

二、凡厂主有虐待工人者，经工人报告，由本会查实后，即酌量情形议罚。如恃强不服，即移请审判厅究办。

三、工人如被人主唆播弄，无端起同盟罢工等风潮，该厂主可带知本会，即查明主唆播弄者，送审判厅究办。

四、工人如能创造新奇货品，或改良旧有对象，足以抵制洋货者，经本会查验明确，即呈请都督旌奖，并予以专利年限。

五、工师如有关于工业之著作，经本会检阅认可后，即呈请都督予以特有版权，或有关于工业上之条陈，亦可交本会代陈，以备采择。

六、工人如有确因工作中毒受伤，以至毙命，或成废疾者，可立即报知本会，便为设法矜恤。

七、工人如有自备资斧，游历中外各埠，考察关于工业上之事实者，本会可代请护照以资保护。

八、工人如有关于工事上之争执事件，该工类会董未能调妥，而具书取本会裁议者，本会即行酌办。如未经入会之人，一概不予理处。

九、工人如有屈抑冤诬等情事，可告知本会，经本会查实后，代为伸诉担保。若非关工事上之词讼，概不干预。

十、工人如有关于工事上之纠葛案件，经审判厅移交本会公判者，本会即定期会议裁判，两造如遵，即由本会具文销案，否则仍据情移复审判厅核办。

十一、工人纠葛之事，既经本会秉公断定，如理屈者负固不服，再向审判厅渎诉，或有交通声气及地痞恶役从中主唆把持，侵害工人权利者，由本会移请审判厅处治。

十二、本会提议事件应行举办者，小事议决即行，大事由正副会长呈请都督核准兴办。

第九章 事　　业

组织品物陈列所、劝工院、工业赛会、工业银行、工人补习学堂、女子职业学校。提议工人工价，及作工时间，并关于工业上之议案等类是。

第十章 会　　期

一、大会。每年正月二十四号开大会一次，报告前年度所办事迹，并筹议本年度应办一切事宜，及选举各职员。

二、常会。每月常会二次，准初一、十五日下午一句钟开会，至散会时刻则视议案之繁简临期酌定。

三、特会。遇有特别事故，由正副会长酌定日期，通知各会董开会集议。

第十一章 规 约

一、本会会章经公众议定后，会员应一律遵守。如有未当之处，应于开会时提出公议，再行酌改。

二、正副会长及各会董任期订定一年，连选者可以续任。如有半途因事告退，或不守会章必须更易者，正副会长则由各工类会董公举。各会董则由该工类自行另举。

三、正副长与办公各职员各会董如有种种不法之举，妨害工界之前途，及本会之名誉者，经会中查实，或被人控告，指有确据，即行开会集议，轻则取销，重则加罚。

四、各工类会董于每年正月未开会以前，应调查各项工业情形，报告本会，以备开会时筹议改良及维持一切。

五、凡工人有事，请本会提议者，应俟本会允准后，由本会邀集开议，不得有工人私发传单集议，更不准会外人冒发传单聚议。

六、工人有应议事件，须具书叙明理由，交于本会，以免徒凭口述，无从稽考。

七、本会有事会议，到场会董必须有全数三分之二方准开议。事之可否取决于多数如。两方面之人数相等，则取决于正会长。但事经议决后，各职员不得再有异议。

八、本会如有重要事件，不能议决者，可公请名誉会董来会讨论。如仍难解决应移知临时议会核议酌夺。

九、凡聚会时期，如既经约定，届时务须齐到，不可故意迟延。倘有疾病事故，亦应先期通告，若无故屡次不到，即由本会公同议罚。

十、凡本会会议时，无论大会常会特会，先应将所议各事开列，宣布后依次议决，不得凌杂无序。提议之件有牵涉会董或不便与议者，先期陈明，使知回避。如有辨驳事件，亦应次第登台陈说，不得喧哗争论。

十一、凡本会中人，如发电投函递禀，及与外界种种交涉，非有关工业之事件，曾经公同议定者，不得擅用工业总会名目。违者公同议罚。

十二、凡本会内各工制造品经公同议定公价后，如有居心不正任意低昂者，得由本会查实后议罚。

十三、本会每届年终，应将会内出入账目缮清榜揭，以备诸会员查核。

十四、凡入会者，各给本会章程一册，各宜逐条细看，严守规则。如有违背，即公同议罚，不得以某条忽看为辞。

第十二章　经　　费

本会经费除按照农商两总会由官津贴外,其余或有不敷之处,应由工界同人担任。

第十三章　分　　会

本会研究工业原分十科。一染织、一金工、一电气、一土木、一酿造、一船舶、一皮革、一窑业、一缝纫、一制纸,每科均设分会以辅助总会之进行(各分会另有专章)。

第十四章　奖　　励

凡本会会员,有能独运匠心制出新巧器具,或立新法者,经本会审查后,小者由本会奖给名誉执照,以资提倡。大者转详政府立案,查照专卖特许例,许以专利年限。

第十五章　附　　则

本会暂订草章多未妥善完备,可随时提议增损改良。

试将本会所拟各分会科目列下:

金工科:

金银首饰店、铜货店、铜货作坊、锡器店、铁匠铺、蹄工店、五金铺、翻沙厂、兵工厂、枪炮局、造币厂、机器厂、铁道机器、矿工机器、火轮机器、理化器械、钟表店、金箔铺、冶坊、针钉。

凡金属矿工及与金属矿工有关系者属之。

电气科:

电灯、电线、电话、无线电信、电镀、电影戏、电车、电池、留声机器、升降机。

凡关于发生天然力以为分配之事热光电气等属之。

土木科:

车店、竹木厂、篾缆厂、伞店、铁路建筑、桥梁工程、房屋、工程、大小木工作坊、泥水作坊、石工、马路工程、矿工水泥厂、篓坊、棕器作坊、秤店、藤器店、竹器店、筷子店、麻绳店、棺木店、摩石。

凡一切植矿工类属之。

美术科:

雕刻、绘画、笔墨店、裱画店、编扎、绣花、照相、扇业、理发店、油漆店、竹器、镶牙、偶像、藤货、各种剖解模型、灯笼店、雀笼、玉器作坊、眼镜铺、梳篦、鞭炮店、纸盒作坊、纸马店、各种手工(手编毛麻丝线绒等物)。

凡饰用玩器及其他一切手工类属之。

印刷科：

铅印、活版、纸型、泥型、铅板、母型铸字、石印、写真、胶纸、亚铅版、铜板、木印、离刻、装订、油印、钢笔板、滕字板。

凡关于纸张用品类者属之。

制纸科：

造纸厂、各种纸店作坊。

凡关造纸及纸造物工类属之。

皮革科：

制皮厂、皮工厂、鞍工厂、皮梁店、皮弦识、皮货店、皮鞋店、皮箱店、皮鼓店、毛刷、毛帚、骨角类、角铲店、羽扇、硝皮作坊。

凡胶质物工属之。

染织科：

织布、织呢、织丝、织麻、毛巾、纺纱、木机、铁机、织袜、织带、染坊、西法染色印花布、胰洗店、轧花厂、弹花店、织席、草织物、包头店。

凡关于色素絮植之工作属之。

缝纫科：

零剪、革帽工厂公司、机器缝纫、袜子店、靴鞋店、靴帽作坊、纬须、成衣店。

凡关于衣服装饰品奢侈品及技术科学文学者属此。

窑业科：

砖瓦磁各种窑业、土器、石灰、木炭、缸窑；其他一切关于窑业者均属之。

酿造科：

酒、糖、醋坊、酱园、蜜饯、糕饼铺、蜡烛、洋蜡烛、肥皂、各种花露香水、冰、柠檬、荷兰水、制药技师、粉笔、香粉店、各种果汁、胭脂、制墨、化学药器、罐诘、牙粉、瓶诘、制油类、熬盐、榨坊、制茶、烟店、机器面厂、牛乳、烧腊、火柴、豆腐店、面粉、炸货店、肥料、饮食店、火药、胶、硝磺、玻璃、煤气、橡皮、电水、香料、淹鱼行、颜料、海菜店；凡关于蒸煮熬煎供炒酵酸酿之工业者属此。

船舶科：

兵轮、商轮、渡船、小划、驳船、木排、竹排、飞行艇、气球、船厂、橹厂、各种民船。

凡行驶水面陆面及空中诸船舶类工作属之。

原载《工业世界总会章程》第一期。

湖南全省实业协会简章

第一章 宗　旨

第一节 本协会以辅助实业行政机关实力进行急促实业发达为主。

第二章 命　名

第二节 本协会系中国实业协会就湖南一省联合农工商矿各界组织而成,故定名曰湖南全省实业协会。

第三章 办　法

第三节 本协会应办事宜甚繁,关系亦甚巨,刊信用钤记,请都督立案,以昭信守,而资进行。

第四节 本协会实力进行之时,必须联络他省,共同补助,效力较大。应举代表员赴宁,请中央政府实业部核定立案,设法提倡。

第五节 本协会在省城设立事务所,以为会员办公之地。

第六节 本协会应在各府州县设立支部。

第七节 本协会原以实助进行为主。所有劝业银行、农事试验场、工业试验场、商品陈列所,及其他种种事业,已成立者,促其扩充改良;未成立者,促其从速开办。拟先成立调查部,分科调查,以备进行之资料。

第八节 本协会应按月出报一册,或二册,将调查事业,按期报告,藉以交换智识,研究改进。

第四章 会　员

第九节 本协会设会长一员,主持全会一切进行事务。副会长一员,辅助正长进行一切。均由会员公举。

第十节 本协会分农工商矿四科,每科应设干事长一员专任本科进行各事,由会员公举。

第十一节 农工商矿各科,每科应视事之繁简,再分课目,每课设干事员若干员,在会中择有专门学识者,由会员公推。

第十二节 本协会应设会计员一员,文牍员一员,庶务员一员,由会员公举,务必长住所中,管理一切。编辑员视事之繁简,指定员数,住所、不住所亦听便。

第十三节 本协会应设书记员一员,由会长委任。

第十四节 调查事务,为入手要着,凡本会各科干事员,皆有调查之责,分任调查部事件。如各会员有愿尽义务者,亦请分担。

第十五节 本协会月报,由编辑员主笔,调查部校定。

第十六节 本协会所有推举各员均一年一任。

第五章 入会及退会

第十七节 凡在实业界内,或有实业智识及经验与富力而品行端正者,得会员二人以上之介绍,准其入会。

第十八节 凡农工商矿各项,以团体名义入会者,得该团体之正式愿书,得准其入会。

第十九节 会员不守规约,或违背本会宗旨,破坏实业名誉者,有得由会长命令解除之。

第六章 会 期

第二十节 本会每月一号开常会一次,研究进行方法。

第二十一节 遇有特别事故,会长认为必要,或由会员全体三分之一提议,得开临时会。但须三日以前登报召集。

第七章 经 费

第二十二节 本会经费,除请政府补助外,均由会员捐集。分为下之两种。

(一)通常捐 每会员一人。入会时应纳入会费一元。每年纳年费二元。如系团体名义入会,听其认定会额名数,照纳会费。

(二)特别捐 由会员或非会员,任意捐助。如满五十元以上者,当赠以本会名誉赞助员徽章。

第二十三节 会员所纳各费,均应以会计员收条为据,每年出入款目,出会计员列表,通告各会员。

第二十四节 本协会除庶务、会计、文牍、书记各员酌发薪水火食外,其余在所办事各员,均尽完全义务(仅发火食不支薪水)。

以上各节,暂时简章,所有未尽事宜,由常会随时增改。

原载《中国实业杂志》第三年第四期,第22~27页。

鄞东地方建设协会章程

第一章 总 纲

第一条 本会定名为鄞东地方建设协会,简称鄞东地方协会。

第二条 本会为纯地方性互助团体,以促进地方建设,造福民众,协助政府推行宪政为宗旨。

第三条 本会永久会址设莫之枝堰县城及边远乡镇,必要时得分设办事处或通讯处。

第二章 会 员

第四条 凡是居鄞东境内(包括旧东钱鄞东两区所辖各乡镇),或原籍鄞东旅居在外,具有学识能力秉性正直而热心地方事业者,均得加入为会员。

第五条 请求入会须有会员二人以上之介绍,并经理事会之审核通过,始可承认为正式会员。

第六条 会员之权利规定如下:

(一)选举被选举权;

(二)享受本会各项福利设施之权;

(三)依据发请求保障身体居住言论自由之权。

第七条 会员之义务规定如下:

(一)执行理事会决议案之义务;

(二)缴纳会费及一切特别费之义务;

(三)遵守会章之义务;

(四)应召出席会议之义务。

第八条 会员无故不履行第一、第七条规定之一者,轻则警告,重则开除出会。

第三章 组 织

第九条 本会设理事会由会员票选理事九人,候补理事四人,互选常务理事三人,推定一人为理事长,处理会内一切事务。

第十条 本会设监事会由会员票选监事三人,候补监事二人,互选一人为常务监事。

第十一条 理监事之任期定为二年,得连选连任。

第十二条 理事会下设文书总务联络设计四组,另设研究委员会,必要时得设立特种委员会。

第十三条 文书、总务、联络、设计四组各设主任一人，组员三至五人，分别处理后开各项事宜。

（一）文书组，关于文牍之撰拟印记之保管册籍之编造事宜。

（二）总务组，关于账目之记载报销及其他一切不属于各组事宜。

（三）联络组，关于各乡镇及旅外同乡间一切通讯联络及交际事宜。

（四）设计组，关于地方建设会员福利等各项设施之计划事宜。

第十四条 研究委员会由理事会遴选委员若干组织之，负责研究地方建设之得失利弊，及经费人事等事项。

第十五条 特种委员会应事实需要随时组织，其名称得以为理事务之不同而各别定之，但处理事务生成之时应当结束。其成立、结束均须经理监事之通过。

第十六条 本会为谋联络之便，必要时得设通讯处及办事处，各置主任一人，干事若干人。

第十七条 现居本地士绅或旅外同乡而热心地方建设者，得聘为顾问及名誉理事，任期不加限制，其聘请及解聘均须经理事会之通过。

第四章 会　　议

第十八条 理监事会议规定每月举行一次。

第十九条 会员大会每半年召开一次其职权规定如下：

（一）审查并修正后种规程章则；

（二）审查并修正各种规程章则；

（三）审查开支账目；

（四）决定工作方针；

（五）选举并调整内部人事组织。

第二十条 本会于必要时经会员三分之一以上之请求得召开临时会员大会。

第五章 经　　费

第二一条 本会经费来源规定如下：

（一）会员入会费；

（二）会员月费；

（三）特别捐款。

第二二条 本会经费之收支均须制成明细账，每三个月报告一次。

第二三条 本会经全区三分之一乡镇（各一人为限）之联署，得请求审查账目。

第六章　附　　则

第二四条　本章程请政府机关核准实行。

第二五条　本章程未尽事宜得随时提请会员大会修正之。

资料来源:宁波市档案馆藏档号(旧4-1-301)

图书在版编目(CIP)数据

中国近代商会与产业协会章程汇纂 / 祖伟，王春子编. -- 北京：法律出版社，2020
(辽宁大学法学文丛)
ISBN 978-7-5197-4755-8

Ⅰ. ①中… Ⅱ. ①祖… ②王… Ⅲ. ①商会—章程—汇编—中国—近代②行业协会—章程—汇编—中国—近代
Ⅳ. ①D923.990.2

中国版本图书馆 CIP 数据核字(2020)第 125755 号

中国近代商会与产业协会章程汇纂
ZHONGGUO JINDAI SHANGHUI YU CHANYE XIEHUI ZHANGCHENG HUIZUAN

祖 伟 王春子 编

责任编辑 屈 瑶
装帧设计 李 瞻

出版 法律出版社
总发行 中国法律图书有限公司
经销 新华书店
印刷 北京虎彩文化传播有限公司
责任校对 晁明慧
责任印制 陶 松

编辑统筹 学术·对外出版分社
开本 710 毫米×1000 毫米 1/16
印张 20.25
字数 335 千
版本 2020 年 7 月第 1 版
印次 2020 年 7 月第 1 次印刷

法律出版社/北京市丰台区莲花池西里 7 号(100073)
网址/www.lawpress.com.cn
投稿邮箱/info@lawpress.com.cn
举报维权邮箱/jbwq@lawpress.com.cn
销售热线/400-660-8393
咨询电话/010-63939796

中国法律图书有限公司/北京市丰台区莲花池西里 7 号(100073)
全国各地中法图分、子公司销售电话：
统一销售客服/400-660-8393/6393
第一法律书店/010-83938432/8433 西安分公司/029-85330678 重庆分公司/023-67453036
上海分公司/021-62071639/1636 深圳分公司/0755-83072995

书号：ISBN 978-7-5197-4755-8 **定价**：88.00 元
(如有缺页或倒装，中国法律图书有限公司负责退换)